U0101079

◎ 张延生 著

易學入門

团结出版社

图书在版编目（CIP）数据

易学入门 / 张延生著 . -- 北京：团结出版社，
2004.06（2023.4 重印）
　　（生活易经系列 / 韩金英主编）
　　ISBN 978-7-80130-716-3

Ⅰ . ①易… Ⅱ . ①张… Ⅲ . ①象数之学 – 基本知识②
周易 – 研究 Ⅳ . ① B221.5

中国版本图书馆 CIP 数据核字 (2004) 第 021579 号

出　版：团结出版社
　　　　（北京市东城区东皇城根南街 84 号　邮编：100006）
电　话：（010）65228880　65244790（出版社）
　　　　（010）65238766　85113874　65133603（发行部）
　　　　（010）65133603（邮购）
网　址：http://www.tjpress.com
E-mail：zb65244790@vip.163.com
　　　　tjcbsfxb@163.com（发行部邮购）
经　销：全国新华书店
印　装：三河腾飞印务有限公司

开　本：145mm×210mm　　32 开
印　张：14.125
字　数：307 千字
版　次：2004 年 6 月　第 1 版
印　次：2023 年 4 月　第 17 次印刷

书　号：978-7-80130-716-3
定　价：36.00 元
　　　　（版权所属，盗版必究）

现代 **易经**

张延生

讲课实录

郑州易经班学员合影 1993 年 3 月

易经与现代科学专题报告会 1993 年 11 月

广州军体院办班 1986 年 6 月

马来西亚第 11 届国际易学大会 1994 年 9 月

北京中医学院讲座 1997 年 5 月

香港会展中心讲学 2000 年 5 月

北京 302 医院易经学习班 1994 年 10 月

作者简介

　　张延生，教授、工程师。男，汉族，1943年3月出生于陕西省延安市瓦窑堡，山东省滕县人，1969年毕业于北京航空学院发动机工艺系工艺专业。曾任北京航空学院机械厂机加车间钳工班钳工、厂部技术室数控及光电跟踪加工技术与设备的助理工程师、工程师，光明中医函授大学易学教研室主任、教授。曾兼任中国周易研究会副会长、中华名人协会理事、中国医学气功研究会理事、北京中医学院大学生手诊研究协会顾问等职。现任中华易学大会主席、中华周易协会会长兼学术委员会主任，并被数十家企事业单位聘为决策或指导顾问；

　　作者易学特长：象数、易理、义理、易医、应用。

　　作者在北京航空学院上学期间，常背着其父亲首创的"经络测定仪"给人测试诊断，以求经络实质再探。1976年开始研究气功养生；1979年研究人体"特异"现象，继接国家任务；1981年始研《易》，后合作发表《弯曲的多维空间及超空间作用力》等论文，引起学术界重视；1987年入选中国科技馆在香港举办的"中国古代科技展暨现场表演团"，代表中国大陆，中医养生届现场演示（包括"手诊气色形态诊断法"）及学术讲演三个月有余，受到新华社表扬，其事迹为多国与地区电视台、广播电台以及近百种书刊杂志主动专题推介；1988年出任电视连续剧"师魂"的

现代易经讲课实录

制片总顾问。与剧组人员共同努力，使该片达到原定目标——1989 年荣获"金鸡奖"的头等奖。

主要研究与应用业绩：

在研制无人高空侦察机关键部件、6000 吨橡胶压力机、舞台及室内拍摄灯光数控一体化以及光电跟踪、数控等加工工艺技术等方面，均取得重要成果。特别是在研《易》过程中，屡经困惑之忧、顿悟之喜，终于弃传统之法暂不用，自拓学径。即不从训诂、经文辞句入门，而自"象数"开窍、实践中寻理；汇现代科学、技术，反馈研探实践。累 30 多载心血，精聚体验，汇论己见，不仅探索出学《易》捷径——一套科学的易简学习方法和思维方式，并在领悟中医药、经络、人体科学、传统文化并哲学思想及"象数"易学及其相应"易学"真谛方面，更具独特见地、成果和创新体系。1983 年，参与创办"光明中医函授大学"，（李德生、崔月犁任名誉校长，吕炳奎任校长），并于该校任教。同年，在国内率先开始义务传授推广以"气血、颜色、形态"为基础的"望手诊断"的方法。1985 年起，于国内外开始开展办学、讲演、学术交流活动，至今已教授学员三万有余、听众近 50 多万人次，期望易理再探，易华重现。1988 年经北京市教育局核准，率先于国内创办起全国性的光明中医函授大学"易经函授班"，学员 3000 人。自编、统筹易学教材 17 种、13 册、300 多万字，既有古《易》原经、原文、原著，又有当今现代科学相应易学论文及论著。率先添补了我国"社会办学"在相应易学教育方面的空白。为了回报与支持"山东大学周易研究中心"的工作，将其提供的所有教材及参考文章（包括版本的复印件），均按当时（1985 年）每千字 30 元的最高稿酬的方式，予以支付，并且由《周易研究》杂志首期发行始，执意作为"易经班"的辅助教材，每期固定订阅 3000 册（保本）的方式，予以支持。

其后，本人相继出版并发行了：

《易学思想概说——张延生演讲录》《心易》《炁易》《气功与手诊（珍藏版）》《易学入门》《易学应用》《易与和谐》《易象及其延伸——易象延》（上中下三册）、《易理数理（一）》《易理数理（二）》《易理数理（三）》《象数易学与应用》（上下两册）、《象数易学与逻辑》《象数易学与逻辑（续）》《易象及其延伸——易象延》（修订版共五册）等 15 部（22 本）著作与《易经与气功》录音带一套（上下集两盘）。

在国际国内的学术会议上，发表了：

"易学象数理论是卦象象爻辞的依据""易学象数理论在医学临床中的应用""研学易学的方法和途径""传统文化中相对平衡相对稳定系统的寻求""是否重视考虑使用繁体象形文字表述系统""'文王重卦说'是又一次确定六十四卦的表述功能""现今研习易学存在的思路问题""由《周易》'病''疾'之爻辞看其象数概念的一斑""'易学'与'数术学'促进了中国数学的发展""应重视'数字筮符'到'几何卦形'的确立与发展""应重视'易理'及传统分类学的研究与发展""应重视'易理'（非'义理'）的研究与发展""对'叁伍以变'的某些认识""八卦卦象与疾病的对应关系""对'错综其数'之'错'的某些认识""对'错综其数'之'综'的某些认识""简论'儒''老'之'道'内涵的一些认识""分析'大衍筮法'判断的准确性和可能性""对《易》中'和'与'合'之义的某些认识""对'象数易学'中象、数、理、实践之间关系的某些认识""对《易》

中'合''和'之义是创新基础的某些认识""由《二三子》篇中的'其占曰'所想到的""对孔子及其思想需要重新认识""由数或数字起卦的某些方法""某些应用实例的象数与判断结果的分析""由非《易林》排序 4096 卦各卦所对应的'函象'及其位置所想到的'复合时空论'思想""写作《象数易学与逻辑》一书的出发点与目的""'象数易学'是如何解决寻找不同事物间的同一性问题的""对三至六爻同类型易卦相互作用时,在'象数'计算中表现出的准确率的认识""度量衡与卦、数及其本质性质状态的对应关系"(含六十四卦各卦的具体对应结构模式和具体数据值)、"'象数易学'数理表述方法的'合''和''以变,特点"。"'象数易学,与'十八届三中全会'某些对应内容的本质关系""写作《象数易学与逻辑》及《象数易学与逻辑(续)》集的某些缘由与目的""'象数易学工程学'对'社会主义核心价值观'的某些认识"等数十篇易学功底深厚,揭"象数易学""象数易学工程学""易理学"(含某些正确的"义理学"内容)"易医学""易学象数学""科学易""易科学""现代易"精髓,且影响深远的论文。由于"发古人之未发,言今人之未尽之意",故引致同仁们高度的好评,并统称其是"象数易学"的"延生易"的独特独创体系和新兴的一门易学学科与领域。

张延生教授,1997 年在"东方网景"网络"传统与现代"栏目中,率先开设"延生学苑"专栏,重点宣扬"中国传统文化中相对稳定、相对平衡系统的寻求"以及相应易学及其"象数"方面的基础知识和思想方法。1999 年与学员在加拿大多伦多市创立"多成易学会",并于次年 1 月在多伦多市举办"多成易学会首届国际易学研讨会"同年创办"多成易学会网站"(www.

duosuccess.com），用中英文宣扬中华传统文化及中医、养生等方面的精华。2001 年在"太极易"（www. Taichie. Com）网站，再次开设"延生学苑"专栏，专门宣扬中华文化的根基——"象数易学"的以"象数"为根本，为主的相应"易学"文化。2004 年春节前在该网站公开发表了，对 2004 年至 2023 年期间，世界主要大"运气"的走向与发展大趋势的预测，并强调地指出了：在此其间，中国的东北及其周边所形成的东北亚地区（包括朝鲜、韩国、日本、俄罗斯东部），将形成对未来 20 年世界政治、经济、军事等起着一定决定性作用的很重要的地区等的宏观预测；此外，还运用自己独创的"象数易学场效应"理论，指导"首钢"香港合资公司徽标（logo）的造型设计；协助策划确定"tom.com"网络公司名称及上市（含退市）时机等。在 2006 年出版的《易与和谐》一书的前言与内文中一再告诫人们：世界众多发达国家的经济衰退即将到来，2009 年"要提防出现类似于 2003 年的'非典'疫情"等先期性预报等。在 2016 年与学生开办"象数易学与应用"微信公众号，首次对外发布一系列学术视频讲座等。

此外，张延生教授，对相应易学探讨、研究与应用，作出了破除迷信的"象数易学""象数易学工程学""易理学""科学易""易科学""现代易"等方面的诸多重要的贡献，并将该成果与体系演化成了一种当今新兴的"象数易学"学科及其"工程学"学科和领域，为今后在中国科学院成立"象数易学工程院"做好"象数易""科学易""现代易"诸方面前期的铺垫和准备。

其间：

（1）论证了中国古代"象数易学"的科学性及其某些发展脉

络，以及恢复与发展中国古代"象数易学"原貌的必要性和现实意义；

（2）指出了历史上儒家对"易学象数学"特别是对"象数易学"的部分认识误区和基本缺陷——只要是把儒家"形而上"的"义理""易传"等理论与思想，与大量的自然科学规律相结合、相对比较相印证时，往往就会发现其相应的必然性认识与表述方面的诸多缺陷。因为自然事物及其自然科学、技术都有其自己的发展变化和相应而确定的自适应规律（是事物自身与时间对应的变化规律、生物体内生物钟与客观时间相应而自然产生的自适性结果），它不会是仅按照封建统治者意识形态的"形而上"需要而相应地发展，变化自己的适应性规律的；

（3）经过30多年的研究与实践，探索出了一套学习、研究、应用"象数易学"及其相应易学"易理"的独特而简易、有效且与现代科学、技术、工程、政治、经济、军工、生活、工作、文教、外交、党建等许多领域相结合的"延生易"的认识与表述的很多成套及系统性方法，并在长期的客观实践中，取得一系列成果，而且在易学界破除迷信的工作中，作出了"易理易"（不仅是"义理易"）"科学易""易科学""工程易""现代易"诸方面的贡献；

（4）论证了"象数易学"思维模式与方法及其相应易学思想，对于构建和谐社会与和谐世界的重要意义，以及"象数易学"及其相应易学思想中，易卦、易爻的"以变""合""和""统一""融和"（不是"融合"）、"同一性"等发展观，是如何对应与指导我们"科学发展""马克思主义中国化""中国特色的社会主义"以及"有机辩证统一思想为主。形式与无机辩证统一思想相辅"的"世界观""方法论""认识论"等方面的创新思路及结果获取的诸多模式和一些系统性的成套的解决方法和方案；

（5）在以上研发的基础上，建立了以易卦自身"符号学"（含数字型、阴阳爻卦型、方位结构分布型、多层型、组合型、集合型、复合型、类集集合型等）为基本根据的"象数易学"自身所自然具有的一系列"易理学"理论、方法及思想的"延生易"的认识与表述体系（仍含有某些正确的相应《周易》"义理学"和"易学象数学"的"象数学"内容）。而且在"易理学"的内涵方面，在继承与发扬了传统"象数易学""易理学""易学象数学""义理学"等原有正确的表述特点及功能外，更是具备了能广泛深入地继承、学习、研发、弘扬及表述过去、现在及未来等，对各种事物进行"公式"性认识与表述的"卦变""爻变""象变""数变""象数变""符变""位变""性变""质变"等的发展变化状态、关系及其相应规律，以及在"自然科学""社会科学""人文学术"等诸多学科、领域方面的与"时间逻辑学"紧密相关联的"类集集合论"（含"历史集合"）在"分类本质定性学"基础上的认识与表述的"组合学"在"系统论""整体论"方面的认述功能（含"过程学""比较学""时间逻辑学"等）和作用——其中，并不仅仅仍是保持了"象数易学"及相应易学其原有的"命运关怀"的功能与作用，以及运用这些"象""数""理""实践"等学问的基本知识和经验，仍然还可以专门用来理解及解释《易经》《周易》《周易大传》及其儒家在此基础上的各种衍生作品的卦、象、象、爻、辞、传、句、章等的诠释学方面的功能和作用；

（6）在以上认识的基础上，"延生易"又创立了：在"一阴

现代易经讲课实录

一阳之谓道"的"对应统一"世界观启导下的"本体论"思想方法论的："阴"≡"阳"或"阳"≡"阴"（即 A=A）的与"形式逻辑"直接对应的易卦、易爻、易象、易数、易符等对应性的认识与表述功能及体系，以及"阴"≠"阳"或"阳"≠"阴"（即 A≠A）的与"有机辩证逻辑"直接对应的易卦、易爻、易象、易数、易符等的各自及其组合的认识与表述功能及体系。其中，卦爻组构的"几何"空间状态及其"过程学"与"时间逻辑学"和"时间易学"的"时空统一"的"延生易"的对应认识与表述体系及方法，使"象数易学"及其"易理学"（不仅是"义理学"），形成了以"形式逻辑"与"辩证逻辑"统而为一的"有机辩证统一逻辑"的"天地生合一"（含人）的认识与表述的"系统论""整体论"体系和方法。即是说，形成了数、卦、象、场、信息、能量、结构、状态、本质的"大一统"的系统性认识与表述的模式和体系。也就是说，数即是卦；卦即是场、态；场、态即是能量与状态；状态即是象；象即是信息；信息即是数与卦；信息即是数与卦都有其各自相同或不同的本质——该九者之间的关系，是相互联系着的，是不可也不可能完全分开的"统一场论"的相互作用（情感）关系——知道其中任何一项的信息、数据或结果，都能相应地推导出其他任何一项所直接或间接相对应的信息、数据与结果。从而为我国及世界今后社会、政治、经济、军事、外交、文化、科学、教育、生态、党建等全方位的进步与发展，将会提供"中国特色"的本土文化基础上的创造及创新在思维及思想方法方面，许多的新思路与新的思考方式和方法——不会再仅仅还是以：有认识与表述上不可避免的必然缺陷的"形式逻辑"（又称"数理逻辑""抽象逻辑""理性逻辑""科学逻辑""现代逻辑""逻辑斯蒂""符号逻辑")仍然作为我们思维、思考、思想的唯一绝对而不可逾越的思维、思想及思考方法的基本根据了——使我们思考的思路，会更加全面、完整、正确，且针对性更加的具体和实在。

故而，张延生教授进一步倡导并提出了：我们当前研发"延生易"及其"象数易学"的主要目的，是期望在中国传统文化推导方法的精华与西方现代科学推演（演绎）及归纳方法的精华组合中，构建起某些互通性的以有机辩证思想为主体并辅以与无机辩证思想和形式思想相结合的归纳、统一、"合和"与推演（演绎）、分解、"以变"的认识与表述的（比较、对比）平台和模式——使有自然科学背景的广大读者和好研玩易者，了解、接近、接受"象数易学"及其相应的易学思想；使有传统文化背景的读者和好研玩易者，在尽量不违背正确传统表述内涵、意义、方法的基础上，能科学化地掌握与运用"象数易学"及其相应易学的思想与方法——借以启发大家如何在优秀传统文化精华的"中国特色"前提下，来解决"科学发展""中国特色社会主义道路""马克思主义中国化"等的一些文化、思维、精神、价值及哲理等许多方面的世界观、方法论、认识论等诸多方面认识、表述与实践的一些"时间集合"（含"历史集合"）"类集集合""象数集合""复合空间集合""复合时空集合""多宇宙集合""时空统一集合"等等的系统性、整体性思想和理论的一些具体、针对与抽象的对应结构模型、数理及其相对应的种种"理性与形象思维必须对应结合且相互印证"的根据等问题。

同时，张延生教授依然希望：我们应当在这个举世文化，似乎正在披靡于西方文化的（盲从）时代，仍能为我们中华民族的优秀文化及其传统思想和方法的精华，留下正常思维、理性及批判性思维的种子和弘扬的机会——绝不能再让那些打着"反伪科学"幌子和旗号的自身确实又是"伪科学"者的各类人物，仍以违反"科学探索"认识与表述精神和思想的胡搅蛮缠的"违科学"的言行，继续再猖狂自大了！

只有"文化创新乃至革命"，才是"科学随文化的发展而发展"的"科学发展观""开放""创新"思路及思想的根本的理性与实践的基础——也是我们"象数易学强中华，象数易学化天下"的最终目标，所以能达到的"有机辩证对应统一"哲理思想和认识与表述方法一贯得以支撑与实现的根基。

目　录

现代易经讲课实录

现代易经讲课实录

前　言

　　本书是根据 1989 年 5 月 10 日到 5 月 30 日我在北京中国人民解放军总后勤学院所举办的"易经学习班"上的讲课录音内容整理而成。

　　整理出版此书的目的，是为了促使人们在思想认识上，能建立起一个"古为今用，洋为中用，中为洋用，推陈出新"的新的思维方式。能站在古今中外各种思想中合理优秀的位置，建立起共同且通用的思维方式及模式，从而以最简捷的方法，以最快最准确的思路抓住事物的主要矛盾和事物发展变化的大方向，以改变我们当今"眉毛胡子一把抓"，脱离实际、陈旧过时、机械的"绝对时空论"的思维方式及模式。建立起长远、宏观、整体、全面、统一、和谐、相对地看问题的思维模式。跟上以"对应统一规律"概念，而不是孤立绝对地对现代时空变化进行表述且已经过时落后的思维方式的步伐，从而达到促使一切事物能尽量在相对平衡、相对稳定的系统中和谐稳定地存在下去。

　　此书一反传统的易学讲述与论述的方法。那将必然会给习惯于传统传授及接受易学思想方法的某些读者带来些从新认识易学思想的麻烦。但是，它会给广大易学初学及爱好者，带来便利及实惠。所以，此书的另一个目的，就是为易学的初学者们，打开一个新的进入易学科学领域的大门。既而使人们能从真切的"象数"易学的角度来领会和掌握易学的真谛。故而此书用大量的篇幅解释了易学中的一些主要的哲学思想及思维方式，并且重点从"象数易学"的角度来介绍、研究、分析了学习易学最重要的一些"专用术语"及其概念、性质和应用。从而将把初学和爱好者带入一个崭新有趣的学习易学的捷径之中。

《易传》曰："易者，象也。象也者，像也。""观象系辞，圣人则之。""圣人有以见天下之赜，而拟诸其形容，象其物宜，是故谓之象。"这说明，易学是通过专门研究各种事物抽象或具体的形、象，来了解及掌握事物的规律的。它是研究我们看得见、摸得着、感知（感悟）得到的事物及其规律的（这是符合现代科学的认识方法的）。不同的事物在同一或不同的系统中，都有其不同或相同的结构、状态与形象。按现代科学的概念讲，一切事物由于其存在的周围环境条件及系统的不同，（在我们看来）其结构、状态、形象等，都会产生很大的差异。为了能综合地研究、分析、归纳、汇集这些差异的规律状态，本书重点地解述了易学中较常用到的八种大类型的"象法"及与其相关的其他一些"象法"。这些"象法"都是学习、掌握、分析、研究易学内涵的最最基本的基础知识。不熟习和理解这些"象法"变化的规律与规则，就无法深入地学习、掌握、分析、研究易学中卦、象、象、爻、辞的来历及内涵。也无法从易学表述系统真正的思想方法上去理解易学的世界观、方法论和现实的实际意义。否则，可能就会坠入空想、空谈易学的深渊。使易学变成一个毫无任何现代价值的僵尸，继而磨灭易学在中华民族及其文化发展中的决定性作用。就目前的时代而言，一个民族、一个国家没有什么都不可怕，而没有了这个民族或国家的主流文化，就失去了核心的凝聚力，这个民族和国家也就会不复存在。这个结局对于任何一个民族或国家来说都是最"可怕"的。

在现代"很实际"、"很现实"的社会中，没有实用价值的知识、理论，将不会得到社会的认同而推广。所以，本书后面的几个章节，专门介绍了少量的易学应用方法和应用方法的思路。因为我们学习任何理论的目的"全在于应用"。通过大量的应用来检验、修正、完善我们对易学思想的认识。同时，通过实践可以丰富我们头脑中"易象"内涵的内容及"易象"之间的各种变化（表述）规律，进而达到我们对事物及其规律的更深刻地认识。实践也可以检验我们对本书前四课中的"易学基础知识"内容掌握的水平。使我们能在实践中亲身感受、体会及提高各自或大家对易学思想的认识。如果本书前四课中的"易学基础知识"不能全面掌握，在应用方面就很难达到得心应手和准确。因此，应用方法的灵活、熟练和准确与否，取决于我们对"易学基础知识"部分掌握的深刻熟练程度。所以说，易学应用水平高低的先决条件，是"易学基础知识"我们能否全面、深刻地理解、掌握及灵活汇通的熟练程度。

为了促使当今的人们能全面充分地了解和理解易学系统的规律，本作者尽量根据传统及现代研学易学的经验及需求，再根据我和我的学员们长期大量实践的经验总结，我将许多易学中传统的易学概念，在保持原来认识与表示意义的基础上（如：八卦之象、互卦、上下卦、本之卦、连互、半象、反与对象、上反、下反、上下反、反对之象、交易卦等"象法"）做了适当地延伸和发展。使其更适合且符合当今现代科学技术系统分析、研究和发展的要求。同时，本书还从现代的数理化、天地生等领域，粗略地探讨了易学基础哲学思想的世界观、方法论与它们内涵的异同。按易学"求同存异"、"同声相应，同气相求。"的思想，将其共性及共通性的思想做了简便地介绍与归纳。

事物在不断地发展变化，社会在不断地前进，人们的思想必须要跟上这些发展的步伐才行。不管什么"主义"，都要靠人来实现（完成）；人的言行，要靠头脑中的世界观、方法论来指导；这些世界观和方法论是要靠学习与受教育才能获得。所以，人们学习和受教育的内容是否符合大自然本源（本质）的规律性是最重要的。因此，不管什么"主义"都离不开世界观、方法论的哲学理论与思想的指导。某个具体的科学技术，只能适用于一定的范围和范畴之内。而学会一种"放之四海而皆准"的哲学思想，将会在各个领域中指导我们发明创造各种各样的科学技术及其产品。因而，任何方面的学习，都应该是以学习其哲学思想为主才好。故我提倡大家都来学哲学，这将给人类社会的稳定与发展，带来意想不到的自觉、整体、全面调控的效果和利益。

本书只是对易学基础知识入门传播做了初步的尝试。其目标主要是针对易学初学及爱好者而言。不完整、不完善、不全面的可能性很大，望广大读者给以建设性的斧正。

本书能顺利再版，在此，我对团结出版社，及废寝忘食整理讲课录音带和修订书稿的靳少敏同志徐孚恩先生致以崇高的敬意！

一切事物都是存在于一定的时空关系中，没有任何一个孤立存在的事物。所以，我们必须能"知变""应变""适变""通变"，才不会被无时不在发展变化的客观时空规律地以变所抛弃。

研习易学的方法和途径

　　一切事物都是存在于一定的时空关系中，没有任何一个孤立存在的事物。所以，我们必须能"知变"、"应变"、"适变"，才不会被无时不在发展变化的客观时空规律地变迁所抛弃。

第一课 研学易学的方法和途径

要解决如何研学易学的问题，我们就必须首先要了解产生易学思想方法历史时期的环境、条件及其特点。

"伏羲"是我国古代母系氏族后期父系氏族初期，氏族社会的部落首领。这个部落是我国历史上早期文化程度很高的氏族之一，分布在海岱之间（岱：即泰山，在今山东省泰安一带，古称为"岱宗"），即今山东一带。先期时，其主要是以渔猎为生。古代史书上称其酋长为"伏羲"，又称作"庖牺"（考"庖牺"之义，为"出渔猎社会而进入牧畜时期"）。相传中国历史上是这位伏羲"画卦"（有人认为是"设卦""立卦""创卦"等），即创造了以"象数"为基础——卦的形式来描述、表达世间一切事物及其规律的方法。其中，卦象之"象"就是象形之"像"内涵表述的部分之一。这种"象法"的表述是符合客观认识论的表述方法的。因为只有

先看见、感触、感知、感悟到事物的"形、像"组合、结构、状态等，才能区分事物之间的异同；然后，才可以通过数理统计等规律和方法将其上升为卦理；最后，又通过易理、卦理来指导我们的各种实践。

我们的汉文字在我国历史上，产生的虽然较早（在公元前1300年殷商时期的"殷墟"卜辞中，就有了近五千个单字的比较完善的雏形）。可是在五六千年前的伏羲时期，用"象表意"的文字表达意思的方法，还没有出现。由此说明，中华民族汉文字的产生，要比易卦"象数表意"表述系统的产生，晚了近三千年以上的时间。大家都知道，汉字是"象形"文字，它是由卦象的"象表意"及"象数表意"的内涵意义，加之参考万物的具体及抽象的形象等，才创造出来的。再加上"书不尽言，言不尽意"，有些事物完全仅用语言和文字的表述方法，是不能全面、完整、准确地表达清楚的。故而后来儒、道、医、释等学术，还是将"立象以尽意，设卦以尽情伪"的易卦、爻及易数的对应表述方法，继承和发扬了下来。还有一个原因，汉字往往是一字多音、一字多意的。完全用训诂考证的方法来研究易学思想方法（特别是仅用文字训诂的方法），等考证到"坟墓"中的甲骨文之前时，就会发现无法再从文字意义上去了解认识与理解远古创造易学、易卦、易象、易数表述的目的、思想和方法了（也只能了解到殷商时期人们对易学思想方法理解及运用的一些只言片语）。也就是说无法正确、全面、整体地了解与理解伏羲当时创卦表意的真实意义了。故而仅此以训诂考证来研究易学及其"象数易学"，将是很难全面了解易学的原创性的真实面目的。因此，为了感受体会与理解易学发展中更早期的原创性表述方法和依据，我们提倡暂弃传统学研易学首先以"义""理"的方法入手（几千年了，方法真是太多，太现成了），自拓学径，即不从训诂、经文辞句入门，而由"象数"及传说中开窍，于实践中寻理，反窥经文领悟，反复如是，且结合现代科技、哲学及工作、生活等实际，反复研探、实践、统计、归纳、总结、提高——期望易理再探，易华重现。

第一节　传统从微观到宏观，长远的整体观

正因为伏羲氏创卦表意时，是在"原始公社之社会"，他们是生活在原始公有制社会时期。当时人们所关心的是整个氏族人群，如何在顺应大自然的规律下，整体和谐的生存问题。故而他们对人与大自然的共性、共通性的规律，感受体会得最深刻。自然这也是他们创卦表意的重要原因。经过国内外长时期大量的实践证明，易学理论是各行各业，各种领域都能通用的一种理论。因此，其适用于"其大无外，其小无内"范畴、范围、界限等任何环境条件中。

近几十年，自汉森堡、玻尔、杨振宁、李政道等物理学的诺贝尔奖金获得者，多自称是受了易学思想的启示，而建立的数理、几何、物理模式，并且付诸试验得以印证其正确性的。所以，"易学是封建迷信"之说可以说是一种糊涂观念。虽然易学经历了周文王、孔子等近三千年的封建社会"加工"，可是创造易学的伏羲时期，却还没发展到封建社会，是带有原始因素的社会。因此，易学中包含了很多唯物辩证、集体主义及顾大局的思想因素。

随着人类社会的发展，出现了以自我性为主的私有制。人们关心的多是一些集团、宗派、地方、个人等的局部利益或个体利益。那种人类与大自然必须遵守的共性的规律很少有人去考虑、关心及研究。科学理论与实践也大都是门类分割得非常细杂。因

此，各门、各科、各类等的共性问题，多无从下手且无法进行研究，所以出现了大量的非复合性的专门、单项、单科性的专家。所以造成现代科学每科、每门等局部都"很科学""很先进"，但从大局、整体、长远方面来说：造成生态平衡的破坏、大气污染、臭氧层的破坏、温室效应、人类整体免疫的低下、空调病、艾滋病等恶性病的大量产生等等，原因就是因为现今缺少一个各门各科都能通用的、共通性的、共同遵守的理论体系作为主体指导思想。可是，不仅在中国的古文化中，在古希腊文化、古埃及文化、古印度文化、古玛雅文化等古文化中，都能找到这些共通的规律性。

很多的现代科学家，在研究大自然的规律时，往往只相信他们现在所掌握的知识及其仪器设备。只要他们不理解、又得不到他们的仪器设备印证的，或者监测不到的，他们一概否定！他们没有想到，这样做也是一种迷信，迷信他自己掌握的片面的死知识及片面的死手段。充其量是一种"拜物教"的延伸而已。按易学首要思想之一"变易"思想说：一切事物都是发展变化的，没有任何一个一成不变的孤立事物存在。所以《易传》中讲："仁者见之谓之仁，智者见之谓之智，百姓日用而不知，故君子之道鲜矣！"这要求人们的认识也要不断的跟上事物的发展，各个领域的知识要互相取长补短；知识也要不断地充实与完善。因此，要求我们思想中要建立一种从微观到宏观、长远的整体观。这也是我们祖先与其他一些民族的区别。在姓氏文化中，将姓放到前面，名字放在后面；加减乘除法要由高位向低位进行运算的原因也是顾全大局、局部服从全局的集体主义思想的体现。易学中这种思想体现的最深刻即（"爻变卦就变"）。

譬如：六十四卦（六爻卦）就其整体来讲，是表示一个大的周期规律；其每一个卦（六爻卦）就是这个大周期规律中的一个局部规律（也包括六爻卦中的每一个三爻卦）；每一爻又是这个局部规律中的一个个体规律。

据英国远古历史学家汤恩彼博士推测，有两万年之久的中华"阴阳文化"的代表，其"太极图"中既有整体的"粒子性"与"波动性"特性；还有局部的阴和阳"鱼"特性；又有"阴中有阳，阳中有阴"的"鱼眼"的个体特性。

假如，将"鱼眼"看做是一个整体，其中还有阴阳可分特性等等。

这也是量子物理学家玻尔"对立物是互补的（Contraia sunt compiementa）"互补性概念产生的依据。

平时我们说"站得高，看得远""旁观者清"的思想，也是由易学中的太极思维方式启示而来的。我们说："无处不太极！"即是，我们不管看什么问题，观察什么事物，总要与其周围的事物进行比较才能区分。这就要求我们要根据具体情况、范畴、范围、层次、角度等来选择参照系（坐标系）。不同的具体情况、范畴、范围、层次、角度等，其坐标系及坐标原点的选择是不一样的。可能你的全部坐标系，包含在我的坐标系中（只是我坐标系中的一部分）；也可能你坐标系的整体，被看做了我坐标系的一个点或原点（站在更大范围，更高层次上看问题，将你的系统的整体规律，看作为是一个新的起点——思想方法与物理学中的"黑箱理论"相似）——观察不同的事物，选择不同的坐标系及坐标原点。

比如：

西方用Ａ、Ｂ、Ｃ、Ｄ……作为表意符号。而我们的祖先却创造了用乾（☰）、兑（☱）、离（☲）、震（☳）、巽（☴）、坎（☵）、艮（☶）、坤（☷）——"卦"的形式作为表意符号。我们这八种符号就可以系统、全面、整体、准确地，有规律地表述、类比、归纳一切事物及其规律与关系等。既可以从抽象的总体高度，又可以从具体的实际状况进行表述。这种表述方法有别于其他表述符号方法。它在任何系统、环境中，其规律都能通用。《易传》中讲："仰则观象于天，俯则观法于地，观鸟兽之纹与地之宜，近取诸身，远取诸物，于是始作八卦——以类万物之情，以通神明之德。"这就说明了伏羲及后嗣们创卦表意的原因及目的。

我举个例子来说明卦的全面整体性特性。

譬如一个三个爻的乾（☰）卦：

从抽象意义上，它可表示健全的、完美的、圆满的、纯粹的、有很强自我性规律的、稳定的、大的、循环往复不息的等事物。

具体讲，可以表示天、西北方、寒冷、立冬时节（阴历九十月之交），每天晚上7到11点钟等；还可表示任何事物的右后方、右下方等方位。

从具体意义上它可以表示由抽象意义延伸而来的任何事物。

可以表示动物中的马，马中的良马，瘦马或者跛腿的马。

就人类社会而言，可以表示上层的人物。如：王、君王、各种各级领导人物与阶层等；也可表示一个局部社会、团伙、组织等的头领；如：乞丐的头子或山大王之类、社会团体的领导等。

在一个家庭成员构成中，可以表示家庭中岁数大的或最大的老人。如：通常表示男性的祖父、曾祖父、叔叔、伯伯、舅舅、父亲等。从"古"与"老"的含义可知，也可表示女性的祖母、曾祖母、外祖母、姑、姨、老祖宗等，当然，以坤（☷）卦对应会更确切一些。

就一个人个体来讲：

可以表示其身体外部的头部、所带的帽子、右足、右下腹、右下颌，眼鼻嘴等器官和肢体的右下侧、右后侧等；

就人的身体内部讲：可以表示骨骼，圆关节，大肠等以及任何一个脏器与部位的右下侧、右后部等；

就其人的整体体形来说：可以表示是瘦型人。

就自然形状来说：因为"乾主大始"其即可以表示一个起始点（原点）；又可表示二维平面的圆形；还可表示立体形状中的球形。

颜色上讲：可以表示橘红色（大赤色）、橘黄色、金色。

物态讲：可以表示化学性质稳定的金；玉、钻石、宝石、水晶等纯净结晶体之类。

从数上讲：可表示为1（先天八卦序数）、6（后天八卦序数、洛书数）、4和9（河图数）；在不同的表意系统中，其具体数意又大不一样等等。非常有规律性——虽然所处的层次不一样，但在同一层次中，其表意意义与规律不变。

其他"八经卦"易象不多议了，有我的专著《易象延》中"八卦之象"一节论述。请参阅。

那么，我国祖先为何能创造出至今仍让全世界人类（包括科技界）都震惊的学问来呢？

不是说我们老祖宗时期的科技如何发达所致，是因为一种结绳记事的记事方法，使他们很容易的就会发现并统计归纳出，这类、这类、这类事物跟 1 有关系；那类、那类、那类事物于 2 有关系等等。很容易就建立起按层次，分门别类将事物分成 2 个、4 个、5 个、6 个、8 个、10 个、12 个……类型。再经过长期的实践修正，确定八卦结构分布、"河图"及"洛书"结构分布、"干支"结构分布等场效应类型。然后再通过数理将其一一对应——建立起以数理、几何（平面、立体）模式表述一切事物的分布、结构及其相互作用的场（效应）构架模式。通过数理之间的简单运算，就能寻找到事物之间的主要矛盾。抓住解决事物的主要矛盾（因为没有孤立存在的任何一个事物，一切事物都是互相联系着的），其他矛盾在其连带下迎刃而解。故"抓主要矛盾"是易学中"易简"思想的最终和最高的体现。

用数理模式来表述一切事物及其规律、状态，一般人认为是当今计算机时代才逐渐出现的方法。可是，这比起我们祖先通过易经八卦，《河图》《洛书》"干支"等数理模式来表述一切事物的数理方法，要晚数千年之久。大家都知道，我国民间留传着很多进行简单"四则运算"比当今计算机还要快的速算、手算、珠算等方法（一个九十九阶的双幻方，用珠算 3 天就完成了。而美国用大型计算机将一个 1 0 7 阶的双幻方完成，则用了一年多的时间。这是十几年前的事了。当今世界计算机的计算速度已较前快多了），其计算的基础理论，基本都来源于《河图》《洛书》的数理模式；也来源于易学中"易简"的思想（将千变万化的复杂的事物简单化——按层次，按其场的特点，分门别类的分成八个大类型。比较这八个大类型的场效应关系，就能很快的抓住事物的本质性规律）。可是，我们当今的某些主流学科，却往往将简单的问题分门别类的复杂化了。它割裂了事物之间的联系性，孤立（绝对）地看问题。因此，也就很难找到事物之间的总体性的共同和共通性的普遍规律性了。

第二节　传统中"纯"客观"纯"物质的自然观

　　世间是不存在所谓"纯"客观、"纯"物质的事物的。这里所以这么说，只是借这个"纯"字来强调观察问题及事物的时候，尽量要做到客观、唯物；尽量减少或不带有主观臆想和唯心成份。只有这样做，才容易找到事物的真实、本质的规律。而易学就是一种表述一切事物客观规律性的学问。

　　中国传统文化中，不管是佛家的"悟空""遁入空门""色即是空，空即是色"，还是道家的"无妄（望）无助，无中生有""无为而无不为""无为而治""无欲"，或是儒家的"易无思也，无为也，寂然不动，感而遂通……"，乃至气功及各种修炼中所讲的"渺渺兮""恍恍兮""惚惚兮""似有似无""无中生有""混混沌沌"等状态，都是在告诫我们在观察、了解、分析、研究事物之前，头脑思维应处于的一种状态———一种观察、了解、分析、研究事物的思维方式和方法。头脑处于这种状态就是为了保证我们在观察分析事物之前，我们的大脑思维中无任何唯心成份的干扰。你自己的脑场稳定，当外界事物相对你在运动的时候，你就能感悟到它有（差异性）规律性所反映出的客观规律。这同时也是一种感性（形像）思维的强调。因为感性（形像）思维是一种客观思维方式，但这种感性（形像）思维不只是靠眼睛来识别，还要靠"悟性"来感"悟"。靠眼睛识别，往往只能认识事物的表面（因为眼睛是感知可见光中不同频率的电磁波的，而且是事物表面反射过来的电磁波，事物内部的电磁或其他辐射则往往是无从感知的）。因为观察事物的层次、角度、位置等不一样，眼睛在感觉过程中会产生误差，不容易抓住事物的本质。何况眼睛还是一种片面感官，它只能感知到电磁波广阔的长河中从红到紫范围内的事物。从片面感官得来的片面信息，经过大脑片面的处理，难免得出不片面的结论。

因此，这就要求我们在观察，分析问题之前，先将我们曾具有的一切"旧"观念、"旧"概念、"旧"思想等放到一边。专心致志地去观察事物、了解事物。它是什么状态及规律就承认是什么状态及规律。再经过反复的实践、修正、充实、提高，得出切合实际的正确结论。然后，再将这结论与过去我们掌握的"旧"概念，"旧"规律，"旧"理论等进行比较，得出进一步的结论。可是，我们这种不耐稳定的人，往往会有强烈的个人欲望和期望参与观察分析事物；愿意也习惯带着原先我们掌握的知识、观念、模式等去观察分析事物；愿意及习惯运用固定"省事"的照搬模式来观察、分析、认识事物。这也就是为什么很多有知识、有文化的"科学家"在针对边缘科学问题时，常常会犯认识错误的原因。在古今中外使用易学唯物辩证法分析、研究客观事物规律的大量实践中，所以判断指导失误，绝大多数情况都是由于有个人的感情、欲望及旧观念等因素参与所致。故而越熟习，越了解的事物，往往越容易判断失误。

《易传》中讲："六爻相杂，唯其时物也。""道也屡迁，变动不居，周流六虚；上下无常，刚柔相易，不可为典要，唯变所适。"就是要求我们要根据时空关系的变化，具体问题，具体分析，不能一成不变的，先入为主地用固定的模式去观察、分析、研究问题，否则，一定会犯错误的。因为一切事物都是存在于一定的时空关系中，没有任何一个孤立存在的事物。所以，我们必须能"知变""应变""适变"，才不会被无时不在发展变化的客观时空规律的变迁所抛弃。因此，我把这种时空对应规律叫做"对应统一规律"，而不是"对立统一规律"。"对立"只是事物"对应"关系中的一种状态，而不是其全部。

第三节　传统的"形而上者谓之道"思维方式

　　"形而上"的概念在我国传统学术中，它是与世界上通常哲学中所讲的"形而上学"的意思是不一样的。在我国近代哲学理论中，"形而上"被加上了一个"学"字，就变成了"形而上学"——以固定不变的方式来看待一切事物了。实际上，易学中所讲的"形而上"与"形而下"是指我们应站在什么层次（立场、观点、位置等）来观察、分析、研究问题的原则。我们大家都知道：所有超出具体形象、范畴等，带有普遍性指导意义的精神、世界观、思想、理论、公式、公理、法则等，全都是"形而上"的。

　　比如，力学公式：$F = ma$。它可以指导、判断任何具体的质量 m，加速度 a 与力 F 之间的关系及其大小、比率等。可以说，此公式的内涵性很大——不拘泥于任何一个具体的力、质量和加速度的状态。

　　所有"形而下"的具体事（器）物，都是受"形而上"的规律所制约的。因此，要求我们在掌握知识的过程中，首先着重要解决的是掌握一种符合客观规律的世界观或思想方法。在掌握了这种世界观、方法论的基础上，靠其指导，我们去认识世界及创造各种具体技术、方法及物质等。

　　比如：我们传统的中医学。自汉朝到民国之前，所能收集到的中医书籍就多达 50 万卷以上。如果我们是个"天才"，能从生下来的第一天起，每天读完一卷（一卷还不一定有多少本呢），一直到我们死，一辈子也读不完！

那么，中医怎么才能学好呢？

看看我国历史上各朝代、各时期的中医书，你就会发现：几乎每部书都在讲"阴阳"、"五行"、"四诊"、"八纲"。通过人身上存在的十二条主要经络就把一个人给统一起来了。不管是男人、女人；老的、少的；汉族、少数民族；中国人、外国人等，都按这些由易理发展来的中医哲学原则（按类比、旁通、归纳等）进行诊治。这比现代西方把人分成数万个课题的医学研究方式，找出其共同、统一性整体规律要容易的多。因此，要学好中医，首先你得先是个哲学家（因为哲学是带有普遍性指导意义的科学。人体科学及医学又是涉足广泛领域的边缘科学）。在这些哲学原则不变的前提下，人、经络、穴位、药物，药性、种药、采药、制药、诊断、治疗等，都按这些原则类比、分类、归纳。只要在不违背这些原则的前提下，可以随意发挥——怎么用都可以对人体疾病进行诊治。也就是说，要学好中医，首先不只是以学其具体针对性技术为目的，而是以学习其思想方法为根本目的。比如：在用方药治疗的过程中，同一种病，不同的人用同一种方子可以，用不同的方子也行，都能达到治愈的目的。这也是中医中"经方派"与"时方派"有很大差异的原因。

"经方派"用的是整体免疫性治疗方法——应用性广泛。

"时方派"则是根据不同时期的不同个体采用不同的治疗方案——针对性较强。

当然，这只是举个例子说明而已。中医的其他门派多的是，但都不离"阴阳""五行""四诊""八纲"这些诊治基本哲学原则。这些原则都是由易学"一阴一阳之谓道"的"对应统一"规律原则发展来的。

"天有阴阳，时有损益，人事有否泰。上古圣人作《易》，以同患中古。圣人忧患而《易》兴。羲之有《易》，总兴神农之'本草'，黄帝之'素问'。其欲出民忧患一而己。所以《易》之有辞，医之有方。为末流防淫之设。而医之有方，《易》之有辞，为古之仁民之政。是以医言损，《易》也言损。'损'即损也。医言蛊，《易》也言蛊。蛊即'蛊'也。医言感，《易》也言感。'咸'即感也。医言伤，《易》也言伤。'夷'即伤也。医言痞，《易》亦言否，'否'即痞也。医言矇，《易》亦言蒙。'蒙'即矇也。心肾交为'既济'，心肾不交为'未济'。阳伤阴过小（'小过'），阴伤阳过大（'大过'）。脉洪之似'丰'也，脉浮之似'涣'也，脉细之似'兑'也，脉涩之似'节'也。外解之似'解'也，内补之似'益'也。治本之似'复'，治标之似'夬'也。固精之似'无妄'也，补中之似'大畜'也。养安之似'颐'，似'需'、似'渐'也。攻却之似'师'、似'剥'、似'噬嗑'也。医心医身，医国医天下一而已矣。"由此我们可以看出"医易相通"原则之所在。

春秋战国时期的"士大夫"阶层，他们除了为君王出谋划策之外，多都喜爱琴、棋、书、画。他们通过这些爱好来提高自己的思维层次。

比如："画"中的"写意画"。利用内含性很强的中国式毛笔（笔尖墨浓，笔肚墨淡，利用毛笔对墨汁的吸附性，可掌握其吸附量的多少）、纸（内含阴渗特点），再加上墨汁，简单的几笔就能很形象的反映一种意境（这比西式的水彩、水粉、油画等画法简单得多）。同一幅画，不同的人可以产生不同的感受和联想。可是，"画"还离不开靠形象和色彩给人以启迪的方式。

"书"则以"象形文字"的汉字为基础。它把具体事物的形象、特点，简化成了简单几笔就能反映事物形象、特点的汉字。即使同一个字，在不同情况下使用或发音不一样，其表达的意思也不一样——同样的一个字可以表达几个甚至更多的意思。所以，我们中国人，一辈子，一般情况下，能掌握三四千个单字，除了搞文史、考古、诗辞歌赋、戏剧之类的职业，不管干什么工作，基本就够用了。我国很多的俗语、谚语、歇后语、成语、谜语、对联、诗辞歌赋等，用很少量的一些文字和词句，就能表达寓意很深刻的哲理。再加之，以传统的毛笔在宣纸上书写，利用楷、篆（大篆、小篆）、隶、草（章草、行草、狂草）、甲骨等笔法、技法的融汇运用，简单的几笔，字里行间那种气势、意境就都反映出来了。现今计算机时代，人们已经开始发现，汉字的录入及处理往往比其他的各种文字都简单、容易、准确，且速度也快。故而有可能在未来的不久，内涵性很大的中国汉字、汉语将成为新的"世界语"。

当下"棋"的时候，双方对垒。一方考虑了几十分钟，才走出了关键的一步棋。结果险胜对方。在我们直观感觉上只见到了一个棋字儿在棋盘上一动（很简单）。可是在下决心走这一步棋的时候，我们的头脑中却要考虑几十乃至几百步以上棋的结局。可以说，这一步棋的内涵是很大的。这也是我国历史上很多大政治家，军事家，文人墨客都喜欢下棋的原因之———锻炼自己多方面（内涵很大）的思维能力。

当我们听音乐的时候，我们基本上没有什么直观感觉了。也用不着瞪着眼睛去观察，而往往要闭上眼睛来欣赏了。音乐可以根据不同的音符、旋律、不同乐器的演奏等，达到启迪人们思索的目的。同样的一首乐曲，不同的人演奏，用不同的乐器或方式、在不同的环境场合下演奏，给人们的感受可以是大不相同的。同一首乐曲，又适合于很多场合下运用，给人们的感觉都是那么和谐。因此讲，音乐的内涵是相当大的——由一种抽象的思维去启发具体的联想，并对人类及社会起着一种潜移默化的作用。它把复杂多变宇宙中的一切事物，只用几个音符的变化，就全表达出来了。这与我们用"阴阳""八卦"等"易简"表述方法对一切事物进行表述，是何等相融。

由此看来，我国古人"形而上"的追求的目的，是为了让我们能掌握一种既简单明了又是高层次，大内涵的思维方式。中国有些古话："真人不露相，露相不真人。""谦虚谨慎"以及易学中的"劳谦，君子有终"等都是这种内涵思想的写照。因此，我国古人的衣着多是宽大舒适的。这于西方的那些自我暴露性的"三点式"衣着及方式，形成了鲜明的对比。

古书中常有"无为而无不为""无为而治"之说。这是什么意思呢？显然，人类社会中的一切事物，都要经过我们人类自己辛勤地劳动，才能有所成就与改变。只有社会上每个人都能严格地进行自我控制与约束，我们的社会、自然、环境、身心等才能得以安定、平衡与和谐。那怎么可能不经过任何的努力与作为，就能达到治理目的的事情发生呢！其前一句话实际说的是，我们必须要掌握一种各种行业都能共通实用的道理。即掌握一种世界观、方法论。并且非常主动、自愿客观地而不是唯心强行地去认识、适应、运用这些事物的规律性，就什么事情都能办得到。后一句话说的是，我们从古到今、祖祖辈辈不管整个社会如何地发展变化与更替，都应该连续不断地进行某种信仰（世界观、方法论）及社会公德的教育。靠这种全社会自觉维护的舆论及信仰的力量，就能将社会治理完善，达到安定（《周易大传》中有"武夫不弑而治"之说。其道理就是通过运用易学"一阖一辟"辩证的哲理管理原则，调动全社会人们的自觉监督力量来"无为而治"地对社会进行自觉性地治理）。

不管什么社会，什么主义，都要靠人去完成，去实施。人要完成这些奋斗目标，就要靠自己具有的才华和德性。人的才华、道德、科学知识、劳动技能等，靠教育才能获得。所以中国古代传统特别注重对人的教育与培养。从小，一进学校的大门，学的就是《三字经》《百家姓》《名贤集》《二十四孝》等书。也就是说我们一入学，首先要接受的是思想、道德教育。并且了解受教育的意义、责任；了解大自然的规律；了解自己民族的辉煌历史、传统；要尊老爱幼、精忠报国（"礼、义、廉、耻""忠、孝、节、义""齐家治国平天下"）、顾全大局；学习历史上民族英雄人物的事迹等——注重精神上的充实。因为精神的境界是符合"形而上"的"放之四海而皆准"且具有普遍性指导意义的内涵的。

人类对自然社会、事物的影响，是靠人的言行来完成的；而人的言行，是靠头脑中思想的指挥来实现的；而头脑中的思想是靠其世界观、方法论来推演的。所以头脑中的思想方法是否符合科学规律的要求是最重要的。这些世界观、方法论、思维方式、思想等，全都是精神的——"形而上"的。所以说人不管处在任何环境条件下，人总要有那么点精神（支柱）才行。

有科学，人类才能有文明。人类只要自觉的运用科学思想，改造事物成功——按事物客观规律实践成功了，人们就会说你具有了道德与文明。就而今现实社会中，从某些意义上讲，仍然还是有精神文明（理论认识及指导），才能有物质文明（实践及其成果）。精神文明与物质文明是不能分割开的。没有理论指导的实践，是盲目的实践，不可能有正确、迅速且宏大的效果的。无论什么执政党或在任何领域中都是如此。大家都知道事物（形而下之器）是不断发展的。我们如果追求物质的满足，那将是永远不能得以满足的。故而，其能决定社会是否会安定平衡的心理状态，也永远不会平衡。继而，社会永远不得安宁。如果是追求精神上的充实，就一句话"人穷志不穷！"他就会宁愿自己饿死、冻死，他也不会去偷、去抢、去杀人。不但如此，还可以激励自己靠艰苦奋斗的实际劳动去改变自己的落后面貌，而不会靠一种侥幸的不劳而获的投机心理去改变自己的处境。这句话可以鼓励全社会去实干。"严于律己"、"身教胜于言教"。易学大家邵雍所著《皇极经世观物内篇》曰："天下将治，则人必尚其行；天下将乱，人必尚其言。尚行则笃实之风行焉；尚言其诡谲之风行焉……言之于口，不如行之于身。""天下将治，人必尚其义；天之将乱，人必尚利也。尚义，则谦让之风行焉；尚利，则攘夺之风行焉。""君子常行胜言，小人常言胜行，故世治笃实之士多，世乱则缘饰之士众。笃实鲜不成事，缘饰鲜不败事。成多国兴，败多国亡，家也由是而兴亡也。"正如我们的前辈，复合型专家型的高级领导干部张协和先生对广大青少年所说："荡除虚夸浮华之恶习，弘扬求真务实之正气。全国青少年应警惕这一点！代代相传。"这都是易学与传统文化"重行"思想的经验总结。

　　张协和先生根据自己多年来的工作实践和亲身参加各项科研活动的经验，他深深体会到中华民族优秀文化传统的博大精深和世界高科技文化的广阔前景。本着科学随文化而进步的信念，对振兴中华的伟大事业充满信心，对培养跨世纪复合型人材提出了殷切希望。1994 年他预言："第三次人类文化大繁荣将主要是中华民族优秀文化传统和当代高科技文化两者精华的结合。这种有机结合将构成有中国特色社会主义文化的重要组成部分。""当我国实现社会主义现代化第三步战略目标并成为人类进步的榜样时，有中国特色社会主义的文化也将成为第三次人类文化大繁荣的旗帜。"愿他的遗愿能早日成为现实。

由《易传》看易学

　　易学认为一切事物都是在发展
的、变化的；化繁为简，抓住事物
的主要（共同、共通性）矛盾；"对
应统一规律"是不变的。

第二课 由《易传》内容看易学的主要思想

易学认为一切事物都是在发展的变化的，化繁为简，抓住事物的主要（共同，共通性）矛盾；"对应统一规律"是不变的。

易学不只是用来推算一个人的吉凶祸福的学问。虽然，远古的人类用它来占卜、算卦，但是随着历史的发展，人们通过大量且长时间（数千年）的实践印证，从中发现了大自然的根本规律性。并且将这些带有普遍性、根本性的规律，总结、归纳写成了带有普遍指导意义的哲书——《周易》及《周易大传》等。当然，易学除了这些以儒家推崇的《易》著之外，还应包括伏羲《先天易》《连山易》《归藏易》《医易》《道家易》《佛易》《养生易》《武术易》《军事易》《建筑易》《数理易》《科学易》等《易》。

所以说，易学是各行各业、各个学科和领域都

能使用和通用的一种知识。

易学主要包含了哪些思想呢？

易学包含的主要思想有"变易"、"易简"（有的书中称作"简易"）和"不易"这三大思想体系。

下面通过"易传"中的某些辞句来分别论述这三种思想。

第一节　变　易

"变易"思想在易学的整个理论思想体系中，体现的是最显著和最明确的。易学认为一切事物都是在发展的、变化的——没有任何一个事物是孤立存在且永远是一成不变的。一个事物产生（"本卦"）的同时，同时就预示了它的变化（"变卦"有的叫"之卦"）和终结（"对卦"有的称"错卦""旁通卦"）。一个事物终结的同时，（其"变卦"）又预示了新的事物的产生。新生事物的产生又预示了它的发展和消亡（其"变卦"的"错卦""旁通卦"）……事物就是这样不断地发展转化着。这种思想自然也是符合现代的"物质不灭定律"的。

《易传》中曰：

"在天成象，在地成形，变化见也。"

"刚柔相推而生变化"，"变化者，进退之象。"

"一阖一辟谓之变，往来不穷谓之通。"

"是故，易有太极，是生两仪，两仪生四象，四象生八卦。"

"变而通之以尽利。"

"化而裁之谓之变，推而行之谓之通。"

"变化者，趋时者也。"

"日往则月来，月往则日来，日月相推，而明生焉。寒往则暑来，暑往则寒来，寒暑相推，而岁成焉。"

"易之为书也不可远，为道也屡迁，变动不居，周流六虚，上下无常，刚柔相易。不可为典要！唯变所适。"

　　《易传》中这些深刻的话语，都充分地说明了易学思想是以"变"的观念，作为其看待与对待事物及其规律的主导思想的。

第二节 易 简

"易简"又名叫"简易"。按现代的语言来说，就是把复杂问题简单化。哲学上叫"抓住事物的主要矛盾和矛盾的主要方面"。

易学所包含的内容广泛而深刻。

《易传》曰：

"易与天地准，故能弥纶天地之道。仰以观于天文，俯以察于地理，是故知幽明之故。原始反终，故知死生之说。精气为物，游魂为变，是故知鬼神之情状。"

"与天地相似，故不违，知周乎万物而道济天下，故不过。"

"范围天地之化而不过，曲成万物而不遗，通乎昼夜之道而知，故神无方而《易》无体。"

"易广矣，大矣。"

"易之为书也，广大悉备，有天道焉，地道焉，人道焉。"

"仰则观象于天，俯则观法于地，观鸟兽之纹与地之宜。近取诸身，远取诸物，于是始作八卦——以通神明之德，以类万物之情。"

《易传》中的这些话语，充分说明了事物及易学内涵的复杂性。如果没有一个简明的指导思想和方法论，是不可能认识清楚万物的规律的。如果能按易学中的"易简"指导思想去分析事物，处理事物，就能达到将复杂的事物简单化的目的——抓住事物的主要（共同、共通性）矛盾。

比如：现代医学研究一个人，大概有数万个课题——形成了一门相当复杂的科学系统。如果将这数万个课题的共性找出来，是非常困难的——几乎是现在科学不可能做到的。正如我们前面提到的那样，我们的祖先在易学"统一场"的理论指导下，把复杂的人类，不管是中国人、外国人、老人、小孩、男的、女的等，通过简单主要的十二条经络之间的关系就统一起来了。

"易简"的另一个意思就是简捷之意。再复杂的事物，用易学的思想方法，就能很简便地找到其规律并得出结论。

《易传》中说："易则易知，简则易从。易知则有亲，易从则有功。有亲则可久，有功则可大。"

这句话的意思是说，易学是一种非常容易了解和学习的知识。任何事物只要将其复杂特性转化归纳成为有代表意义的简单的特性，事物相对就会变得简单了，近而也就能得心应手、随心所欲的研究、分析和了解认识它了。事物简单的话，大家也就都能很容易地了解学习和掌握它。从而大家也都感到可"亲"（热爱、喜欢）。能亲近（愿意、喜爱、接受）了解事物之间的规律，并且能按事物的规律办事。那么事情就容易成功。事情容易学习、了解、掌握和成功，当然这事情也就容易推广。因此，事物就可以发展壮大（普及）了。

所以，我们无论干什么事情，都最好不要把事情复杂化。事情越简单，矛盾越突出，解决起来也越容易。过去我们的部队靠简单的"三大纪律，八项注意"多好管理。现在部队各大军种、各个兵种等成千上万条管理条例。由于矛盾不突出，反而不好管理了。一个领导，你记都记不全这些"条例"，那怎么又能去检查、对照、督促、落实呢。而且"一阴一阳之谓道"任何事物都是相辅相成的存在着。管这一边就得放另一边。管的越多，实际放的也越多。任何事物又都是要走向自己的反面的。总有一天，管的又得放弃不管，放开的那面又得管起来……麻不麻烦。再说，任何事物又都不是孤立的存在着——都是互相联系着的。多定一个条条，这个条条又会与原来成千上万个条条形成成千上万个矛盾。这些矛盾又如何才能达到统一呢？按现在通常的思想及理论水平恐怕是根本没法统一的。因此说，光靠条条框框来管理人事、社会、经济、政治、军事等是不全面但是是必要的。除此之外，还必须加上思想上、意识上的共识才行。

易学中所提出的"极其数""类化""几化"；"太极"；"阴""阳"；"老少"4象；各种"八卦"；4爻的16卦；5爻的32卦；6爻的64卦乃至4096卦等的方位、变化与分布表述模式；"干""支""花甲"及其各种搭配与分布；"元、会、运、世"的排序与分布；"河图""洛书""五行"等诸多的"类化"表述方法与模式，全都是我们观察、分析、研究、综合、归纳一切事物及其规律的易学"易简"的"标准"统一的表述模式与技术方法。它们也是寻找事物公共特性及共通或共同规律的"标准型"表达模式。

而我们现时代的人们，由于对利润和技术、金钱的盲目追求。放弃了不"实惠"的长远、宏观、整体看问题的思想。以至于对待事物总是眉毛胡子一把抓。只为了眼前利益，根本就不可能抓住事物的主流和大方向。因此，现在很多事物从局部看，都是很好、很科学的，可是从长远、整体看，都是很不利和不很科学的。由于抓不到大方向，所以，现在社会就形成了利用炒作某些所谓的"虚拟"（假设的）概念来骗钱的风气。将假设、假想的东西，做为真实的现实来对待。你说人类这会儿够多傻，还真有不少的人还觉得自己这样做，是"超前意识"和"高科技水平"的体现。

第三节　不　易

"不易"的思想，是易学中的另一个主导思想。

上面我们讲到易学的主导思想是"变易"的思想。也就是说，易学思想认为一切事物都是在发展变化着的。这里怎么又出来一个"不变化"的思想呢？这个"不易"思想，在这里并不是指一切事物都是不发展变化的。这是说，世间的一切事物，虽然看起来是错综复杂和不断地发展变化着的，但是不管它的系统再大或者再小，其变化的基本（根本）的"一阴一阳之谓道"的"对应统一规律"是不变的。

《易传》曰："天下何思何虑？天下同归而殊途，一致而百虑。"

这里充分说明了易学思想认为，一切事物表面上看起来，各有不同（个性、特殊性、偶然性等）的规律、结构、状态等，但从其哲学的本质意义上来讲，其基本的本质道理（包括规律）都是一致的。因此我们总结出来的那些以"极其数"及"类化"分类进行对比判断的方法所归纳综合出的："太极"；"阴""阳"（两仪）；"老少"4象；各种"八卦"、16卦、32卦、64卦乃至4096卦等的方位与分布表述模式；"干""支""花甲"及其各种搭配与分布；"元、会、运、世"的排序与分布；"河图""洛书""五行"等诸多的"类化"表述方法与模式，全都是我们观察、分析、研究、综合、归纳一切事物及其规律的易学"易简"

的"标准"统一的表达模式与方法。当然，它们也是寻找事物公共特性及共通或共同"合和"规律的"标准"型表述模式。而这些"标准"型的表述模式与组合结构状态等规律，在"其大无外，其小无内"的任何表述层次、环境及系统条件下，总是不变（不易）的。由此诸多的易学、易符、易象、易卦、易爻、象数等表述思想与模式的发挥、搭配与组合等，以及在此基础上，我们又会延伸出了诸多的"太极""两分""对称""互补""平衡""均匀""稳定""中""中和""合""和""合和""和谐"等对事物认识的众多的思维表达理论与表述模式。这些理论与思维模式，对中国传统文化及中华民族文化乃至世界文化的进一步的发展与积淀，将起到不可估量的推促与充实作用。

第四节　学《易》的顺序

因为我们一般接触到的《易经》经文，都是古人运用易学知识指导实践时的事实记录（不一定都是成功的记述，也有失败的记述）。由于年代久远，以及中国汉文字的广泛内含性（一字多音，一字多意），学起"经文"来就比较困难了。为了能使大家能较快地掌握易学的哲理内容，从春秋末期的老子及后来所谓孔子、墨子、孟子、庄子、荀子、韩非子等时期，就逐渐将其"经文"及内容归纳提高到世界观、方法论上来学《易》了。故此，在继承与发扬老子某些"德"义哲学思想的基础上，所谓孔子及其门生们（特别是战国后期及汉代时期）在 64 卦"经文"的后面，又加上了"十传"（又称"十翼"）思想。将他们亲身学《易》、研《易》、用《易》的感受与体会附于"经文"之后。告诉及警示他人和后人学《易》、效法《易》的思想和方法。

因此，要想学好易学知识，按儒学传统传授方法，就必须先掌握"十传"中所告诉我们的道理。"十传"所讲的就是研学易学必备的一些基础知识。这些基础知识掌握了，《易经》的"经文"就容易理解了。所以，学《易》不能一开始就以研读"经文"为主。否则，越读越容易糊涂。

下面我将"十传"的具体内容归纳说明一下。为大家在学习中，提供掌握重点的方法。

《系辞上传》：

主要讲的是为什么要创立"八卦"学说，以及易学的世界观和方法论。同时，也列举了《易经》中一些例子来说明世界观及方法论的根据。

《系辞下传》：

具体举了些《易经》中卦爻辞的例子，来讲解了易学的世界观和方法论。同时，也讲解了如何利用易学知识指导我们的日常实践。

《象辞上传》和《象辞下传》：

通过运用"大象"的概念，从六十四卦，每一个六爻卦的整（总）体上来讲，这一卦的总体概念及其状态、意义。

这里的"大象"，实际上主要是指：

乾为天、坤为地、兑为泽、离为火、震为雷、巽为风、坎为水、艮为山所反映的内容。

《象传上》和《象传下》：

通过运用"小象"的概念，从六十四卦，每一个六爻卦内的局部（三个爻的"经卦"或每个爻）状态，来解释其具体意义。同时，它还解释了卦、象、爻辞为什么是这个意思的原因。

《文言传》：

因为"乾坤其易之蕴邪"。乾坤两卦（六爻卦）是产生《易经》六十四卦的基本、基础卦。所以，此《传》专门是解释乾坤两卦的含义及规律的。

《说卦传》：

因为六十四卦中的任何一个六爻卦，都是由两个三个爻的"基本卦"上下重叠组合成的。所以，要了解任何一个六爻卦的含义，必须得先了解每一个三爻卦的抽象及具体的意义。"说卦传"就是解释组成六十四卦的八个"基本卦"（又称"八经卦""八卦"）各自抽象及具体含义的。

《序卦传》：

因为任何事物的发展变化都是有一定规律的。该"传"就是为我们解释六十四卦的发展规律的。即六十四卦为什么如此排列的道理。只要我们能遵循这个顺序处理事物，将无往而不胜。

《杂卦传》：

是打乱六十四卦的排列顺序，用最精炼的词语，归纳了任何两个互为"反、对卦"（六爻卦）的卦义。使我们对六十四卦的卦义能简便易记。它运用了最简单的文字，表述了一个六爻卦具有代表性的基本意义。同时也比较了各卦意义之间的异同。

我们学习易学不是为了死记硬背其卦辞、爻辞及其经文、辞句的。而是为了通过熟记这些经文、辞句内容，达到我们能深刻地学习《易经》中每个六爻卦及六十四卦的思维过程以及其逻辑思维方式、方法。按现代的语言说，就是掌握一种客观地研究、分析、认识事物规律的方式与方法。

正如宋代的易学大家邵雍所著《皇极经世观物外篇下》一文中所言："知'易'者不必引用讲解，是为知'易'。孟子之言未尝及'易'，其间'易'道存焉，但人见之者鲜耳。人能用'易'，是为知'易'。"

卦的生成

　　一个"八经卦"就能生成八种
结构状态(六爻卦),这样八个"经卦"
一共可以生成八八六十四种结构状
态(六爻卦)。这就是六十四卦的一
种生成过程和其易学思想基础。

第三课 卦的生成

一个"八经卦"就能生成八种结构状态（三爻卦），这样八个"经卦"一共可以生成八八六十四种结构状态（六爻卦）。这就是六十四卦的一种生成过程及其易学思想基础。

古往今来，有关易卦的生成与生成方法是很多很多的。这里就不做一一的介绍了。

我们所见到的很多的六十四卦"卦变图"，实际上它并不是"生成"图，而是"变化"图。可是，往往有许多易学爱好者，却将其误认做"生成"图了。

为了能掌握按正宗的易学规律成卦，我们就不能离开易学中的主导思想进行卦的生成。

要想了解卦的生成及生成规律，就必须先了解构成卦的最基础的部分——"爻"的表述特点及规律。

第一节　阴阳爻概念的产生

易学最基本的思想是"一阴一阳之谓道"的"对应统一规律"。连我们现代科学技术如此发达的而今，各门各科及各个领域内的最先进的理论与技术，基本也不会违背这一最根本的哲学思想。这也是使许多西方现代科学家们最感惊奇的事情。

这种"阴阳"学说，按英国远古历史学家汤恩彼博士的考证，"据现在有两万年之久了"。

因此，我们的祖先根据"阴阳"的思想，发明了用阴阳"爻"的表述方法来表述世间一切事物及其对应关系与规律，借以表示阴阳"对应统一"的两类事物。

这其中，

阳爻，用"—"来表示。

其表示刚、硬、热、向上、明、天、动等积极上进、充满活力的主动性事物。

阴爻，用"——"来表示。

其表示柔、软、冷、向下、暗、地、静等消极待动、缺乏活力的被动性事物。

有人盲目跟着西方的某些历史学家屁股后面学舌。说这阴阳两爻"充分的反映了我们祖先对男女生殖器的崇拜"。这真是一派胡言！我们优秀的中华文化，大家都知道是"炎黄"文化、"黄河"文化、"龙"文化等文化。怎么又出来个既浮浅又片汤的"生殖器"文化？这男女之间的生殖器能充分反映"仰则观象于天，俯则观法于地，观鸟兽之纹与地之宜，近取诸身，远取诸物……以通神明之德，以类万物之情"的整个宇宙长河中的一切事物及其规律吗？稍稍动点脑子想一想，也不会得出这么糊涂的结论来。

我们不可完全否定在我国历史上，有个别的时期和个别的氏族或个人可能有过"生殖崇拜"，但这并不是中华文化特别是易学文化的主流文化。中华文化是一种内涵性极其丰富的文化。讲求"真人不露相，露相不真人"的大内涵思想。决不是这么不知羞耻——脱光了算的暴露性文化。

关于"爻"的问题这里就不多说了，后面有大量的论述。

下面我们来看看卦的生成及其生成规律。

第二节　八卦及六十四卦的生成

一、按易学中"一阴一阳之谓道"和"易有太极，是生两仪，两仪生四象，四象生八卦"的规律来成卦

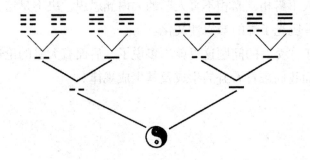

八卦生成图

以"太极"派生出来的阳爻（—）为基础，生成了乾（☰）、兑（☱）、离（☲）、震（☳）四个"经卦"。

以"太极"派生出来的阴爻（--）为基础，生成了巽（☴）、坎（☵）、艮（☶）、坤（☷）四个"经卦"。

这一阴一阳两个爻，组成三个爻的卦。一共也只能是这八种变化（排列）情况。

这中间形成的这"八种场（卦）"，可以分别归属于"五行属性"的"五种态"。

乾（☰）、兑（☱）两卦，"五行"属"金"性。

坤（☷）、艮（☶）两卦，"五行"属"土"性。

震（☳）、巽（☴）两卦，"五行"属"木"性。

离（☲）卦"五行"为"火"性。

坎（☵）卦"五行"属"水"性。

下面我们在依这"八经卦"各自为"太极"（基础），再生成六十四卦。

例：以"经卦"乾（☰）卦为"太极"。生成八个六爻卦。

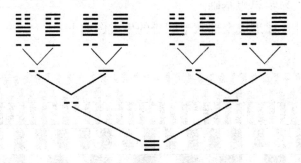

以乾卦生成八个卦图

再例：以"经卦"离（☲）卦为"太极"，生成八个六爻卦。

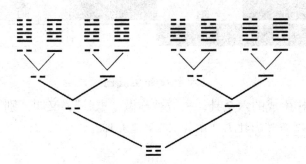

以离卦生成八个卦图

以其余"经卦"为基础的六种成卦方法，照此类推。大家可以自己去画一画，这里就不多占篇幅了。

由于不同的事物，参照系中所选择的"太极"（对比基础）不一样，最后所形成的规律和状态也是不一样的。这个乾（☰）卦系列中的事物（六爻卦），是由"经卦"乾（☰）卦这个基础所形成的。一共有八种结构状态。一个"八经卦"就能生成八种结构状态（六爻卦），这样八个"经卦"一共可以生成八八六十四种结构状态（六爻卦）。这就是六十四卦的一种生成过程和其易学思想基础。

按此规律形成全部六十四卦的生成图如下：

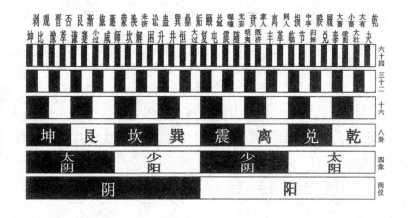

六十四卦生成图

这样生成的六爻卦，一般被称做"重卦"，又叫"别卦"，台湾的某些学者称其为"正式卦""基本卦"。

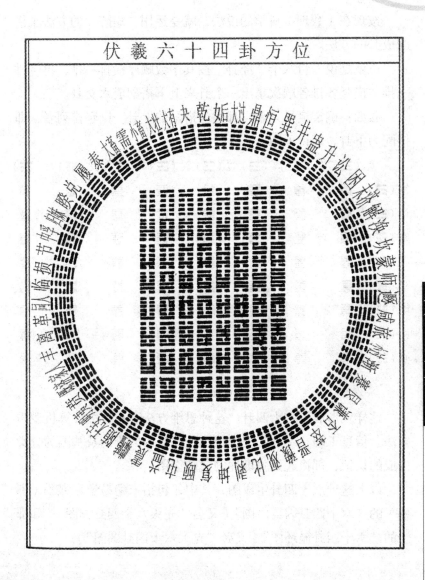

伏羲六十四卦方位

二、按"八卦成列，象在其中焉"的思想成卦

按现在（数理）科学的说法，就是运用"矩阵"的方法来搭配成卦的方法。

也就是说，将八个"经卦"按其序数顺序横排一排，再竖排一排。横竖各排各顺次拿出一个卦来上下搭配成六爻卦。

假如：确定横排列者，都做为搭配的上卦。则竖排列者，即搭配为下卦。即得下图。

六十四卦矩阵图

这样就形成了六十四卦。这种思维方法对现代的计算机逻辑方法、信息工程、生物工程，特别是对基因的排列及基因的分类构成的认识，都将起到关键性的突破作用。

以上这种六十四卦生成图，其中还包括宋朝易学家邵子（邵雍）的"六十四卦因重之图"（又名"先天六十四卦方图"）和邵子的"六十四卦循环图"（又名"先天六十四卦圆图"）。

三、按"乾坤生六子"的思想成卦

《易传》曰："乾坤其易之蕴邪？""乾坤其易之门邪？"。它们都说明了乾坤两卦是产生其他卦的最根本的两个基础卦。《文言传》中也说明了这个道理。故在"八卦"的基本生成规律中，就产生了"乾坤生六子"的思想。这在《说卦传》第10章中有所论述。

"乾坤生六子"的思想产生八卦有两种方法。

一种是由乾（☰）卦生成。

另一种是由坤（☷）卦生成。

下面分别展示其产生的规律。

1、由乾（☰）卦生成：

乾（☰）卦中，只有一个爻发生变化。

共有三种变化情况。

最下面一爻变。得巽（☴）卦。

其中间一爻变。得离（☲）卦。

最上面一爻变。得兑（☱）卦。

乾（☰）卦中，有两个爻同时发生变化。

共有三种情况。

下面两个爻同时变。得艮（☶）卦。

上下两个爻同时变。得坎（☵）卦。

上面两个爻同时变。得震（☳）卦。

乾（☰）卦中，三个爻同时变化。

只有一种情况。

上中下三个爻同时变。得坤（☷）卦。

这样就得到了八个"经卦"。

2、由坤（☷）卦生成：

坤（☷）卦中，只有一个爻发生变化。

有三种情况。

最下面的一个爻变。得震（☳）卦。

其中间的一个爻变。得坎（☵）卦。

最上面的一个爻变。得艮（☶）卦。

坤（☷）卦中，有两个爻同时变化。

下面两个爻同时变。得兑（☱）卦。

上下两个爻同时变。得离（☲）卦。

上面两个爻同时变。得巽（☴）卦。

坤（☷）卦中，三个爻同时变化。

只有一种情况。

上中下三个爻同时变。得乾（☰）卦。

这样也得到了八个"经卦"。

"乾坤生六子"产生的八卦之中，

乾（☰）为父亲。

坤（☷）为母亲。

震（☳）为长男。

坎（☵）为中男。

艮（☶）为少男。

巽（☴）为长女。

离（☲）为中女。

兑（☱）为少女。

这其中，乾（☰）、坤（☷）两卦为"老阳""老阴"两卦。"乾为父"，"坤为母"。只有父母才能生出子女来。其他六卦能不能变化出八个"经卦"来呢？也可以变化出来。但是，这就不符合自然规律了。没听说儿女能生出自己的爸爸妈妈来的现实。所以，乾坤两卦就确定为是表示可以变的卦。而其余六个"经卦"中的男卦（震、坎、艮）和女卦（巽、离、兑）都被确定为是不可变的卦。

按《易传》中的规律，"阴卦多阳，阳卦多阴"。则

震（☳）、坎（☵）、艮（☶）三卦中，阴爻多而阳爻少。故为"阳"卦。

表示阳（男）性事物。由于阳性事物应该是阳刚之气（阳爻）多才正常。现在却是阴柔之气（阴爻）多。故其名为"少阳"。说明是少了"阳"了。

巽（☴）、离（☲）、兑（☱）三卦中，阳爻多而阴爻少。故为"阴"卦。

表示阴（女）性事物。由于阴性事物应该是阴柔之气（阴爻）多才正常。现在却是阳刚之气（阳爻）多。故其名才曰"少阴"。意思是说，少了"阴"了。

《易传》中说："叁伍以变，错综其数。"还有我们经常说的"含三为一"。这里不只是说易学的道理和卦理中包含了"天地人"三才的内容。实际上我们仔细地看一下阴阳爻各自的构成，就会发现阴爻（--）中间空出来了三分之一。也就是说，将阳爻（—）可以分成三等份。因此，阳爻除了整体表示1以外，还可以表示3。而阴（--）爻则表示2。这说明阳爻（—）本身就是

"含三为一"的状态。

这中间，阳爻（━）除了内含着（1+0）的素数内容外，还包含着（1+2）的奇素数内容。而阴爻（━ ━）则内含着（1+1）的偶素数内容。

我们将其阴爻为2和阳爻"含三为一"之3数带入"八经卦"中，则得：

乾（☰）卦为9数。9为阳（奇）数。又称"老阳"。

坤（☷）卦为6数。6为阴（偶）数。又称"老阴"。

震（☳）、坎（☵）、艮（☶）卦为7数。7为阳（奇）数。又称"少阳"。

巽（☴）、离（☲）、兑（☱）卦为8数。8为阴（偶）数。又称"少阴"。

因此一般在"摇卦"中，才规定了"老变，少不变"的原则。这也就是"蓍草法"中"9"、"6"表示变爻，"7"、"8"表示不变爻的依据之一。这也是古代产生"数字卦"的数理根据之一。

由此数理之间的一些关系，确定了卦的生成特点。

一般卦的生成是由下往上逐个排列卦爻（阴爻或阳爻）的。

拿六十四卦中的六个爻的卦为例。

其最下面的那个爻为一爻。一般称作"初"爻。

然后，其爻位之数二、三、四、五、六爻顺次往上排。

最上面这个第六爻，一般称作"上"爻。

为了从文字上能一目了然地判断某个位置上爻的阴阳（刚柔）性质，按照"老变，少不变"的易卦及爻变的原则，将阳爻（━）的爻位数之前，冠之以"九"字；将阴爻（━ ━）的爻位数之前，冠之以"六"字。这样就构成了每个爻的专用代名词——"爻题"。

例如：风雷益（䷩）卦。

第六爻是阳爻。定为上（六）九爻。　　　——上九爻
第五爻是阳爻。定为九五爻。　　　　　——九五爻
第四爻是阴爻。定为六四爻。　　　　— —六四爻
第三爻是阴爻。定为六三爻。　　　　— —六三爻
第二爻是阴爻。定为六二爻。　　　　— —六二爻
第一爻是阳爻。定为初（一）九爻。　　——初九爻

在以上的这些爻中间，

凡是"爻题"前或后标有"九"字者，说明此爻是阳刚之"阳爻"。

凡是"爻题"前或后标有"六"字者，说明此爻是阴柔之"阴爻"。

另外"九""六"还表示的是"变"的意思。也就是说，六十四卦中，哪个"爻变"了，才是该爻"爻辞"所表达的意思。

以上发明"爻题"的做法，是为了标示"爻"的性质。

而初、二、三、四、五、上则表示的是"爻"的位置。

四、按"精气为物，游魂为变"的易学原则成卦

实际上这就是用我们平时所说的"游魂卦"的方法来成卦。

也就是长沙"马王堆"墓地中所发现的一种易卦的成卦方法。即类似是"京房易""八宫卦""元包易"的一种成卦方法。这种方法的排列，特别像所谓佚失的"归藏卦"的排列。也有可能其就是"归藏卦"的一部分内容或"归藏卦"的全部生成过程。

其具体方法是：

六十四卦的形成，是由"八纯卦"［即乾为天（☰）卦、坤为地（☷）卦、兑为泽（☱）卦、离为火（☲）卦、震为雷（☳）卦、巽为风（☴）卦、坎为水（☵）卦、艮为山（☶）卦］自身内部地变化规律所变化成的。

我们下面举个例子来说明。

例如：由乾为天（☰）卦来变化。

乾为天（☰）卦的一爻变。变成天风姤（䷫）卦。这又叫"一世卦"。

乾为天（☰）卦的二爻变。变成天山遁（䷠）卦。这又叫"二世卦"。

乾为天（☰）卦的三爻变。变成天地否（䷋）卦。这又叫"三世卦"。

乾为天（☰）卦的四爻变。变成风地观（䷓）卦。这又叫"四世卦"。

乾为天（☰）卦的五爻变。变成山地剥（䷖）卦。这又叫"五世卦"。

再将乾为天（☰）卦的"五世卦"——山地剥（䷖）卦由四爻往初爻方向变化：

山地剥（䷖）卦的四爻变。变成火地晋（䷢）卦。这又叫"游魂卦"。

火地晋（䷢）卦的全部下面三个爻同时变。变成火天大有（䷍）卦。这又叫"归魂卦"。

具体变化如下图。

兑为泽	离为火	巽为风	坤为地	艮为山	坎为水	震为雷	乾为天	上八世钝
泽水困	火山旅	风天小畜	地雷复	山火贲	水泽节	雷地豫	天风姤	一世
泽地萃	火风鼎	风火家人	地泽临	山天大畜	水雷屯	雷水解	天山遁	二世
泽山咸	火水未济	风雷益	地天泰	山泽损	水火既济	雷风恒	天地否	三世
水山蹇	山水蒙	天雷无妄	雷天大壮	火泽睽	泽火革	地风升	风地观	四世
地山谦	风水涣	火雷噬嗑	泽天夬	天泽履	雷火丰	水风井	山地剥	五世
雷山小过	天水讼	山雷颐	水天需	风泽中孚	地火明夷	泽风大过	火地晋	游魂
雷泽归妹	天火同人	山风蛊	水地比	风山渐	地水师	泽雷随	火天大有	归魂

八个"八纯卦"都按这种变化规律变化。每卦再变化出七个卦，加上原来那个"八纯卦"，一共是八个卦。八个八种卦，一共是六十四个卦。

以上讲的是八卦及六十四卦的生成规律。当然还有很多变化方法。但那些方法都不是按着易学本原的道理来生成卦的。因此，才说那些"卦变"图是易卦的"变化图"，而不是易卦的"生成图"。

比如：

由一个阴爻和一个阳爻的六爻卦"复"（䷗）和"姤"（䷫）两卦变化来的 12 个卦，直至四个阴爻和四个阳爻组成的"大壮"（䷡）和"观"（䷓）卦各变成 9 个六爻卦，加上"乾"（䷀）"坤"（䷁）两卦而形成的"古卦变图"；

李挺之的"卦变反对图"；

李挺之的"六十四卦相生图"；

朱熹的"朱子卦变图"；

虞翻的"虞翻卦变图"；

来知德的"错综图"；

朱风林由十"辟卦"〔去除乾（䷀）"坤"（䷁）二纯"阳"纯"阴"卦〕所变化而构成的"朱风林升降卦变图"；

"六十四卦变通之图"……

这些卦的"变化""变通""致用"图都是"卦变图"，而不是"生成图"。这些卦的"卦变图"，各有各的变化特点。都有各自变化的哲学、逻辑规律。这是很值得我们认真的去了解、去学习和去研究的。它们各自的逻辑变化，能给我们分析和掌握易卦及事物的变化规律及思想原则，提供了一些很好的思想方法与思路。

我们为什么讲这么多的易卦生成法呢？

因为，易学思想主要是靠易卦及卦爻之间的构成和变化来反映的。因此，易学的思想和方法论的内含，全都体现在其"象"

（卦、爻之象）的变化上了。又由于"书不尽言，言不尽意。"有些事情是只用语言和文字是说不清楚的。并且汉文化的"象形"文字，虽然其内涵性是很大的，但是由于其受所表示的事物形象的限制，其表意的范围是有局限性的。为了能尽量的扩大表意的内涵性，所以"圣人立象以尽意，设卦以尽情伪。"以卦的形式来表述世间一切事物及其规律。并且"观象系辞"。将自己的感受、体会和认识，总结归纳成卦、彖、象、爻辞，以供他人及后人"所乐而玩者"参考学习。

易学中所说的"极其数，遂定天下之象。"的这个象，指的就是"卦象"。

卦，是表述大的或较大范围内的整体变化的。

卦中的爻，是表述整体中局部及个体具体变化的。

这其中，局部及个体的"爻"变了，整体卦的结构状态——"卦"也就随之改变了。"卦"变了，随之的"象"所表述的内容也就随之改变了。"象"变了，所对应的数理关系也随之改变了。这就是易学中，卦、爻之间不可分离的对应关系。事物不在大小，都能对大局起到一定的决定作用——关键是取决于它在整个系统中所处的位置及状态。

在易学思想中，每一种卦、爻的变化，它都反映出来的是一种思想方法。我们学习易学就是为了学习、了解、掌握这些思想方法。为此，我们就要丢弃那种"读死书，死读书，泥于古，而死于句下"的传统学易方法。因为，只去死记硬抠易学中的那些字辞句章，可这些字辞句章都是前人的体验和实践的记述。往往都有一些局限性（这种针对性很强地体验与实践，可能你一辈子都遇不到）。如果只从这些有针对性的局限性的认识出发，会将我们的思想禁锢起来。反而使我们更不容易理解易学内涵的真谛之所在了。

我们就是背诵《周易》及"易传"的全文，其目的也不是为了显示自己的易学水平而死背其内容的。背的目的是为了能将其前后的各种思想方法串起来，使我们对易学及其思想、规律等能有个总体、全面、统一的思想概念及认识。

下面我们来看看构成卦象的爻象及其特点、规律和表述的思想内涵与方法。

爻　象

　　每个爻所反映的是一定（特定）时间条件下所对应的具体事物的特定位置和状态等。时间变了，所对应的爻位（时空位置）也往往有所变动。那么，所表述的意义也就有所改变。

第四课 爻象与卦象

　　每个爻所反映的是一定（特定）时间条件下所对应的具体事物的特定位置和状态等。时间变了，所对应的爻位（时空位置）也往往有所变动。那么，所表述的意义也就有所改变。

　　《易传》中曰："爻也者，效天下之动者也。"

　　其意思是说，爻是干什么用的呢？是表示和仿效天下变化的事物的。

　　《易传》还说："爻也者，效此者也。""道有变动，故曰爻。""爻有等，故曰物。"

　　意思是说，天下各种事物的变化和变动，都可以由爻的变化及状态来表述。"爻有等"说明爻在卦中不同的位置上，其表示不同或相同类型和不同或相同范畴、范围、领域、性质、层次、状态等的事物。

　　《易传》中说：

　　"六爻相杂，唯其时物也。"

说明每个爻所反映的是一定（特定）时间条件下所对应的具体事物的特定位置和状态等。时间变了，所对应的爻位（时空位置）也往往有所变动。那么，所表述的意义也就有所改变。

"发挥于阴阳而生爻。"

说明爻的变化，是通过它所处在卦中不同位置的"阴阳"性质来体现的。在不同位置上的"阴爻"或"阳爻"，或者是在相同位置上的"阴爻"或"阳爻"所表述的内涵内容和意义常常是大不相同的。

"八卦相重，爻在其中矣。"

这也是易学中的一种思想方法。

即上下两个三爻卦相重——重叠在一起，组成一个六个爻的卦。所以，《周易大传》中《系辞》曰："因而重之，爻在其中矣。"

相重的目的是干什么呢？

是为了使卦的表述系统增大。使它（卦）的内涵内容增多，且更形象、更具体、内涵内容更丰富。原来三个爻的结构形式，所能表（描）述的范围小了一点（可是，更接近事物的总体或本质内涵）。六个爻的结构模式，其表（描）述的范围会更大、更具体、更细致一些（更接近于事物的具体状态与内涵）。

这样做系统大了，内涵也多了，反映事物的规律也就会更充分一些。使事物不同的层次、不同的结构、不同的细节等都能反映的更充分、更细致、更具体一些。针对性也更强一些。

看到卦以后，首先想到的就是爻的变化。因为爻的变化所反映的具体内容，是对应于一定时间条件下的那个具体事物的。《易》"系辞"曰："六爻相杂，唯其时物也。"如果不懂得易学的这种时空对应性思想方法及原则，就会出现以下的现象。

也就是，为什么会出现同一个问题在不同的时间，不断地提问这个问题时，运用易学方法进行推导或判断，会出现得出各种不同的答案来的原因。因为在用易学思想推导事物规律及其结果的时候，由于许多人不懂得时空对应性是不可分割的道理。即不知道时间变了，所对应的空间结构及其内部规律相应的也会发生变化。故而会用一种固定的模式来判断一个固定的问题。因此，造成使人无所适从的局面。

比如：不懂得时间的变化，会直接影响到对事物规律判断的正确性。

因此才造成了，他（她）一会儿问一下：

"我这次考试及不及格？" 回答："不及格。"

待会儿再问同样的问题：

"我这次考试及不及格？"

坏了，时间一变。答曰："能及格。"

待会儿又问：

"我这次考试及不及格？"

再答曰："不及格。"

……

因为不同的时间将对应在不同的（变）爻的位置上。所以，变爻表示的是不同时间条件下所对应的那个具体事物。你原先那个时间决定你来问考试及格不及格这个问题。下个时间段客观上已不再对应表述你考试的问题了。可是，你还是硬套用它原来判断考试问题的那个判断格式去回答，可能往往回答的判断结果就不准确了。因为时空对应关系已发生了变化。

所以《易经》"蒙"卦曰："蒙，亨。匪我求童蒙，童蒙求我。初筮告。再三渎，渎者不告。利贞。"

这是什么意思呢？

其意思是：你就像蒙昧无知、迷迷惘惘的小孩一样，遇到事情不知道该怎么办了，于是就来求问于我。"初筮告"，第一次求我给你判断的时候，我告诉你事情的结果。"再三渎"，再三的请求我不断地为你判断同一件事；或者不严肃、连续地、不尊重事实采取怀疑态度地再三求问同一件事；以及要求判断结果随自己意愿的。以这种态度来对待易学推导方式的。"渎者不告"，再也不能给他（她）推导判断并告诉他（她）结果了。也就是说，不能再为他（她）推导判定同一件事了。"终吉"。这才能保证你所判断的结果，最终都是正确的。

因为，最初来找我为你判断事物的趋向及结果时，你没有什么太多的杂七杂八的各种主观意识。那时只是你没有什么办法了。一个心思地只想了解你最关心的那件事情的最终结果。所以，正好与大自然当时的时空规律相符合（对应）。故此你才在这个特定的时间找我来为你推导判断这件事情的。等过了一会儿以后，你不相信我所判定的结果（因为我所判定的结果，可能没符合你自己主观的想法）。你加上了自己的主观意识，已不是原先那种只求得到客观结果的客观的心理状态了。此时，已经是以主观意识为主的唯心状态。你头脑中的那种意识场也已产生了变化。而大自然的那种时空对应的场，也由于时间的变化，空间结构及其规律也发生了一定的变化。这时推导判断的场的结构状态，已不是对应于你原先要求判断时，所对应的那件事的结构状态了。已是对应于其他事物状态的那种场了。再加上，你不相信时的这种主观唯心意识场的干扰，已经对客观对应状态的"场"产生了干扰。故而，也已经破坏了易学所反映的客观规律。因此，在推导的过程中，就会出现时空结构状态不能完全对应相符的情况。

平时我们大家也会发现，越是喜欢算卦的人。此人的事越不容易判断准确。往往最喜欢"迷信"算卦的人，他（她）们的命运也往往是很不好的。因为找这个人算，算完了；过会儿又去找另一个人算；另个人算完了，再去找别的人算……算一次，一个样；再算一次，又是一个样。这样算多了以后，心里反而就更乱了——更不知道该怎么办了。结果什么也干不成。由于思想被搞混乱了，况且心里也没了底。再加之心理（脑）场也乱了，心里更没主意了，因此什么也不敢或不知该怎么干了。

有人说："上次那人给我算了，说我能发财。结果这次又找你来算。算过之后，你确说我不能发财。"推算的人一听就火了，说："你对自己的事也太不关心，太不严肃认真了！你是不相信这种推导判断方式的。如果你相信这种推导方法的话，就不会接二连三地找那么多人去为你推算了。"这只能说明被推算的人自己的心理状态是紊乱的。即（生理及脑）场是紊乱的。所以，别人往往也很难找到与他（她）对应的客观（场）状态。因此，也很难给这个场进行"卜筮"及找到与这个场的规律相对应的结果来。

时间和卦象（空间及其结构）之间有非常密切的关系。中国人受自古以来以"天道决定一切"的"天学"为其（综合作用前提条件下）探讨、研究一切事物的主要思想基础的影响，采用的是以"时间为主，空间为辅"的根本性思维与认识方式，故而有时间就有与其对应的空间结构与状态（卦）的存在——时空关系，是一种该两者不可分离或分割的复合及统一体关系。这也是说，易学所反映的是立体的时空对应性关系。

"八卦以象告，爻象以情言。"

意思就是说，一个六爻卦的总体结构意义，是以组成该卦的"八经卦"所反映的《彖象》的变化来反应它的变化的，并以"大象"的形式反映其规律。通过感知、感觉、感悟"大象"的含意，来反映事物内涵的细微变化及具体情况。

"象"是从卦的较大或整体方面及其概括性，来表述（反映）其对应性事物及其规律。

"爻"是从卦中小的局部，个体的方面及形式，来具体地表述（反映）其对应性事物及其规律。

针对具体的事物产生一定的想法、一定的感觉、一定的感情、一定的情绪等。同时，"爻"象所反映的也是大自然中最基本的"阴阳"性质及其规律的变化。

《系辞》曰："为道也屡迁，变动不居，周流六虚，上下无常，刚柔相易。不可为典要，唯变所适。"

其意是说，虽然易学的道理经过漫长的各个历史时期，也出现过各种不同的认识及理解。可是它的发展与变化，往往都不拘泥于一定的变动格（模）式。"周流六虚"。一个意思是指易学能表示上下（天地）、左右、前后、东西南北中这么一个立体结构的事物模式。另一个意思是说，这个立体模式，实际在卦中是以六个爻位的位置来表示的。无非是通过上下两卦或由下（初）爻变到上（六）爻，还是由上爻变到下（初）爻这种不固定的变化方式及阴（"柔"性）阳（"刚"性）爻之间的相互对应转化来体现的。也就是说，六个爻之间的变化及上下变化的规律不是固定不变的。每一个爻位上是不是都是同样性质（同是"刚"性或同是"柔"性）或是不同样的性质的爻——每一个爻位上都必须是阳爻或者是阴爻等，都不是固定不变的。而且"变爻"的变化也不一定都变化在哪个爻位上。它们的变化是通过什么反映出来的呢？"刚柔相易"。通过阴爻和阳爻的不同性质的变化来表述其"刚""柔"之间的关系。即通过这些变化来反映卦、爻之间的规律。"不可为典要！"。"典要"，即典型、典故、只有这样、必须一定如此之类的意思。这也就是告诉我们，不可以把这些变化或哪一种、哪一类的变化形式、格式、方式、方法等，当做是一种一成不变的固定模式（程式）而被记取。即不能是"死"的表述格式。学易学不是说学"死"的什么知识，而是学习一种"知变"且灵活"应变""适变""通变"的活性知识。所以要"唯变所适"。只有以变化的眼光，具体事物（问题）必须具体来看待、对待它及它的规律。这才是最适宜地观察、分析、认识、研究、掌握事物及其规律的根本方法。

故而，在易学中充分体现了它是一种变化的"知变"性学问。而且这种变化是"唯变所适"的。只有根据变化了的状态、环境、条件等，适应其变化，才是最适应的唯一的思维方式和方法。因此，易学还是一种"适变""应变""通变"的学问。

这不仅是卦的适变性学问，也是爻的适变性学问。爻也是需要"唯变所适"的。一定的爻的变化，适应于一定时间条件下的一定的状态（情况）。一定的时间条件下，出现的一定的变化，都是相互对应的——没有任何能孤立存在的事物。要想学好易学就必须掌握并记住这些时空对应性规律。

《易·系辞下》曰："兼三才而两之""易之为书也，广大悉备。有天道焉，有人道焉，有地道焉。"

《说卦传》曰："立天之道曰阴与阳，立地之道曰柔与刚，立人之道曰仁与义。兼三才而两之。"

这都是什么意思呢？

这里指的是六十四卦中，任何一个六爻卦的结构分布原则。

也就是说，得到了一个六个爻的卦。比如：是得到了一个乾为天（☰）的六爻卦。它所对应表述的是"天地人"三才的分布结构状态。易学将大自然各种事物进行了分类。基本上分成天、地；分成虚的、柔的（阴爻）、实的、刚的（阳爻）；还分成了"阴"的、"阳"的。并将人类自身也放到（纳入到）这些系统中间去进行综合地分析和研究（而不是像现在的一般科学方法一样，将人类从自然科学领域中孤立出来进行研究），因此，形成了比较全面、完整、统一的研究体系与模式。在研究了天地之道（规律）的同时，也研究了人类和我以及我自己。即我把我和我所处的天地之间的自然（事物）环境，联系在一起进行通盘研究。不像现在人们的"试验性"研究方法，它往往是采取运用相对绝对时空的概念去孤立的研究事物及其规律。即研究某一个事物时，一般不考虑这个事物与其他相应时空中的别的事物之间的联系。只考虑被研究对象本身状况及其规律性。即研究者本身的状态与别的事物环境、状态等联系一般不去考虑。

中国传统的研究方法一般不是这样。它把大自然（事物及事物系统）的整体性研究，始终放在研究任何事物的首位。始终注意事物这种整体性的研究。按易学"易简"思想的启示，借以找出事物的共性或共通性特点。即始终抓住及掌握事物的主要矛盾趋势及矛盾的主要方面。也就是说是"至广大"性的研究模式（具体从"至精微"的"研几"入手）。在大范围之内来研究事物及其之间的相互联系性。这是由于研究方法产生时的"所有制"大环境的不同所造成的。

在"易卦"中，一个六个爻的卦体，

其上面（五、上）两个爻可以表示"天"及天上的事物；

下面（初、二）两个爻可以表示"地"及地上、地下的事物；

人是生活在天地之间的生物。所以中间（三、四）两爻表示"人"及与人类相对应且存在的事物。

"天"也是"以象告之"。其"象"一般是反映天象、天道、宇宙、事物系统等规律的。乾为"天"、为道、为自然界中的大道理。什么是"大道理"？"一阴一阳之谓道"；"在天之道曰'阴与阳'。"阴阳的"对应统一规律"是事物的根本"大道理"。这个根本"大道理"在人类社会中，已经存在及运用了两万年之久。至今仍在各个领域中，发挥着无可比拟的科技思维支柱的作用。

"阴""阳"是怎么来区分的呢？

举乾为天（☰）卦为例来说明。

中国古时候，在"易卦"的结构中，是以一（初）、三、五的奇数位，表示阳（刚）性的事物；以二、四、六（上）偶数位，表示阴（柔）性的事物。

"在天之道曰阴与阳"，是说通过"阴阳"来反映、体现与感受"天道"的规律。

在这里指的是六爻卦中，最上面两个爻的性质特点。即上面两个爻之中，上（六）爻位置，应是表示"阴"性事物的位置；而五爻位置，应是表示"阳"性事物的位置。

"在地之道曰柔与刚"，通过"刚柔"（软硬）性质来反映、体现与感受"地道"的规律。

在这里指的是六爻卦中，最下面两个爻的性质特点。即最下面两个爻中，二爻这个"阴"位，应是表示"柔"性事物的位置；初（一）爻这个"阳"位，应是表示"刚"性事物的位置。

中间"在人之道曰仁与义"，通过"仁义"来反映、体现与感受"人道"的规律。

在这里指的是六爻卦中，中间这两个爻的性质特点。即中间这两个爻之中，四爻这个"阴"位，应是表示人之"仁"性的位置；三爻这个"阳"位，应是表示人之"义"性的位置。

这样就把大自然及事物与事物和人之间的总体规律及性质统一表示在一个六爻卦中了。

因此，在《易经》乾为天（☰）卦之中，初（一）爻为"潜"。为"潜龙勿用"。指的是潜藏于下面的事物。

第二爻曰"田"。为"见龙在田"。指的是"地"及潜藏于"地"下的事物。

第三爻曰"君子"。为"君子终日乾乾"。"君子"指的是人的事情。

四爻曰"或跃在渊"。为疑惑、迷惑、盲目行动。这还是指的是人的行为。

第五爻曰"天"。为"飞龙在天，利见大人。"指的是"天"上的事。

第六（上）爻曰："亢"。"亢龙有悔。"再高，高高在上骄傲自满，就要向相反方面发展了。讲的是，高于"天"（自然的、大的本质性规律）上的事，就是另一会事了。

这是不是讲的是"天地人"三才的内容。从乾为天（☰）卦的爻辞内容之中，反映出了易学的"天地人"三才的哲理思想。

《易·系辞下》中，还曰："二爻多誉，四爻多惧，三爻多凶，五爻多功""其初难知，其上易知"一说。

将这些爻之间的辩证关系及哲理，掌握弄明白之后，就能深刻地体会到"易卦"之中爻之间的规律性了。

按"天地生"三才来解释大自然与事物的构成及其规律，当然这也是能充分地解释清楚的。"天行健"，一切事物的变化，都是靠大自然及事物本源的"天"道（时空）规律所制约、所控制的。它创造了一切。所以它是"多功"的。"天道"可以构成大自然中的一切及其规律，可以组成各种各样的事物及状态——形成并成功地构成了一切事物。所以说，它是有"功"劳的。

人是生活在天地之间的生灵。其上面，有天打五雷轰、风、寒、湿、燥、热、雨、雪、干旱等气候的无情报复与危害；其下面，地上有无情的水火（包括火山爆发）、地震、洪水、山崩地裂等的威胁。在这无情的天地之间，人类要达到与其和谐的生存，是非常艰难的。违背了大自然的规律，人类就得走向死亡或毁灭。故而，一天到晚提心吊胆、"夕惕若厉"地过着日子。看看天，看看地，看看周围，是不是大自然又要有什么变化。除此之外，还要判定这些变化它是不是又会给人类自己造成什么危害。这都说明了我们人类生存的环境是在不断地变化着的。在这不断地变化过程中，人类的命运是被大自然中天地之间的变化规律所控制（制约）的。

"二爻"多誉。况且六爻卦中的二爻又是"地"位。说明人生活在大地上，由于"土（地）生万物"，会给我们人类提供各种的生存环境和条件。人类对地及地球这种"厚德载物"的敦厚性质很满意。到了秋季，大丰收。人们心里自然很高兴。"今年又丰收了"这是人们对地球自然生态贡献的又一种赞誉。所以，常常要用各种形式来庆祝丰收。大地为人类的生存提供了一切基本条件。因此，它就会受到人们的赞誉。

在整个的六十四卦中，

第二爻的爻辞，多数都是赞美、赞誉之辞。

三爻的爻辞，大部分都是"多凶""多难"之辞。

四爻的爻辞，多为犹豫不决、犹疑、疑惑、莫明奇妙之辞。

五爻的爻辞，因为其为"王"位、为"多功"、成功、"王天下"、老子天下第一、胜利之"尊"位。自然它的爻辞也是各类"多功"及"成功"之辞了。

用"多誉""多凶""多惧""多功"这么简单的几个字，就抽象出了那么深刻的寓意概念。

那么这些辞及这些概念是怎么抽象出来的呢？

是根据我下面要讲的"承""乘""比""应""据""中""正"等爻位之间的关系及"则非其中爻不备"延伸来的"互卦""连互""半象"等等这些"爻象""爻变""卦象""卦变"的规律来确定的。

一个卦（包括三个爻、四个爻、五个爻、六个爻甚至十几乃至数十爻的卦），从天到人再到地，全部都能进行反映及表述。

"三爻卦"是以初（一）爻，为地；二爻，为人；三（上）爻，为天。

"八卦"以这种分布表述方式对"天地人"三才进行了表述。

而"六爻卦"则是以前面我们讲过的"三才"规定进行反映及表述。

因此说，卦能在"其大无外，其小无内"的任何范畴、范围、条件、环境、层次等系统中，进行对应性反映及表述。

下面具体讲讲"爻象"的表述规律。

在刘大钧先生的《周易概论》一书中，他把"象"分成了七种易象。即"八卦之象""六画之象""像形之象""方位之象""爻位之象""互体之象""反对之象"共七大类。我们下面讲到的易象将比这七种要多一些。

下面我先讲"六画之象"，即"六爻之象"，也就是讲讲六个爻所组成的卦象。

六个爻组成的"六爻卦"，又称"六画卦""重卦""别卦"等。名字的叫法虽然不同，但其本意指的都是相同的。

下面首先讲"六画之象"。

第一节　六画之象

"六画之象"，顾名思义是表述六个爻组成的卦中，六画（爻）之间的关系、状态及特点的。

六个画（爻）处在不同的"爻位"上，即处在不同的爻的位置上。它所表示的事物的性质、特点、吉凶、悔吝等是不一样的。

在《周易》中并没有"祸""福"之辞。"祸福"是人们平时算卦中常常使用的词。《周易》经文中可没有提到过这些词。《易传》及"经文"中，提到的只是些"吉""凶"、"悔""吝"、"元、亨、利、贞"、"天垂象，见吉凶"、"爻象见乎内，吉凶见乎外"等之类的描述吉凶的词语。并没有"祸福"一词。这个概念大家一定要弄清楚。"祸福"是他人自行加于"易经"的概念。

以上那些《周易》中的"断词"之辞，只是为了让人们通过这些辞意的不同，来辨别事物的好坏程度的不同，从而决定如何取舍而用的。这与"祸福"的概念是不完全一样的。

比如：有人认为发了财是福，生了病是祸。没发财时，原来有些见不得人的事，还能掩盖着。可是一发财，正赶上清查个人所得税之类，反而查出问题来了——原来还有那么多肮脏的事。弄不好得上法庭、进监狱了。那可就成了祸了。事情都是辩证的。好坏也是相对的。没有任何一个事物是完全好的或者是完全坏的。好坏及其好坏程度得看相对什么来说了。

　　比如就疾病和人来讲：对疾病是祸（凶），对人来讲就是吉。对病、病菌、病毒、变异细胞来讲是吉的话，对人来讲就是祸（凶）。病发展的越严重的话，人越倒霉。

　　事物都是这样相辅相成的存在着。同样一件事情的好坏，得看你是相对什么事物、什么条件、什么标准来说了。《易经》中的好多辞，有些人看了后就会说："《易经》中的这些辞，竟是些自圆其说的辞。好与坏都让它说了！"当然好坏都让它说了。"类万物之情，通神明之德。"事物的好坏自然也就包含在里面喽。但这要看是从什么角度、针对什么事物来讲这个好与坏了。从某个角度讲是好，从另一个角度讲可能就是坏。"一阴一阳之谓道"。任何事物都是"对应统一"的。没有任何一个能孤立存在的事物。

　　《易经》中的这些辞不是为了自圆其说的。实际上，是因为观察、分析事物时，由于大家处在不同的角度、不同的层次、不同的范畴、不同的位置等，所得到的结论和概念往往是大不一样的。就像那次我所讲到过的"杯子"的概念一样。处在较宏观的位置上确定它叫"杯子"。由于其用途不一样，又可以有不同的概念与名称。用它来喝茶时，叫"茶杯"；用它来喝酒时，叫"酒杯"；用它来喝水时，叫"水杯"；用它来凉水时，叫"凉杯"等等。有人从"杯子"的制造及构造上讲，又产生是铝矾土和釉质组成的概念；再往下又会产生元素、分子、原子、原子核和电子、质子和中子、基本粒子等概念。你说这些概念哪个正确、哪个对？我说，都正确。都对！就看你是针对什么层次、什么角度、什么范畴等来说了。

　　通过以上的例子可以看出，由于观察分析者所处的范畴、层次、位置、领域等不一样，对同一件事物所得出的结论及概念往往是不同的；好坏的概念自然也是不同的；认识到的状态及规律也是不同的。这不是为了自圆其说，这是规律性而已。就像相声里说的一样：有人问算卦的人说："看我是哥儿几个？"算卦的回答说："你孤独一枝。"结果，一会儿他给你孤独出一枝，一会儿给你又孤独出一枝的，老"孤独"下去可不行。此例子所说的意思就是：算卦者的回答是，你哥儿是一个也行，两个也可以，三个也行，十个八个的都行。反正多"孤独"几回就都"孤独"出来了。这只是语言上的一种游戏，而易学讲的道理可不是这种情况。相声里讲的这件算卦的方法叫自圆其说，所以叫"相声"。咱们这里可不是说相声，而是讲的是易学科学。

下面讲讲卦"爻"的具体结构、变化规律与特点。

1. 正

我们一般常见与常用的一个卦，共有六个爻。

也就是说，一个卦它有六个不同的位置。

那么，你处在六个爻位的不同的位置上，会有不同的分布、结构状态及特性。

易学思想认为，一切相同或不同的事物都应该处在自己应该处在的位置上。

比如：你是干车工的，就应该在车工的位置上好好地努力干；他是厂长，他就应该在厂长的位置上好好的干；我是当人事科长的，我就应当在人事科搞好人事方面的工作；技术员、工程师，就应该干好技术员、工程师的技术工作……每个人都应当干好自己的本职工作。大家配合在一起，靠我们大家组成的和谐之场，创高额利润（众人捧柴火焰高嘛）。随之大家各自的收益也会增加。实际上，这是靠各部门大家团结一致、齐心合力、协调一致才取得的成果。

如果，我是个车工，却天天想我应该是厂长才对；厂长说：我应该去干会计。结果，厂长去当会计了，可是他从来也没学过和干过会计的工作，把厂里的财务弄得是一塌糊涂。当车工的去干厂长的工作，因为从来没领导过他人，到了领导岗位上，各种复杂的人事斗争；上面压下来的各种指标及任务；下面厂里的职工有意见不愿干；职工要求提高待遇……他夹在两头的中间，难受的要死。最后，也可能就急出了什么不治之症——给急死了。

因此，"要知道自己能吃几碗干饭"。不应该去的位置就别去。能干什么就在什么位置上干什么工作。各有其位，各当其所。各自都努力地干好各自应该干的工作。大家互相体谅、互相帮助、协调一致，把整个的任务完成好。

易学中，爻位的"正""不正""当位""不当位"实际所讲的就是这个道理。所以大家不管干什么，都应该知道自己什么时候、什么事情、什么环境、条件，自己应该处在什么位置上及状态下。同时，大家互相也都要知道各自应处在什么位置上。这就是搞好各个领域、各项工作最基本的道理。因为我们的易学文化产生在原始的伏羲氏族时代，故而，易学中"当""不当"位的逻辑思想，它也是我国古代传统中，顾大局的集体主义思想的体现。

初、二、三、四、五、上，一个卦有这么六个爻。

一、三、五为奇数。在我国传统的"阴阳"概念中，其对应可以表示阳性的、刚性的事物。

二、四、六为偶数。在传统的"阴阳"概念中，其对应可以表示为阴性、柔性的事物。

假若，爻是处在一（初）、三、五阳数爻的位置上，就称其为"阳位"。表示的是阳性事物、刚性的事物应该处在的位置。

如果，爻是处在卦中，二、四、六（上）阴数爻的位置上，就称其为"阴位"。这应该是阴性事物、柔性的事物所处的位置。

如果，阳爻处在一（初）、三、五爻的位置上；阴爻处在二、四、上（六）爻的位置上，这在易学爻位的性质中，被称做为"得位"。又叫做："得正""当正""当位""位正"等。一般表示为吉、好、正确、应该、正当、合理之类的意思。

假若，二、四、上（六）爻这些阴爻所应当在的位置，被阳爻所侵占了；反之，一（初）、三、五爻这些阳爻所应当占据的位置，被阴爻所占据了。这种情况，在易学爻位的性质中，被称为"不当位"。又叫做："不得位""失位""位不正""不正位""失正"等。这是指阳爻处在了阴爻应该所处的位置上，阴爻呢，又处在了阳爻应该所处的位置上。它们都处在（占据）了自己不应该所处的位置上。这一般表示为不吉利、不好、不正确、不应该、不正当、不合理之类的意思。但表示的可不一定都是"凶"的概念。因为不应该的事，不一定都是凶险之事，但是是有错误的。

除了"当位""不当位"的概念特点外，从其卦象上看还有一种特点。

比如：一、三、五爻的位置上，虽然都是阳爻，但是处在一（初）爻位置上好的程度，不如处在三爻位置上好的程度更

好；处在三爻位置上好的程度又不如处在五爻位置上好的程度
会更好。即阳爻越靠近五爻越好。因为五爻即是"多功"之位，
又是"得正"、"得中"之位，又与二爻"相应"，上下同心，是
"君""王"之位的"尊位"。故而，它是卦中六个爻之中最好的
一个爻位。因为它是一、三、五数之中，最大的一个阳数（"素
数"是最稳定的数）——六个爻数中阳气最充盛的位置。阳爻处
在这个位置上，当然是最好、最适合的地方啦。

可是，如果是阴爻，其概念就反过来了。就不是这个规
律了。

"阳"以"天"为本，阳以升发为好，故而越阳越好。

"阴"以"地"为本、为主，阴以沉降凝聚为好，故而越阴
越好。

因此，在"易卦"中，从上到下，六（上）、四、二爻，距
离二爻的位置越近越好。越远越差。它是这么一种概念。阴爻如
果"当位"，但是处在四爻之位或上（六）爻之位时，不如二爻
之位更好。与阳爻的特点比，它是相反的规律。即"阴"性事物
好坏的概念与"阳"性事物好坏的概念，从位数上来讲往往是相
反的。

就像正负数的概念一样。

"正"数，是指赚钱。当然是赚得越多越好。

"负"数，是指赔钱。那自然是负（赔）的越少越好。负
（赔）的越大越不好。这二者是个相反的概念过程。

所以，易学也是描述及表述事物的相反相成的规律的。

以上是讲的"爻位"的问题。

处在不同的爻或不一样的爻的位置上，有不同的好坏概念

之分。

阴爻是以二爻为核心——向二爻方向发展——向凝聚的方向发展。即是由外向内发展的。

就一个六个爻的卦来讲，

上卦（三爻卦）表示一个事物的外部及外部的事物；

下卦（三爻卦）表示一个事物的内部及内部的事物。

"阴"性事物由外（上卦）向里（下卦）发展。这叫凝聚（收缩、集中等）。所以越聚越好。

"阳"性事物表示一种活力及能量。它是由内（下卦）向外（上卦）发展的。这叫扩展（扩大、发散、释放等）。所以越扩大越好。

就如"宇宙大爆炸"一样。一爆炸，形成了烟云缭绕的宇宙混沌——扩展的"阳性"状态。然后，其不断地旋转，行成了恒星。恒星继续旋转压缩，把较轻的粒子抛出，形成了中子星。中子星再继续旋转，将较轻的粒子抛向外部，最后形成了宇宙"黑洞"时，由于内部活性的缺乏，形成了"阴性"的凝聚状态。此时的电子、光子等能量物质它都往里吸引。越往里吸越好。吸的越多，能量越充足。等能量充足到一定的状态时，又会产生"白洞"（新的能量释放——新的爆炸）——转化成了扩展的"阳性"状态……事物总是这样相辅相成的存在着。

所以，在研究分析不同的爻的过程中，将事物往外发展的过程和向内积聚的过程，通过一个六爻卦就全部反映出来了。

"一开一阖"就表述出了一个事物的全部规律性。易学思想中也讲开阖。当然它讲"开阖"是有它一定的道理的。其意思是，就"开"放出一个门（可能性）来，关（"阖"）上另一个门。迫使大家都非得走这一个门不可。掌握了易学知识，也就懂得了"武夫不弑而治"的道理了。就是说，连"武夫"都不用死刑及杀人的方法，就可以把国家治理的国泰民安。这自然是利用自然与社会中各种本质规律性，逼迫其形成必须、只有这么一个门（可能性），才可以行的通。别的地方都行不通——只能按某些社会需要的"正道"的原则行事。这当然是一种很理想的整治方法，但目前还不可能做到。

这就是学习易学知识以后，为我们各方面的工作、学习、生活、劳动等，提供的一些思想方法。

"位"的问题及"正""不正位"的问题，在易学的学习、研究、分析过程中，都是很重要的。

这种"爻位"之说，在汉朝及汉朝之前，研究使用的比较多一些。"王弼扫象"之后，易学者们相对使用的就少了许多。爻象的分析方法，我认为还是要继续延用。高亨先生等"易理派"，在分析卦及卦爻之意的时候，仍然离不开"爻位""爻象"的分析方法。

除了"爻位"以外，还有其他一些专用辞、专用名词、专用术语等。如果没弄懂并掌握这些专用的辞语，往往就不会知道《周易》中，卦、彖、象、爻辞的来源及其所表达的哲理意思。

2. 承

"承"有承上启下、支撑的意思。

一般分三种情况。

a.一般指，一卦卦体（六爻卦）中，若阳爻在上，阴爻在其下，则此阴爻对于上面的阳爻来说，称为"承"。

例：水火未济（☲）卦。

九二爻阳爻在上，初六爻阴爻在其下。故初六爻对九二爻来说，可称"承"。即初六爻承九二爻。简称为"初承二"。

《周易集解》及秦汉以前的易著中，在分析卦爻辞时，"承"的概念较多见。

见到"初承二"之辞，就可以知道二爻是个阳爻；初爻是个阴爻；阴爻在阳爻的下面；阴爻支撑着上面的阳爻。而且是二者都"不得位"，都"不得正"。

有了以上的这些概念，根据这些概念的综合分析，得出了以下结论。

虽然不得位，由于天在上，地在下；男在上，女在下。我国古人认为大自然的规律性就是这么一种规律。所以人们也应该顺承这种"天"意。《易传》中"男尊女卑"、"天尊地卑"所表述的正是这种辩证思维规律的特点。不是说"女"的就不好，男的就尊贵，就好。因为在男人中也有卑劣的坏人及小人，女人中也有尊敬、尊贵的好人及贵人。所以就不能主观死板的从字面上来看待这些说法。因为这么说，只是为了描述或表述两个事物之间的一种哲理关系。也就是说，这是易学相辅相成的一种表述方法。为了要强调这种辩证表述方法，才这样去写、去说的。

我国古代的印刷制版技术与现在来比，还是不够发达。当时，如果用泥模或木刻方法进行制版，那是既费事又麻烦的工作。每讲一句与卦、爻有关的话，就要伴随着刻很多的卦、爻变化图。同时，因为刻划是很麻烦复杂的，有时反而造成重点不突出。因此，古《易》学者，就发明了用一些专用的辞语来表达卦爻辩证变化内涵的方法。这么一来，也就可以将一些卦爻的变化图形省略了。所以就用"初承二"这句话代表了：初爻是个阴爻，二爻是个阳爻；阴爻在阳爻的下面；虽然这两个爻都"不当位"，可是阴爻对上面的阳爻仍然起着一种支持、支撑、烘托及承上启下的作用。看到"初承二"一辞，你在头脑中马上就应该产生以上的这么一系列的概念。即阴爻对阳爻给予帮助、赞助、支援等。

没有以上这些易学概念，"初承二"到底是什么意思，就根本不可能知道。如果没了这种"承"的概念，靠字典来查"承"字之意。无非都是些承上启下、继承等之类的意思。根本没有说到哪个爻在哪个爻的下面之类的"爻位"状态与关系。一般字典、《辞海》中是查不到并且也没有易学中"承"的这种概念及思维方式的。因此，为了学《易》，就必须知道易学中这种"承"的意思。

在以上的火水未济（䷿）卦中，除了"初承二"以外，六三爻还"承"九四爻。即九四爻与六三爻之间可简称为"三承四"；六五爻"承"上六爻。简称"五承上"。

这样"爻位之象"就摆出来了。用很简单的语言，就把卦爻之间的某些关系、内涵及状态表示出来了。

b.一卦卦体（六爻卦）中，若是一个阴爻在下，数个阳爻在上。则下面的这个阴爻对于上面的数个阳爻来说，均可称"承"。
例：天风姤（䷪）卦。
其天风姤（䷪）卦中，只有最下面的初六爻是一个阴爻，其余的五个爻都是阳爻。所以初六爻对它上面的这五个阳爻来说，均可称"承"。

即初六爻承九二爻、初六爻承九三爻、初六爻承九四爻、初六爻承九五爻、初六爻承上九爻。简称初承二、初承三、初承四、初承五、初承上。

c.一卦卦体（六爻卦）中，一个阳爻在上，数个阴爻接连在其下。则下面的这数个阴爻对于上面这一个阳爻来说，均可称"承"。

例：地山谦（☷☶）卦。

其地山谦（☷☶）卦中，九三爻是个阳爻。初六爻及六二爻都是阴爻，并都在九三爻阳爻之下。则初六爻和六二爻对于其上面的这个九三爻阳爻来说，均可称"承"。

即初六爻承九三爻、六二爻承九三爻。简称"初承三""二承三"。

总之，"承"就是烘托、支撑、承上启下之类的意思。"天在上，地在下；阳在上面，阴在下面"。中国古时候，古人认为这是大自然一般且基本的规律性。"阴"的在下帮助"阳"的、支持、支撑"阳"的才是正常的理念与道理。一个君王（阳刚之性）需要众多的群众［坤（☷）柔之性］支持。有广大的群众支持他才能站得住。这个道理是很简单的。大家都为了一个共同的目标，大家都来干，都来支撑这一个局面，都来一起完成这个事业，这个事业就一定容易成功。

"承"的概念，是承上启下、帮助、帮忙的意思。也是支撑住的意思。而不是釜底抽薪之意。

总之，"承"的概念里面分三种情况。

下面总结一下。

一种情况是，一个阴爻在一个阳爻下面，下面这个阴爻对上面的阳爻称"承"。

另一种情况是，一个阴爻在接连的数个阳爻下面，下面的这个阴爻对上面的这数个阳爻都可称"承"。

还有一种情况是，下面是接连的数个阴爻，上面是一个阳爻。下面的数个阴爻对上面的这一个阳爻都可称"承"。

3. 乘

"乘"即乘虚而入的意思。乘你不备，倒霉、不行的时候，占据到你的头上去。

如果说"承"是"好"的意思的话，"乘"就是"不好"的意思了。

"乘"有两种情况。

a. 一般指，一卦卦体（六爻卦）中，若阴爻在上，阳爻在下。则此阴爻对于下面的阳爻来说，称做"乘"。

"阴的应该在下面，阳的应该在上面"。乾（☰）为天，天为上；坤（☷）为地，地应在下。这是古代哲学中的公理。现在却是，可以表示"天"的阳爻在下，表示"地"的阴爻在上。从哲理上讲，这是本末倒置的现象。是乘"阳"之虚而"阴"入之状态。即老百姓骑在当官的头上去了。当官的本应在老百姓的上面，领导老百姓才对——才是正常的状况。出现以上的情况在卦爻以及易学概念中，认为是不正常、不太好、不吉利、不顺利的等状况。

例：水地比（䷇）卦。

水地比（䷇）卦。在"杂卦传"中曰："'比'乐，'师'忧。"也就是说，遇到"比"卦，往往都是指的高兴的事。

在"比"卦中，九五爻是个阳爻，上六爻是个阴爻。即阴爻在阳爻之上。故上六爻对下面的九五爻可以称"乘"。

即上六爻乘九五爻。简称"上乘五"。解释其爻辞内容的根据时，《周易集解》中是这样写的。

从卦上讲，这两个爻虽然性质相反，可是它们却都各在其位上——"当位"了。这样就使不（吉）利的状况有所改善。骑在"九五"之尊——皇上头上并可干扰其权势的应该是谁呢？是他爹、他娘、皇宫内的家法、祖宗［现在称为老一辈或顾问委员会。虽然，他（她）们没有实权了，但是还有资格，还有一定的社会影响力］等。"上乘五"就是这么一种意思。指的也是不应该发生的事情发生了。

这里是指一个阴爻在一个阳爻的上面这种情况。即阴爻对阳爻来说，称"乘"。乘虚而入了。正好与"承"的意思相反。但是二者都是阴爻对阳爻来说的一种性质。

b. 一卦（六爻卦）卦体中，接连排列的几个阴爻都在一个阳爻的上面。则这几个阴爻对下面这一个阳爻都可称"乘"。

例：地山谦（䷎）卦。

一到这种复杂的卦爻组成情形时，"谦"卦就最能说明问题了。

地山谦（䷎）卦中，九三爻是一个阳爻。其六四、六五、上六爻，都是阴爻。且又都处在九三爻的位置之上。所以说，九三爻上面的任何一个阴爻，都可以对九三爻称"乘"。

也就是说，六四爻乘九三爻、六五爻乘九三爻、上六爻乘九三爻。简称为"四乘三""五乘三""上乘三"。

所以在解"谦"卦中九三爻的"爻辞"时说："自四以上乘阳。"

意思是说，从第四个爻以上的这些爻都"乘"阳（九三爻是阳爻）。即三爻是个阳爻，四、五、上爻都是阴爻。它们都乘九三爻阳爻之危，占据了其上的位置并欺压它。这是一种很被动的局面。

假如，不懂得"乘"的这种专用术语及概念，就不知道是这么一种哲理意思了。

如果，"小人"都骑到当头的脖子上去了，当头的环境及形势就不妙了。对于小小的老百姓来说，可就是妙极了。这种对事物的好坏之分，要看是对谁来说了。别看是个平头百姓，如果他有个后台，虽然你是个厂长，可他爹是你的顶头上司——即局长。正管得着你。他既使是个小老百姓，有时跟你这个厂长说点啥，你不看僧面也得看佛面——还得听着点儿。这样厂长往往就很被动。这是不是对厂长来说是很不利的，而对他小老百姓（局长的孩子）却就有利啦。本来按正常的情况，小老百姓应该是听从厂长指挥的。由于小百姓的父亲有权势，厂长还要不时地听从小老百姓的，这就不正常了。

因此，在《周易》的内容中，讲了许多人事之间的辩证哲理关系。以后在研学易学的过程中，你也会发现《周易》中讲了许多许多的处事哲理。人之间应该怎样相互对待；怎样对待相同或不同的事物；怎样对人、对己、对待工作等等，讲的都很清楚。当然，在这里由于篇幅及本书的主要内容的需要，这里就不多说了。以后有机会，将这些论述专门整理出来，提供给各类管理人员做参考。国外已有人专门对六十四卦的处事哲理进行了分析，并著出了各种版本的"易与管理"方面的书。讲的是非常精彩、非常有见地。以后我们也应该赶上去，整理出版这方面的著作。以供广大研学易学者及各领域部门的管理者，在管理方面提供一些很有价值的参考思路。

"乘"是对阳爻来说还是对阴爻来说的？我们前面已经讲过了，是阴爻对阳爻来说的。一般在易学著作中，现在也就发现有这两种情况。

那么，像"承"一样，一个阴爻在数个阳爻之上，可不可以称"乘"呢？

如：泽天夬（☰）卦。只有上六爻是个阴爻。其余下面的都是阳爻。上六爻可不可以对下面的这些阳爻称"乘"呢？现在，在较早的易学著作中，暂时还没有发现有这种规律性。所以，现在不作为是易学中的一种规律给大家介绍。也只有暂定为这种情况是"不可乘"的。

易学中的这些概念必须搞清楚。千万别搞混淆了。否则，许多判断的结论将会是错误的。

总之，"乘"只有两种情况。

下面总结一下。

一种情况是，上面的阴爻直接对下面的阳爻称"乘"。再一种情况就是，数个阴爻在上面对下面一个阳爻均都可称"乘"。

就这两种情况。别的"乘"的情况，如果大家有证据的话，提供出来。经过考证及实践验证的确有根据，以后在推广易学基础知识时，就定为一种易学规律来传播。"乘"的概念在现在我所能得到的易学著作中，基本就发现了这两种情况。这两种情况都是阴爻对阳爻来说的。

4. 比

"比"：有一种对比、比较、亲密的意思。还有一种相亲近的关系。

因为事物在比较时，要比较就得是类似、有共性或亲密些的事物之间才好比较。否则就不好比了。

比如人与人比。张老师跟某位比岁数大，跟另一位比岁数小。它都有类比或比较的具体对象。这是人与人相比的一种情况。

假如说张老师与大象比，那就不好比了。也只能说张老师的块头、个头不如大象的大，鼻子不如大象的长、皮肤不如大象的厚、耳朵不如大象的大而已。

如果人与狗比。说："这人跟狗一样。"不就成了骂人了吗。这就不好比了。

因此，人与人好比、大象与大象好比、狗与狗好比……因为这些都是同属及同一类的事物。二者之间都有一种亲密且亲近的特性。相同或比较类似的事物之间，才能够进行较准确地比较和对比。在"比对"的过程中，事物之间一定带有亲密且亲近的关系。

"比"在汉《易》时的意思是：在一个六爻卦的卦体中，其相邻的两个爻，若是有一种相亲近的关系，它们之间就可以称之为"比"。

也就是说，这是指的相亲近、相邻的两个爻之间的一种关系。只有相邻的两个爻才会有比较亲近的关系。它们之间才能相互比较。离得远的爻，它们之间的关系（中间隔着其他的爻）也就远。同时，亲近的程度也就差了些。"比"起来，也就困难些。所以"比"者之间越近越好比。因为越亲、越近的事物，越容易了解、理解与沟通。越远的事物越不容易看清楚。故而也越不容易了解、理解与沟通。

"比"的原则也是符合"同性相斥，异性相吸"的原则的。

一个阳性的与一个阴性的同类事物，由于"异性相吸"，关系就好接近与亲近。

两个阳性的或两个阴性的同类事物，由于"同性相斥"，关系就不容易接近与亲近。

这也是符合易学"同声相应、同气相求"的辩证原则的。按现代科学的定义，就是"同性相斥，异性相吸"的原则。

在卦内，"比"的过程中，只要观察六爻卦中，阴阳爻之间的阴阳属性与位置关系，就能知道它们之间亲密的程度如何了。

一个爻是阴性的阴爻，另一个相邻的爻是阳性的阳爻。它们之间就比较亲密。

相邻两个爻，都是阴性的阴爻，或者都是阳性的阳爻，它们之间亲密关系的程度就差。这个邻居就不好相处；两个人之间，经常容易吵嘴、打架，不好合作；二者的思想意识，完全相反，互相排挤；互相之间闹意见、不团结。

　　二者同性，应该是相合与共振的。但是由于它们各自都需要寻找异性相吸者而达到均衡与稳定。故而二者必然会分离而去。

　　它们二者的关系反映的也是"爻位"之间的一种关系。

　　例如：乾为天（☰）卦。

　　任何相邻的两个爻之间，即初与二、二与三、三与四、四与五、五与上爻之间，它们二者之间均可以称"比"。

　　但最重要的是四爻与五爻之"比"。

　　一般情况下，不少《易》著里在"比"的应用过程中，在谈到四爻与五爻的时候，往往都是重要的爻。谈到这二者的关系时，都认为是很重要的。这是由于五爻是尊贵的"君王"之爻，而四爻是困惑的"多惧"之爻。

　　比如：任何单位中的人事关系也是如此。如果以乾为天（☰）卦为局级单位。

　　六个爻中，假若最上面的上（六）爻为顾问委员会的话，五爻就是局长之位；四爻就表示是处长；三爻就是科长；二爻就是组长；一（初）爻就表示一般的职员（职工、老百姓）。

　　如此一分配，将一个局级单位的不同管理（领导）层的架构模式，按层次表示出来了。

　　再比如：以公司的人事管理结构为例。

　　即以乾为天（☰）卦为某公司。

　　六个爻中，若是最上面的上（六）爻是董事会的话，五爻就是董事长；四爻就是总经理；三爻就是部门经理；二爻就是项目经理；初（一）爻就是职员和一般员工。

　　"一爻"所表述的这些一般员工（即"初爻"含义之一）、职员，与上面各层（三、四、五、六爻）的距离（关系）逐渐地变远。所以与其上层这些人的关系也就无所谓了，并不把与各层领导之间的关系搞好放在眼里。上爻，董事会没有什么太多的具体权力。公司中也就是只有董事长才有最大的实权。部门经理要看总经理的意图行事。同时董事长也可以直接下到部门里来，召集部门经理们及职员们开会、检查工作及任务完成情况。董事长与部门经理的意见一致还好办，如意见不一致就麻烦了。所以往往是部门经理是最难受的。工作压力也最大。说工作压力最大是因为处在"三爻多凶"的位置上。这是一个六爻卦中最不好的位置之一。其下面（初、二爻）的员工（项目经理及职员）挤兑他（部门经理），上面管事与不管事的三层领导的压力压着他。他的日子能好过吗？当然是不好过啦。按易卦结构位置来说，因为他是处在了"多凶"的位置上。

总经理的问题就更不好处理了。因为总经理挨着有权有势的董事长太近了。一个小小的动作，往往都要看看上面董事长的眼色及意图、听听上面的指示才敢决定如何动作与否。下面的项目经理及员工们就无所谓了。他们往往是不怕下面（与员工们还隔着一层呢），主要是怕上面。挨着董事长真是太近了。在一起办公时，总经理与董事长之间可能就隔着一面墙。总经理说话可能董事长都能听见。一天到晚"终日乾乾，夕惕若"，或斗胆"跃渊"——提心吊胆、多虑警惕的过着日子。

大家可以看一看，一些公司在整改过程中，开始阶段，最先受到整改的对象往往是些部门经理、分支机构的负责人之类的人物。虽说整改是由于对消费者负责及管理部门的工作需要而进行的，可是整改开始时，一般往往都不会社及到公司上层的大头头。为什么？是因为这些部门经理、项目经理、部门负责人之类的人物（即二、三爻），与员工们（初爻）朝夕相处，息息相关。员工们经常接触到他（她）们，最了解他（她）们。同时也是最容易与其发生冲突的管理阶层。所以就最容易被清查到。查着查着，顺藤摸瓜就摸到上层管理、经营人员那里去了。就轮到总经理、董事长（四、五爻）们被整查了。

　　所以说，四爻与五爻之间的关系是非常重要的。他们两者的关系结合及配合好了，对企业、对公司、对单位、对大家、对工作都有利。结合配合不好，对大家、对单位、对工作就不利。因为部门经理（三爻）下面管着这么一大批人（初、二两爻）；总经理（四爻）管的就更多了（初、二、三爻）。但是董事长（五爻）的人数少；经理比董事长的人数多点；项目经理又比部门经理的人数多点。一个部门可以设若干个项目。人是越往下层人数越多。四、五这两个爻位配合的好坏是很重要的。直接影响到这个公司的工作效率及人事等各方面的工作和关系。由这个四爻与五爻之间"比"的关系可知，它们之间的关系亲不亲近很关键。很多事情董事长（五爻）都要通过总经理（四爻）来贯彻执行。各企、事业单位我看基本上都是这样。这个层次的管理一般叫"白领阶层"。这个层次的"白领"一般都很注重搞好各方面的关系。因为很多的具体经营理念、手段、政策、方针等，要靠他（她）们来贯彻执行。要是使得总经理们的手脚放不开，成天到晚忧心重重、提心吊胆地工作，下面的工作就难以开展。这就要使董事长得直接插下去具体地贯彻执行。这样干，董事长的工作就累多了。假若，总经理与董事长工作配合的很默契，董事长刚一想到什么，由于总经理摸透了董事长的心思与意图。董事长才说了一半话，总经理就领会到董事长下半段话的意思。并且马上回去组织贯彻执行董事长的意图。这样的配合自然就好、就比较理想。

这就是说，在任何的企事业单位协调的工作中，"比"同样是很重要的。从"比"的概念来讲，可以看出相互、相邻单位、科室、部门之间的配合关系。无论是各个单位的具体情况如何，或是每个工作成员之间的关系如何。都要通过观察分析其左（上）邻右（下）舍互相间的配合（"比"）关系，来决定单位及个人的工作状态。当然，这要通过对卦中这种"比"的关系及方法来确定的。这种"比"的方法也可以看出某企业、单位等他（她）们各层次人员组织结构的关系——每个人的特点以及每个部门之间关系的状况，都能通过"比"这种关系，进行具体的比较和表述。

我们这里所举的这个某公司的管理层次（级别）是这种分布结构状况。当然，其他的企业、事业、公司、单位等，其管理层（级别）的分布结构可能与此级别分布结构状况不同。这是很正常的——根据各自单位的实际情况和具体状态，运用具体地级别对应分布关系，进行对应地层次（级别）分析。

5. 应

"应"有一种"相应"的意思。即相互呼应、相互支援、互相闻风而动之意。

"应"的定义：在六画之象（六爻卦）中，初爻与四爻、二爻与五爻、三爻与上爻之间，汉朝易学者认为有一种相互呼应的关系。这种关系被汉代易学家称做"应"。在一般算法及《卜筮正宗》《增删卜易》等数术中，称其为"世""应"（关系）。

例：山水蒙（䷃）卦。

山水蒙（䷃）卦有朦胧、幼稚、蒙昧、迷惘、搞不清楚等意思。

"蒙"卦的卦辞曰："匪我求童蒙，童蒙求我。"

"蒙"卦《象传》曰："志应也。"

其中"匪"的意思同"非"。即"不是"的意思。

"志应也。"指的是九二爻阳爻与六五爻阴爻之间，是阴阳相应的关系（即二与五爻相应）。表示二者志向相同而互动。

相应的过程中，也要符合易学"同性相斥，异性相吸（相应）"以及"一阴一阳之谓道"的哲学原则。如果一方有一种吸引力，与另一方的想法或志向等是一样的，二者之间就容易相互呼应，一拍即合。这样事情就好办了。

为什么呢？

因为将"蒙"（䷃）卦倒（反）过来，就形成了水雷屯（䷂）卦。

水雷屯（䷂）卦中，其六二爻与九五爻也是阴阳相呼应的关系。

一个事情反过来倒过去，都是志同道合者、同心同德地去做，那还能不成功吗？

又例：地水师（䷆）卦。

"师"（䷆）卦中，六五爻是个阴爻，九二爻是个阳爻。二者为阴阳"相应"。

地水师（䷆）卦，其"象"曰："刚中而应。"

这是指，九二爻处在下卦的中间位置，成为下卦的核心。

九二爻又是个阳爻。阳爻在易学思想中，是表示"刚"性事物的爻。所以说"刚爻处中"。又叫做"刚性得中"、"刚中"等。

六五爻阴爻处在上卦的中间核心位置上，其与九二爻阳爻阴阳"相应"。所以"彖"曰"应"。

前后二意合参，故曰："刚中而应。"

这也是一个阴爻对应于一个阳爻的相应关系。

再例：水地比（䷇）卦。

水地比（䷇）卦正好是地水师（䷆）卦竖向反过来的结构状态。

水地比（䷇）卦，其"彖"曰："上下应也。"

在"应"的过程中，易学思想除了指初与四、二与五、三与上爻之间相应外，还有别的"应"的情况。一般情况下，爻之间是隔两个爻位而"应"。

"应"在推演卦的过程中，如《卜筮正宗》《六爻课》等"数术"里讲：某个主体爻叫做"世"爻，相应的另一个对应爻就叫做"应"爻。"世""应"爻之间相隔都是两个爻的位置。实际上，这样做就是依据了易学思想中"应"的规律形式所确定的。

一般情况下，事物的本源、主体是通过"世"爻来表达。与本源、主体相对（呼）应的其他客体及一切事物，用"应"爻来表达。

再回到"比"（䷇）卦的"彖""上下应也"的分析上来。

水地比（䷇）卦中，九五爻是个阳爻，其他的爻都是阴爻。这里的"上下应也"指的是所有的阴爻都与九五爻相互应。而不仅仅指的是六二爻与九五爻上下阴阳相应的问题了。其总的意思是，一个领导（九五爻）人物领导指挥着广大的群众（五个阴爻）。这位领导是大家（众阴爻）推举出来的。在群众（周围是众阴爻）中间（二爻为下卦的中心）才能显示出他的能力来。他离不开群众的拥戴。其九五爻以下的坤〔初至四爻互坤（☷）卦〕卦为"坤者众也"。所以说，这里的意思应该是，上下五个阴爻与九五爻这个阳爻相呼应。有人称其为"上下五阴应九五之阳"。此处不是一般指的二爻与五爻之间的相应状况，而是其他所有的（阴）爻都与九五爻相应的状况。

又例：风天小畜（☴）卦。

风天小畜（☴）卦中，其"象"曰："柔得位而上下应之。"

这里应该是指的"小畜"（☴）卦的六四爻而言的。由于六四爻是阴爻，且又处在第四爻阴位之上。阴爻在易学性质中应该是"柔"性的。所以说"柔得位"。

"上下应之"是指其余五个阳爻共同与六四爻这个阴爻相应。这也不是一般所说的六四爻阴爻与初九爻阳爻阴阳相应的状况。是众阳爻与一个阴爻相应的状况。

再例：火天大有（☲）卦。

火天大有（☲）卦，其"象"曰："柔得尊位，大中，而上下应之。"

这里"象"曰，应该指的是"大有"（☲）卦中六五爻而言的。因为六五爻是阴爻，阴爻在易学性质中应该是"柔"性的，况且六五爻所处的第五爻位置是君王之"尊位"。故曰："柔得尊位。"

"大中"指的是，六五爻处在下卦为乾（☰）卦的上卦的中间位置。而且五爻除了是"尊位"之外，又是上卦中间的核心位置。

"上下应之"之意是，除了六五爻与九二爻阴阳相应以外，所有的阳爻都与六五爻这一个阴爻相应。即"上下五阳应一阴"。

这些一个爻与多个爻相应的关系有什么特点及规律呢？

即在一个六爻卦的卦体内，阴阳爻中哪种爻少就"应"哪个爻。

比如：地雷复（䷗）卦、地水师（䷆）卦、水地比（䷇）卦、火天大有（䷍）卦、风天小畜（䷈）卦等。

一个六爻卦中，哪种爻的数目少就以哪个爻为主。因为易学爻卦的构成规律是"阴卦多阳，阳卦多阴"的。也就是说，一个卦，阳爻数目多的是"阴卦"，阴爻数目多的是"阳卦"。这个易学的原则和规律，无论是在三个爻、四个爻、五个爻、六个爻甚至十数个或数十个爻的卦中，都是不会也不能变的。

6. 中

在《周易》中，为什么第二爻和第五爻的爻辞大都是好的爻辞？这是我国的古人在长期大量的研究、分析及运用易学规律的实践中，通过归纳、总结后，才确定的这些规律。

《易传》"系辞"中说道："二爻"多誉、"五爻"多功。

因为一个六爻卦中，二爻是在下卦（三爻卦）的中间位置。下卦以二爻为核心、为对称中心。

而五爻处在上卦（三爻卦）的中间位置。上卦以五爻为核心、为对称中心。且五爻又是易卦中阳数之爻中，"阳极"之位置。也就是说，是六爻卦中，阳数已大到了头的数。所以五爻的这个位置又被称做"王位""君位""尊位""至尊之位"等。

五爻这个位置，在六画（爻）卦中是最好的位置。如果，其中上卦的中爻（五爻）与下卦的中爻（二爻）阳阴相应，而且上卦的中爻（五爻）又是个阳爻，为阳爻处在"阳"位之上。这就行成了既"得中"又"得位"的极好状态。往往这种极好的状态又被称做"大中"。

一般来说，在六个爻的"易卦"中间，一个爻不管是阳爻还是阴爻，只要处在下卦的中间位置或上卦的中间位置的这种情况，就叫"得中"、"处中"、"中位"等。

"得中"这种爻的位置特点，是表示好的意思。比如：本来阳爻应该是处在一、三、五爻的位置上，才是正常与应当的。可是现在阳爻却处在了二爻这个阴爻应当所处的位置上了。这个阳爻所处的位置被叫做"不当位"。"不当位"本来是不好的，可是，由于阳爻是占据了"中位"，还有上面的五爻做其后台，并且五爻又与其二爻相呼应。这样的状况，既使有比较大的困难也容易逢凶化吉，遇难呈祥。这是运用易学"爻位之象"的性质特点，进行综合分析的过程以及其归纳后所得到的结论。

再例：地水师（☷☵）卦。

地水师（☷☵）卦中，其二爻应该是阴爻所在的位置。可是，现在是九二爻阳爻来占据了这个位置。这是不应当的事。但是，由于九二爻阳爻占据的是下卦的"中位"，它又与上面"中位"的六五爻阴爻，阴阳相呼应。即有后台或上层的支持，谁还敢惹它呢。所以，它就有可能就逢凶化吉了。

假若：阳爻处在地水师（☷☵）卦的四爻或上爻的位置上，就不好了。因为它既"不得中"，又"不得位"。当然就不好了。

每次分析卦爻的时候，还得看是"阳得中"呢，还是"阴得中"。

如果二爻是"阴得中位",那就最好了。比前面所说的九二爻"阳得中位"更好。

"阳得中位"处在第五爻的位置上最好。比阴爻得五爻的"中位"要强。

也就是说,在好的里面还要有最好、更好和次好之分;坏的里面还有最坏或不太坏之类的区分。好坏之中,还存有好坏程度的不同。这都要靠卦、爻之间所处的位置和变化来综合分析、判断后确定。

高亨先生所著的《〈周易大传〉今注》中,在分析爻位时,把"上"(第六爻)称做"上位"。即六画卦中,最上面的那个(上、六)爻,叫"上位"。初(一)爻,即六爻卦中,最下面的一个爻,叫"下位"。所以在易学著作中,只要见到"上位""下位"这个词时,就应该知道是指的哪个爻的事了。一提"下位",就知道是指的初(一)爻的事。提到"上位",就知道是指的上(六)爻的事。

所以说,如果处在卦的"中位"上,相对来说就是特别好的。

"中位""得正"就更好。"中位""得正"又得"尊位""王位"最好。

同样是好,但是好的层次和程度也是不一样的。处在不同位置上的阴爻或者阳爻,其位"当"与"不当","正"与"不正",是"承"还是"乘""应""中"等等,所得出来的结论也将是不一样和有差异的。

运用前面所学到的"爻位"内容,下面具体来分析两个卦例。

一、火风鼎（䷱）卦

火风鼎（䷱）卦之意是比较难受的、不舒服的。你想想，"鼎"本来是煮肉的工具。可是，现在把你放到锅里去煮了。你能好受吗。因此，我才出这道题，来难为难为大家。

"鼎"（䷱）卦还有一个意思是：需要动脑筋，要在头脑中建立新概念，抛弃旧观念及老的概念之意。即"去旧立新""取新""赶时髦"等意。出此题也是为了使大家能建立起一种新的思维概念。

题目要求：标明"鼎"（䷱）卦中，所有的"当位""不当位""中位""承""乘""应""尊位""王位""下位"。

1、"当位"。

这一卦中，唯一的一个"当位"爻就是九三爻。九三爻阳爻处在阳位上，故"当位"。又叫"正位""得位""得正""在位""居位"等。

"不当位"。

除九三爻外，其他的爻均为"不当位"。即初六、九二、九四、六五、上九爻都是"不当位"的。又叫"不正位""不得位""不在位""失位""失正"等。

2、"中位"。

此"鼎"（䷱）卦中，九二爻为"中位"；六五爻也为"中位"。只不过是九二爻是阳爻得"中位"；六五爻为阴爻得"中位"而已。

3、"应"。

"鼎"（䷱）卦中，初六爻与九四爻相应；九二爻与六五爻相应。二者都是阴阳"相应"。这种相应为"阴阳比合"——"异性相吸引"的相应。

九三爻与上九爻"相应"。只不过九三爻与上九爻都是阳爻。所以它们之间应是"同性相斥"的"敌应"——不应的关系。

在高亨先生的易学著作中，将这种"应"的关系称为"同位爻"。

初爻与四爻这两个爻，一个是下卦（三个爻的"经卦"）的最下位，一个是上卦（三个爻的"经卦"）的最下位；

二爻与五爻这两个爻，一个是下卦（三个爻的"经卦"）的中位，一个是上卦（三个爻的"经卦"）的中位；

三爻与上九爻这两个爻，一个是下卦（三个爻"经卦"）的最上位，一个是上卦（三个爻"经卦"）的最上位。

它们各自之间有很多共性的特点及性质。所以它们能有共同的感受和体会（有共同的场性）。因此，它们之间才能相互理解、相互照顾、相互呼应。

既使如此，按易学"一阴一阳之谓道"及"同声相应，同气相求"的思想原则，它们之间还有"相应"与"敌应"之分。

4、"承"。

"承"是阴爻相对阳爻来说的一种"爻位"之间的性质。即指的是阴爻在阳爻的下面的一种性质。

"鼎"卦中，六五爻阴爻在上九爻阳爻之下。所以五承上。初六爻阴爻在九二、九三、九四爻阳爻之下，则初六爻对上面的三个阳爻来说，均可称"承"。即初承二、初承三、初承四。

"承"有三种情况：

a、一般指六爻卦体中，一个阴爻在一个阳爻的下面；这个阴爻对上面的阳爻称"承"。

b、六爻卦体中，一个阴爻在数个阳爻的下面；此阴爻对上面的数个阳爻均可称"承"。

c、六爻卦体中，数个阴爻在一个阳爻的下面；数个阴爻均可对上面这个阳爻称"承"。

"鼎"（䷱）卦中，"初承二""五承上"属 a 种情况。"初承二""初承三""初承四"属 b 种情况。

5、"乘"。

"乘"有乘虚而入之意。它也是阴爻相对阳爻来说的一种"爻位"之间的性质。"乘"与"承"不同的是指阴爻在阳爻之上的一种"爻位"分布结构情况。

"鼎"卦中，九四爻是阳爻，六五爻是阴爻。这是阴爻在阳爻之上的一种情况。所以六五爻对下面的九四爻可称"乘"。即五乘四。

"乘"为阳爻在下，阴爻在上的一种易学分布结构规律。本来应该是"天尊地卑"，表示"天"的阳爻在上，表示地的阴爻在下，才符合自然法则。现在是阴爻（地）在上，阳爻（天）在下了。这是不符合自然规律的现象。所以它就成了不好的结构分布状态了。

一般"乘"有两种情况：

a、一般指六爻卦体中，一个阴爻在一个阳爻的上面。上面的这个阴爻对下面的这个阳爻可称"乘"。

b、一个六爻卦体中，数个阴爻在一个阳爻的上面。这数个阴爻分别均可以对下面这个阳爻称"乘"。

一个六爻卦体中，一个阴爻在数个阳爻的上面。这个阴爻能不能对下面的数个阳爻分别均可称"乘"？我不能说不能。但也不能说能。至少从汉及汉《易》之前，我还暂时没有发现有能或不能的论述与记载。所以，此种情况也就不能作为"专用术语"来介绍了。

在"鼎"（䷱）卦中，只有"五乘四"。这只不过是"乘"中的第 a 种情况。

6、"上位"。

"鼎"（䷱）卦中，上九爻为"上位"。

7、"下位"。

"鼎"（䷱）卦中，初六爻为"下位"。

8、"尊位""王位"。

"鼎"（䷱）卦中，六五爻为"尊位""王位"。

9、"比"。

"鼎"（䷱）卦中，九四爻与六五爻、上九爻与六五爻、初六爻与九二爻之间，阴阳相"亲比"。

"鼎"（䷱）卦中，九三爻与九四爻、九二爻与九三爻之间，为同性（都是阳爻）相斥的"敌比"。

二、雷山小过（䷽）卦

雷山小过（䷽）卦，有小的过渡、小的过错之意。题目要求同"鼎"卦。

1、"当位"。

六二爻与上六爻都是阴爻居阴位。故"当位"。九三爻阳爻居阳位，也"当位"。

2、"不当位"。

初六爻与六五爻阴爻居阳位。故"不当位"。九四爻阳爻居阴位，也"不当位"。

3、"中位"。

六二爻为下卦中间，故为"中位"。六五爻为上卦中间，故为"中位"。

4、"应"。

九三爻阳爻与上六爻阴爻阴阳相"应"；初六爻阴爻与九四爻阳爻阴阳相"应"。

六二爻阴爻与六五爻阴爻相"敌应"。

5、"承"。

"二承三"属第 a 种情况。"二承三""二承四"均属第 b 种情况。"初承三""二承三"属第 c 种情况。

6、"乘"。

"五乘四"属第 a 种情况。"上乘四"属第 b 种情况。

7、"比"。

初六与六二、九三与九四、六五与上六爻之间，都是同性的"敌比"状态。即为不亲密的相"比"状况。

六二与九三、九四与六五爻之间，都是异性的阴阳"亲比"状态。

如果再将"正""不正"位、"相应""敌应""得""不得"中位、"承""乘"等各种易象规则加进"比"的过程中来，再看看其所处的位置是不是正确：是为大家干事情，为他人做支撑，烘托他人；还是乘人之危，乘虚而入骑在别人头上，指挥他人……这样就会发现，一个爻的好坏的程度产生了一定的变化。

因此，在分析"爻位"的状态时，有一个通盘整体的考虑过程。如果不懂或不能正确的理解这些易学专用术语之间的辩证关系的话，只知道人家说这个爻及这个爻的爻辞好，为什么好？不知道那可不行。这个爻好或其爻辞好，它都是通过全盘整体的辩证分析、比较"爻位"之间的关系后，才确定出来的。

假若："小过"（☳）卦的第五爻若是个阳爻的话〔当然，这只是为了说明爻之间应如何总括分析，才举个例子而以。其五爻若是真是阳爻的话，就成了泽山咸（☶）卦了〕，这个五爻的状态将会是更好一些的。虽然上六乘九五，可是九五与上六有一种亲密的相"比"关系。再加上九五爻既"得正"、得"尊"又得"中"，还有其与二爻阴阳相呼应。这爻之意还能不好、不顺利吗。

8、"上位"。

"小过"（☳）卦中，最上面的上六爻为"上位"。

9、"下位"。

"小过"（☳）卦中，最下面的初六爻为"下位"。

10、"尊位""王位"。

"小过"（☳）卦中，六五爻为"尊位""王位"。

事物之间的关系总是错综复杂的。分析起来，表面上看它只是六个画（爻）。实际上它的里面内涵着一整套辩证分析的哲理。其组合起来，将是一个非常大的系统。所以，《易传》中才曰："易则易知，简则易从。"意思是，把一个复杂事物的规律、结构及状态，通过简单的几个画就给表示出来了。

以上讲到过的这些易学性质及专用术语和概念，都得弄清楚，并且将它们记熟。通过以上的易学作业，可以锻炼大家的思维。使自己对易学中的这些概念、思维方式、方法能有个近一步认识的机会。做作业比不做作业好。自己易学思维模式的水平及掌握的程度如何？做做作业，便知道了。

7. 据

"据"有根据、占据、居高临下、应该处的位置等意思。

"据"与"承"、"乘"不同。前者，"据"是阳爻相对阴爻来说的。后者，"承"与"乘"是阴爻相对阳爻来说的。

这里"据"也分为两种情况。

a.一般指，一个六爻卦的卦体中，一个阳爻位于一个阴爻之上。则此阳爻对于其下面的这个阴爻来说，称作"据"。

"据"与"承"比较，同样都是阳爻位于阴爻之上。"承"是阴爻对于阳爻来说，而"据"则是阳爻对于阴爻来说的。

例：火水未济（䷿）卦。

火水未济（䷿）卦由初六、九二、六三、九四、六五、上九六个爻组成。很显然"未济"（䷿）卦中间，全部的阳爻（九二、九四、上九）都处在"阴爻之位"上。同样，全部的阴爻都处在"阳爻之位"上。所以，全部六个爻均"不当位"。因此，全卦卦意是大家都处在不应该在的位置上，干的都是自己不应该干的事。无论什么事情，由于大家无法密切配合，协调一致地办事情，故事情往往总是处于差一点赶不上趟的未济状态。

"未济"（䷿）卦中，九二爻阳爻在初六爻阴爻之上。故九二爻的阳爻对其下面的这一个阴爻来说，可以称"据"。即九二爻据初六爻。简称"二据初"。同理还有"四据三""上据五"。

现代易经讲课实录

b. 一个六爻卦的卦体中，若是只有一个阳爻，其余的爻都是阴爻。而此阳爻的位置在卦体中又比较靠上。则此阳爻对其余的所有阴爻皆可称"据"。

例：雷地豫（☷☳）卦。

雷地豫（☷☳）卦有享受、安逸、享乐、预备之意。

其卦中，只有第四个爻的九四爻是唯一的一个阳爻。其余的五个爻全部都是阴爻。而且九四爻阳爻又处在"豫"（☷☳）卦卦体中比较偏上的第四个爻的位置上。

所以，解释该爻辞根据的九四爻的《象辞》曰："据有五阴，坤以众顺。"

此《象辞》是因为雷地豫（☷☳）卦中，由于九四爻是唯一的一个处在卦中较偏上的阳爻。则此九四爻阳爻对其余所有的（五个）阴爻皆可称"据"。所以《象辞》才曰："据有五阴。"再加之，初爻到三爻组成"经卦"坤（☷）卦有为众、为顺之意。故又曰："坤以众顺"。两种意思前后综合观之，《象辞》才曰："据有五阴，坤以众顺。"

九四爻在众多的阴爻之中，象征着众人拥戴、拥护、维护一个人。有大家的帮助，事情还能不顺利吗？大家主动承担了各种负担，并且齐心合力的将事情完成。所以，也往往就把这九四爻所表示的人给惯坏了。因此，他（她）就养成了贪图安逸享受的习惯。一般对人来说，只要他（她）是处于"豫"（☷☳）卦状态，那此人一定会贪图安逸、喜欢享受，也会享受。可就是不喜欢也不愿意做艰苦的工作。一般做为领导来说，看到这样性格特点的人或其名字就是"豫"（☷☳）卦的人，一定要慎重地考虑考虑如何使用这种人了。用他（她）来吃喝玩乐，花钱拉关系他（她）

行。用他（她）目前的目的只能是纯消耗性的（当然这也有点玩笑之意）。现在以发展经济为主。往往个人的利益都与其所创造的经济效益挂着钩。谁还愿意使用光花钱享受而又不创造经济效益的人呢。

"据"与其他的卦爻性质合在一起，如何来综合分析卦爻之辞呢？

比如：山水蒙（☷）卦。

山水蒙（☷）卦中，上九爻与九二爻是阳爻。其余都是阴爻。

《周易集解》中，在分析九二爻的爻辞时，其《象》曰："应五据初。"

"应五据初"之意指的是二爻的事。因为九二爻阳爻与六五爻阴爻"阴阳"相应。故曰："应五"。

而且九二爻阳爻在初六爻阴爻之上。所以九二爻对初六爻称作"据"。即九二爻据初六爻。简称"二据初"。因此才曰："据初。"

二者前后合参，故其《象》曰："应五据初。"

看爻辞内容或解释这些爻辞时，往往需要综合运用易学"爻象"的各种性质。如果，这些"爻象"的各种性质不知道或没能掌握的话，这类的爻辞、爻象是从何而来的，将很难知道和理解。

下面再举个例子说明。

例：火雷噬嗑（☲）卦。

火雷噬嗑（☲）卦中，其上爻的《象辞》曰："据五应三。"

这句《象辞》的意思是因为上九爻阳爻在六五爻阴爻之上，

所以上九爻对六五爻可以称"据"。即上九爻据六五爻。简称"上据五"。因此，曰："据五。"

又由于上九爻阳爻与六三爻阴爻"阳阴"相应。故曰："应三"。

前后综观之，故《象》曰："据五应三。"

学习"承""乘""比""应""据""中""正"这些易学"爻位"中专用术语的结构、状态、性质和特点，其目的是为了让大家了解和掌握这些"爻象"之间的各种辩证关系。因为在《易经》及《易传》中，许多卦爻辞的确定，都与这些"爻象"的性质和特点变化有关系。这些"爻象"的性质和特点如果不能掌握好，往往就分析不出来某一爻的"爻辞""象辞"为什么是如此的根据及原因。也不会知道它为什么这么说；为什么会有这种性质；为什么是吉的；为什么是不吉的；吉到了什么程度；为什么是吉、凶、悔、吝、咎、无咎、利、利有攸往、不利有攸往、利涉大川等等的原因。这些字辞是好坏的不同程度的表述。比如：凶、悔、吝、咎、不利有攸往等辞，表示的是坏的不同状况及程度。而元、亨、利、贞、吉、利、利有攸往等辞，反映的是好的不同状况及程度。

上面这一节主要讲的是"爻位""爻象"的结构、状态、性质和特点问题。着重是讲的"爻位"特性。下面我们还要讲"卦象"的性质和特点。

"六画之象"中，"爻象"之间的关系暂介绍到这里。

下面介绍"卦象"的结构、状态、性质、特点等。

第二节　八卦之象

卦象分很多种。所见的种类有三个爻的、四个爻的、五个爻的、六个爻的甚至达十数个爻或数十个爻的不等。

而我们一般最常见到的是三个爻的和六个爻的卦。

而其中三个爻的卦是最基础、最基本的卦。它被称作"八卦之象"。因此，又叫"八经卦""八卦""基本卦""基础卦"等。

"八卦之象"一般表示的是事物的大象、广象、具体的形象等。即这种三个爻组成的卦。它们是表示任何事物的抽象及具体意义的表述符号。

所谓"大象"指的就是：乾为天、坤为地、兑为泽、艮为山、震为雷、巽为风、坎为水、离为火之意义的卦象（卦意）。也就是说，"大象"就是三爻卦象在较广大意义上的象意。

"八卦之象"的抽象意义：

乾（☰）：乾三连。乾者，健也、动也。

兑（☱）：兑上缺。兑者，说也、悦也、决也。

离（☲）：离中虚。离者，明也、丽也。

震（☳）：震仰盂。震者，动也、速也、行也。

巽（☴）：巽下断。巽者，入也、齐也。

坎（☵）：坎中满。坎者，陷也、险也。

艮（☶）：艮覆碗。艮者，止也、阻也、成也、时也。

坤（☷）：坤六断。坤者，顺也、众也、静也。

乾（☰）卦：

从抽象意义上说，可以表示健全的、纯脆的、圆满的、自强不息且自我规律很强之类的事物。

兑（☱）卦：

从抽象意义上说，可以表示上部有口或缺口、有缺损、高兴喜悦之类的事物。

离（☲）卦：

从抽象意义上说，可以表示美丽鲜艳、明亮、中间空虚、外硬里软之类的事物。

震（☳）卦：

从抽象意义上说，可以表示运动、有强大的动力、急速、暴发力很强及有能量释放之类的事物。

巽（☴）卦：

从抽象意义上说，可以表示下部有发展余地、渗透力附着力很强、回旋余地大之类的事物。

坎（☵）卦：

从抽象意义上说，可以表示危险、可怕、外柔软内刚健之类的事物。

艮（☶）卦：

从抽象意义上说，可以表示困难、有阻力、到此为至、有界限之类的事物。

坤（☷）卦：

从抽象意义上说，可以表示众多、顺利、柔软、静止之类的事物。

"八卦之象"的具体象意：

从大的方面讲：

乾：为天。

兑：为泽。

离：为火。

震：为雷。

巽：为风。

坎：为水。

艮：为山。

坤：为地。

从方位上讲：

卦	先天八卦方位	后天八卦方位	前后左右方位	上下左右方位
乾：	正南	西北	右后	右下
兑：	东南	正西	右	右
离：	正东	正南	前	上
震：	东北	正东	左	左
巽：	西南	东南	左前	左上
坎：	正西	正北	后	下
艮：	西北	东北	左后	左下
坤：	正北	西南	右前	右上

从人体部位上讲：

卦	总体	全身分布	上身分布	面部分布	眼耳鼻口	脏器穴位周围
乾：	头	右足	右下腹	右下颌	右下方	右下部
兑：	口	右手臂	右胁	右颊（耳）	右边	右部
离：	目	头首膺喉	头首膺喉	额头	正上方	正上部

震：足	左手臂	左胁	左颊（耳）	左边	左部
巽：股	左肩	左肩	左太阳穴	左上方	左上部
坎：腰	脚	会阴	下巴	正下方	正下部
艮：鼻	左足	左下腹	左下颌	左下方	左下部
坤：腹	右肩	右肩	右太阳穴	右上方	右上部

从人体脏腑、经络、颜色上讲：

卦	脏腑	经络	颜色
乾：	大肠	手阳明大肠经	大赤、橘红、橘黄、金色
兑：	肺与气管	手太阴肺经	纯白、银色
离：	心与小肠	手少阴心经、手太阳小肠经	红色、花色、闪亮
	心胞与三焦	手厥阴心胞经、手少阳三焦经	
震：	肝	足厥阴肝经	绿、青
巽：	胆	足少阳胆经	蓝、碧
			（蓝色略带点绿色）
坎：	肾与膀胱、生殖	足少阴肾经、足太阳膀胱经	黑、紫、藕荷色
艮：	胃	足阳明胃经	棕、咖啡、褐、棕黄
坤：	脾	足太阴脾经	纯黄

从动物、植物种类上讲：

卦	动物	植物
乾：	为马（其中分良马、瘠马、驳马、老马）等	木果、瓜、桂圆、荔枝、小米、豆类等等
兑：	为羊、小动物、猿猴等	石榴、泽中植物等
离：	为雉（美丽的鸟禽）、凤、龟、蚌、虾等	花、漂亮或中空的植物、葫芦等
震：	为龙、鹿、鹏、蜂等	绿色植物、蔬菜、树木等
巽：	为鸡、为虎、为蛇、鹤、鹅等	竹子、草木、草药、香草等
坎：	为猪、为鱼、狐狸等	水生植物、睡莲、梅、李、桃等
艮：	为狗、鼠、熊、鹊等	番薯、土豆、木薯等地下茎植物等
坤：	为牛、母禽兽、鸽、鸥等	地衣、苔藓、玉米、五谷等

从社会分工、家庭成员构成上讲：

卦	家庭成员	社会组织构成	社会各团体分工
乾：	父亲（长辈、祖父、老人）	君、王、社会各种领导等	岁数最大的那个男人
兑：	少女（年龄最小的女孩）	教师服务业等吃开口饭的人	岁数最小的女人
离：	中女（排行中间的女孩）	部队、文化人、炉冶之职等	岁数中间的女人
震：	长男（排行最大的男孩）	军警、运输、广播等职	岁数较大那些男人

巽：	长女（排行最大的女孩）	僧尼、技术、商业、教官等	岁数较大的那些女人
坎：	中男（排行中间的男孩）	匪盗、酒水业、安全劳动等	岁数中间的男人
艮：	少男（岁数最小的男孩）	司法、矿山、看守、土建等	岁数最小的男人
坤：	母亲（长辈女人、祖母）	百姓、地产、农民、纺织等	岁数最大的那个女人

从时间、气象构成上讲：

卦	时间（时辰）	季节	气象
乾：	下午7至11点（戌亥）	立冬（阳历10、11月）	晴、寒、雹、冰雪、旱、天空
兑：	下午5至7点（酉）	秋分（阳历9月）	小雨、气压低、新月、星、秋
离：	中午11至下午1点（午）	夏至（阳历6月）	晴、热、旱、闪电、太阳、彩虹
震：	上午5至7点（卯）	春分（阳历3月）	龙卷风、雷雨、雷、地震、东风
巽：	上午7至11点（辰巳）	立夏（阳历4、5月）	风、云、飓风、东南风
坎：	晚上11至次日1点（子）	冬至（阳历12月）	雨、雪、寒冷、满月
艮：	早上1至5点（丑寅）	立春（阳历1、2月）	雾、阴天、气候转折点
坤：	下午1至5点（未申）	立秋（阳历7、8月）	阴且潮湿、露、地球、雾

从干支、五行构成上讲：

卦	天干	地支	五行属性
乾：	庚（辛）	戌、亥	金（化学物理性质稳定之金）
兑：	（庚）辛	酉	金（化学物理性质活泼之金）
离：	丙、丁	午	火
震：	甲	卯	木（树木之木）
巽：	乙	辰、巳	木（随风摇摆之草木）
坎：	壬、癸	子	水
艮：	戊（己）	丑、寅	土（石块状之硬土）
坤：	（戊）己	未、申	土（松软之土）

从形状、事物、场所、性味上讲：

乾卦（☰）：

点、圆、球、弯曲等。金玉珠宝、水晶、钻石、钟表、镜子、古旧物、高级高档物品、各种结晶体、帽子、眼镜等。首都、皇宫、大会堂、政府机构，圣地、名胜古迹、郊野等。辛辣之味。

兑卦（☱）：

有缺损、破损、有口、小巧等状。饮食器具、食品、五金用具、瓶子、垃圾、玩具、废物、损坏之物、乐器等。沼泽地、洼地、游乐园、音乐厅、饭馆、路口等各种口、工地、洞穴、五金厂矿、废墟、交易所、交流场所等。辛辣之味。

离卦（☲）：

外硬内空、美丽明亮、随意之状、三角形。文章、字画、合同书之类契约、书刊杂志、屋子、箱子、窗户、化妆品、电视机、照像机、印制机、照明设备等。火山、院子、军营、电视台站、图书馆、影剧院、炉冶之场所、电站、辐射污染场所等。苦味。

震卦（☳）：

向上发展、急速、有声响、运动、高、大等状。绿色事物、音响、各种车类、枪炮火箭、飞行器、鼓、跑道、裙、裤、扩音器等。山林、田园、舞厅、歌厅、剧院、机场、发射场、多弯曲的大路、停车场、喧闹之地、战场、声像器材店等。酸味。

巽卦（☴）：

长条形、细长、漂浮不定、直的等状。纤维制品、电线、笔、旗杆、香椿、宝剑、茅草、帆船、蚊香、兰花、标枪等。竹林、过道、长廊、商店、寺观、直路、通风通气等通道、芦苇荡、各种管道、索道、升降机、指挥部、草原等。酸味。

坎卦（☵）：

弓型、冷冻、有芯、旋转、有毒、狡诈等状。油类、酒水类、液体物质、药品、盐、水车、潜艇、冷藏排水设备、海味、鱼、桃、李、影视盘、毒品等。浴场、江河湖海、井、泉、汽车场站、冷饮店、加油站、冷库、油脂储运厂、酒店、煤矿厂等。咸味。

艮卦（☶）：

坚硬、静止、相反、山形等状。岩石、门板、台阶、石碑、石块、墙壁、讲台、影壁、列车、柜子、手套、土坑、座位、巧克力等。山区、堤坝、交叉路口、小路、城墙、坟场、监狱、矿山、石料加工厂、看守所、寺庙、仓库、银行、山坡等。甜味。

坤卦（☷）：

平的、方的、柔软、厚、湿的等状。衣裳、布匹、泥陶瓦瓷器具、水泥、米、玉米、面粉、大车、纸张、箱子、轿子、轿车等。平原、农村、牧场、庄稼地、广场、粮库、肉类加工厂、停车场、农贸市场、地产商、平房、城郭、古陵等。甜味。

我们这里暂时举这么点例子来说明"八卦之象"各卦的某些象意（另有我的专著《易象延》可参考）。所谓《说卦传》一章中所说的"八卦之象"，实际上就是我们平时经常说到的"八经卦"之象，或者叫"八卦"的卦象（不是四爻、五爻、六爻乃至更多爻的卦所表述的卦象）。即三个爻的卦所表述的卦象。

在这里还要说明的是，以上"八卦之象"中，没有特别标注或说明时是对应于"先天八卦方位"之象意者，其他象意都是与"后天八卦"或"后天八卦方位分布"相对应的意义。

在研易、用易的过程中，我们除了根据《说卦传》一章中的象意外，主要靠我们前面所提供的这些象意做为基础，去发挥、去联想、去类比就可以了。发挥联想它们的形象、形态、色彩、质地、结构等等。这样一发挥联想，可能就会将"八卦之象"在各个领域、各种事物的表述内容乃至从整体表述模式上，认识掌握的更清楚、更明确了。

第三节　方位之象

　　"方位之象"在这里指的就是"先"、"后"天"八卦分布结构"中，各"经卦"所反映的不同的方位（方向、位置）的分布结构组合。这里面《连山》《归藏》、"孔子"等方位分布结构并不含于其中。

　　也就是说，"八经卦"所组成的分布结构图，表述了各卦所处的不同的方位。

　　所谓"方位"，不仅指的是东西南北中等常用的简单的方向，还包括上下左右中；前后左右中；内外左右中等分布表述系统。不管是什么样的分布结构状态，都可以通过易学中的"方位之象"进行鉴别及表述。因为易学中的这些"方位"结构分布状态、关系及排列顺序等，其各种分布结构状态在各自适应的任何环境条件下，其分布总是固定不变的。

　　"方位之象"从传统的易学结构分布状态中，主要分为七种状态。即"河图分布方位""洛书分布方位""先天八卦方位""后天八卦方位""连山方位""归藏方位""孔子方位"分布状态。由于历史的久远及演变，现在在社会上流行的，也只有"先天八卦方位"及"后天八卦方位"这两种分布结构状态是主要且经常使用得到的。其间最最常用的就是"后天八卦方位分布"了。其中，《连山》《归藏》、"孔子"等其他的方位分布结构状态，随着历史及易学历史的发展演化基本佚失了（我另有《易与和谐》一书论述）。

"先天八卦方位之象"又叫"先天方位之象"、"伏羲八卦方位"、"先天八卦"、"先天方位"等。

"后天八卦方位之象"又叫"后天方位之象"、"文王八卦方位"、"后天八卦"、"文王八卦"等。

虽然，不同的易学著作中，它们对"先、后"天方位的叫法不同，实际往往指的都是"先天八卦分布"的排列阵势和"后天八卦分布"的排列阵势。

下面具体讲讲这两种分布结构的情况。

1. 先天八卦分布

"先天八卦"的"方位之象"是：

先天八卦分布结构图

正上方是乾（☰）卦；正下方是坤（☷）卦。这在易学中叫"天地定位"。

左边是离（☲）卦；右边是坎（☵）卦。这在易学中叫"水火不相射"。

左上方是兑（☱）卦；右下方是艮（☶）卦。这在易学中叫"山泽通气"。

右上方是巽（☴）卦；左下方是震（☳）卦。这在易学中叫"风雷相抟"。

根据我的实践及总结我与学生们多年来的体会，（先天八卦分布结构图）我得出了一个结论。那就是：中国古代的绝大多数的方位分布结构图，不管其是什么系统、什么表述状态，它应该都是一种立体的表述模式。而不像大家一般按传统理解方法理解的那样，只是一种平面结构形式的表述模式。这样来理解，将使易学的各种表述方式，更接近且更确切地与现代科学思想方法联系在一起。使人们更容易地体会感受到易学思想的科学性和现实性。所以，在我这里，不管古代易学的分布结构图是如何构成，我都把它们看做是一种立体的分布表述模式。即不但是表示南北东西的分布状态，而且还是表示前后左右、上下左右和内外左右的分布结构状态的模式。并且这种立体的结构分布模式在任何环境、状态、条件下，它总是固定不变的。也就是说这种结构分布模式，适用于"其大无外，其小无内"的任何系统。其所表述的对应性、确切性等总是那么的即简便又精确。

按"先天八卦方位分布"，如果使用它表述南北东西方位结构的话，则：

乾（☰）卦表示正南；

坤（☷）卦表示正北；

离（☲）卦表示正东；

坎（☵）卦表示正西；

兑（☱）卦表示东南；

艮（☶）卦表示西北；

震（☳）卦表示东北；

巽（☴）卦表示西南。

假如，用"先天八卦方位分布"，表述前后左右的方位分布结构时，则：

乾（☰）卦表示正前方；

坤（☷）卦表示正后方；

离（☲）卦表示正左方；

坎（☵）卦表示正右方；

兑（☱）卦表示左前方；

艮（☶）卦表示右后方；

震（☳）卦表示左后方；

巽（☴）卦表示右前方。

如果，运用"先天八卦方位分布"来表述上下左右的方位分布结构的话，则：

乾（☰）卦表示正上方；

坤（☷）卦表示正下方；

离（☲）卦表示正左方；

坎（☵）卦表示正右方；

兑（☱）卦表示左上方；

艮（☶）卦表示右下方；

震（☳）卦表示左下方；

巽（☴）卦表示右下方。

这与前面"八卦之象"章节中所表示的方位、方向及位置是一致的。

在通常情况下，为了在计算推导过程中更便于记忆和推算，易学的思维方法将每一个"经卦"都对应于一个简单的个位数字。使其整体分布结构能构成一个立体的数理表述模式。借以表述其事物各自及整体场（卦）结构之间的立体数理关系。

当然，在"先天八卦方位分布"中也不例外。它也在不同的场态（卦）上配上了与其场态性相对应的一个个位数字。一般情况下，传统易学中将这些数字，叫作"卦序数"。它与卦相对应。不但反映了各场（卦）之间的数量构成、场性、场态及（五行、阴阳、奇偶等）属性关系，而且还反映了各（卦）场之间的排列顺序。所以知道卦就知道与其对应的场；知道场就能知道与其对应的象；知道象就知道与其所对应的数；知道数就知道与其对应的信息；知道信息就又能知道与其对应的卦。同时，这五者间，随意以任何一方为主体，比如以"信息"为主体，那么同样会知道信息就能知道与其对应的数；知道信息也能知道与其对应的象；知道信息又能知道与其对应的场；知道信息还能知道与其对应的卦……它们五者之间构成了一个卦、场、象、数、信息之间不可分割的统一性对应体系［另有我的专著《易理数理》（一）（二）（三）三册书可参阅］。

以上这种数、卦、场、信息的统一性模式，今后在我们的实践和科研过程中，将起到无可估量的作用。所以，大家一定要将它们之间的关系搞清、记熟。以备简捷灵活地去汇通并运用。

到底"先天八卦方位分布"中卦与数是如何对应的？

下面分别标明。

乾（☰）卦为1；

坤（☷）卦为8。

上下相对二者的数相加为 9。

离（☲）卦为 3；

坎（☵）卦为 6。

左右相对二者的数相加也为 9。

兑（☱）卦为 2；

艮（☶）卦为 7。

左上、右下相对二者的数相加又为 9。

震（☳）卦为 4；

巽（☴）卦为 5。

左下、右上相对二者的数相加依然是 9。

总之，"先天八卦方位分布结构"反映的是一种相对平衡、相对稳定的结构系统。其各方面的力，在系统（内部）中间地运动中，相互抵消。以达到整个系统的平衡与稳定。

"先天八卦方位分布结构"反映的是一种（"先天"）大自然的本源规律性。它是一种高层次的表述模式。根据其"卦序数"的分布传递顺序（由 1 到 2、2 到 3、3 到 4、4 到 5……7 到 8、8 再回到 1），我们可知它所表述的是一种内部呈波动性事物的结构分布规律。给人们直观上的感知较差。除了一般在色彩方面还能给我们一点直观感觉外，其他的方面就几乎不太容易使我们有直观感受了（一般人只会有一些冷、热不同的感觉）。

2. 后天八卦分布

"后天八卦方位"又叫："后天八卦方位分布""文王八卦分布""后天八卦"等名称。

"后天八卦方位"的"后天八卦方位分布结构"如下图：

上南前

左东   西右

下北后

后天八卦分布图

其正上方是离（☲）卦；正下方是坎（☵）卦。

这在易学中叫"戴九履一"。

其正左方是震（☳）卦；正右方是兑（☱）卦。

这在易学中叫"左三右七"。

其左上方是巽（☴）卦；右上方是坤（☷）卦。

这在易学中叫"四二为肩"。

其左下方是艮（☶）卦；右下方是乾（☰）卦。

这在易学中叫"八六为足"。

与"先天分布"不同的是，它还有个"五土居中"。

同样"后天八卦方位分布"除了能表述及反映事物的南北东西中分布外，还可以表述和反应事物的前后左右中分布、上下左右中分布及内外左右中分布的结构关系。

下面分别论述。

按"后天八卦方位分布"，用它来表述事物及事物的南北东西中方位分布结构的话，则：

离（☲）卦表示的是正南方。

坎（☵）卦表示的是正北方。

震（☳）卦表示的是正东方。

兑（☱）卦表示的是正西方。

乾（☰）卦表示的是西北方。

· 巽（☴）卦表示的是东南方。

坤（☷）卦表示的是西南方。

艮（☶）卦表示的是东北方。

其中，其分布的中央为中间部分（位）。即"五土居中"的中心位置。

假如，"后天八卦方位分布"，用来表述事物及事物的前后左右分布结构时，则：

离（☲）卦表示的是正前方。

坎（☵）卦表示的是正后方。

震（☳）卦表示的是正左方。

兑（☱）卦表示的是正右方。

乾（☰）卦表示的是右后方。

巽（☴）卦表示的是左前方。

坤（☷）卦表示的是右前方。

艮（☶）卦表示的是左后方。

分布图的中间位置是其中心。

如"后天八卦方位分布"，用来表述事物及事物的上下左右分布结构时，则：

离（☲）卦表示的是正上方。

坎（☵）卦表示的是正下方。

震（☳）卦表示的是正左方。

兑（☱）卦表示的是正右方。

乾（☰）卦表示的是右下方。

巽（☴）卦表示的是左上方。

坤（☷）卦表示的是右上方。

艮（☶）卦表示的是左下方。

分布图的中间位置是其中心。

"后天八卦方位分布"所表述的都是我们直观感觉，都能直接看到、感觉、感受和体会得到的事物及其分布结构关系和规律。正因为它所表述的规律模式容易被我们人类感知到，所以在易学规律的长期发展与实践中，才会被更多的人广泛应用。

我们经常会听到："左青龙、右白虎""南（前）朱雀、北（后）玄武"。实际这就是通过"后天八卦方位分布"所表述的一种场的分布结构状态。

"左青龙"，就是因为分布图的左方是震（☳）卦的缘故。"震"又为龙、为青色所确定的的。"震"还为木、为雷、为动。表示是一种动力、活力……能量及能力。

"右白虎"，就是因为分布图的右方是兑（☱）卦的缘故。"兑"又为金、为白色、为虎口所确定的。"兑"还为金、为损、为毁折。故表示的是一种破坏力。

"南朱雀"，就是因为分布图的南方是离（☲）卦的缘故。"离"又为雀、为朱红色所确定。"离"还为火、为文、为明、为丽。故表示的是一种良性的想象力和动力。

"北玄武"，就是因为分布图的北方是坎（☵）卦的缘故。"坎"又为弓轮、为腾蛇、为黑（玄）色所确定的。"坎"还为水、为匪盗、为险陷。其所表述的是一种不良的思维及动力。当然它又是一种生命生存所不可缺少的源动力——水。

这种全方位顾及到的分布原则，将为人类提供选择一种稳定且均衡的生活、生存环境。

"后天八卦方位分布"中，也存在着一种数与卦（场）相对应的时空规律性。只不过"后天八卦"各卦所对应的数字（"卦序数"）与"先天八卦"各卦所对应的数字（"卦序数"）完全不同而已。

"后天八卦方位分布"每卦所对应的数字如下：

离（☲）卦对应于9；

坎（☵）卦对应于1。

对面相对应的二者相加等于10。

震（☳）卦对应于3；

兑（☱）卦对应于7。

对面相对应的二者相加等于10。

巽（☴）卦对应于4；

乾（☰）卦对应于6。

对面相对应的二者相加等于10。

坤（☷）卦对应于2；

艮（☶）卦对应于8。

对面相对应的二者相加等于10。

其中间中央部分还有个5（土）。

从数阵的分布结构来看，它也是一种相对平衡、相对稳定的系统模式。这些数字的分布构成了一个三阶的"幻方"。其横着、竖着、斜着的对应同一方向上的三个数字相加，都等于15。即各个方向上三者相加的数值都是相同的。

从"后天八卦"排列的序数传递上看：由 1 到 2、2 到 3、3 到 4……8 到 9，再由 9 回到 1。实际它的行程路线及方式，所构成的是一种粒子性的"碰撞"作用及其力的传递运行过程。它内部如此运行与碰撞传递的目的，就是为了达到"后天八卦方位分布"系统的整体平衡与稳定。这也是在传统预测学中最常用的一种推断模式之一。如果，这种数字的传递（轨迹）规律及模式不清楚的话，许多传统的"奇门遁甲""九州分野""九宫飞星""禹步法""九宫八卦""踏罡步斗""井田制"等推导、布局及管理方法，就无从知道其内涵规律及其结果的来历了。

3. 先后天八卦分布的异同

"先后天八卦"分布特点除了我们上面所论及到的异同外，还有其他许多方面的不一样。因为它们所反映的是不同时空中间的规律。由于空间内部的结构不同，同一时间条件情况下，不同结构的空间中的同一事物或不同的事物，它们之间的规律是大不相同的。

比如说"先天八卦方位分布"规律。

一般情况下，对于我们人类来说，除非有遥感、遥视能力的人们之间，讲"先天八卦方位分布"能有共同"感应"（认识、共识）外，一般人是很难理解和掌握的。因为它所表述的很可能就是事物高维存在形式的分布规律。

比如他们说："南面［'先天分布'的乾（☰）位］有个老头［乾（☰）卦］"。可是我们睁着眼睛一看，南面并没有老头［乾（☰）卦］。而老头在西北方向上［"后天分布"的乾（☰）

卦］——闭着眼"感受"和睁着眼看，事物所反映的规律给我们的感觉是不一样的。同一事物在不同的空间分布的位置上，有个位置的差异和改变的规律。利用"先天方位"的方法，闭上眼睛"看"：西北方向［"先天方位"的艮（☶）位］上有个小男孩［艮（☶）卦为少男］。或者那儿有一只狗，或有只熊、鼠之类［艮（☶）卦］的什么动物。他们用遥视功能往那个方向（"先天方位分布"的西北方），的确能"看"（感知）到这些形象（小男孩、狗、熊、鼠之类）。但是，他们睁开眼。用眼睛来看时，西北方向上却没有此类事物。哪儿有呢？转身一看，在东北方向［"后天方位分布"为艮（☶）卦之位］上才看到了这些动物。

这是因为同样的事物，在"先后天八卦"的分布系统位置中，是处在不同的位置上的缘故。说明高维时空与低维时空中事物"类化"分布的位置，存在有时空因弯曲而导致的其各类事物的位置、方位、分布等，存在有一定相对应的变化规律的。当然，该变化也是存在有一定规律可循的方法的。这也说明易学表述方法中的成象（"在天成象"）的位置与成形（"在地成形"）的位置是不一样的。二者之间有个角度上的变化。这也就是说，不同的"先天"场（卦），成象在"后天"成形（卦）的不同位置上。

所以说，人的"修炼"无论从那方面说都是有好处的。如前所说，利用功能（"遥视"）我看到南边有个老头的形象。但是我必须得转化成"后天"的人物位置、形态，一般的人才能感知到。即实际在"后天八卦方位分布"的西北方向上才能发现这个老头。也就是说，你在南边转了半天没找到这个人，最后到西北方一转，就找到了这个人。

为什么会造成这样的结果呢？

这是因为没有把这两个空间的"象"（虚）和实体转化到同一体系中，才造成的。

为什么说："在天成象"，而不先说"仰则观象于天"呢？

如果"修炼"炼到一定的水平之后，有了"遥感"、"遥视"的能力。进而能感知到四维空间的结构及其中间的事物的构成的话，就会发现在此空间中，只有象（场态），而无实体（"相对论"与"量子物理学"中都是这种观点）。你在此空间中看到的"老头"形象，在三维空间中，落实成实体，就在西北上。即"在地成形"。也就是说，等回到三维空间中来观察该事物时，会发现它是实实在在的有具体形状的"实体"，而不是"虚体"（"像"或"场"）了。

也就是说，二者之间，一个是数学中所描述的"虚数"世界（"先天"）的分布规律，而另一个则是数学中所描述的"实数"世界（"后天"）的分布规律。

"先后天八卦"方位分布规律，在实际应用中，都是"以我为核心"（或者是"以所判断的目的事物为核心"）的分布、判断原则。

当你闭上眼睛"看"到自己的右后方［"先天八卦分布结构"的艮（☶）位］有个青年男子。可是睁眼一看，不是在自己的右后方而是在自己的左后方［"后天八卦分布结构"的艮（☶）位］有个青年男子。

闭上眼"看"到自己的前面［"先天八卦分布结构"的乾（☰）卦之位］有个老头［乾（☰）卦为老头］。脑袋圆圆的［乾（☰）为头、为圆］、秃脑袋［乾（☰）为光］。睁开眼却发现此老头在自己的右后方［"后天八卦分布结构"的乾（☰）卦之位］。

比如：用"遥感"方法"看"上面山顶上［"先天八卦分布结构"的乾（☰）位］有个老头［乾（☰）为老头］，"后天"睁开眼看，老头并没有在山顶上。而在山坡下边的右侧——在山的右下方［"后天八卦分布结构"的乾（☰）卦之位］。

……

这都说明事物的"象"（场）与"形"之间的存在状态，有角度与方位的差异。

这些规律需要我们通过"修炼"或科学技术进一步发达之后，进入高层境界时，才能去感知与发现的。一般常人如果想感知到这些规律，还是相当困难的。而我通过长期研究、实践得出并为你们提供的这种易学的"象法"，就非常容易使你们直观感知到这些规律性。因此，我们可以先不管"先天成象"如何，也不管"先天象"在何处。因为反正睁着眼咱们也瞧不见，干脆到"后天"来找根据。踏踏实实地通过"实体""实物"来寻找这些易学的规律性（现代"量子物理学"认为已经不存在真正的实体物质。故将其加以引号）。

"在天成象，在地成形。"成形是为了干什么？

是为了"制器用"——使用这些易学规律来指导我们的具体实践和发明创造。

"先后天八卦"方位分布图都是南北东西、前后左右、上下左右等全方位、立体的表述一切事物及其结构状态和关系的。这些"方位图"同时也告诉我们应该如何来观察、分析一个事物或一切事物。也就是说，一个事物或事物必须立体地来看待，才能将其观察分析的真切与全面。

它这种分布结构，可以竖着来套用。从而可以表述一个事物及其周围事物的横（水平）方向和竖方向各方面的分布结构情况；也可以水平方向上来套用或纵向上套用等。

即我们必须要竖直上看一看、纵向看看、横向看看、上下看看、前后看看、左右看看、内外看看等——从各个方面的分布、结构、状态上来观察分析一个事物或一切事物。

这实际上，也又说明了易卦的分布思维方式、方法，是表述了一个立体结构的空间模式。

虽然"先后天方位"的分布是有变化和区别的，但是"后天"的这些方位分布规律，不管你是用在判定什么状态大小的范畴、系统、体系内的方位，如上下、前后、左右、东西、南北……都是固定不变的分布结构状态。可以随意按判断事物规律的需要套用。这些分布规律适用于"其大无外，其小无内"的任何范畴（围）、系统和环境。

下面讲到应用时，再具体运用这些规律。到时大家就会感到特别有规律性，也特别有意思。什么看相的、看手相、面相、耳相的等等，什么相也不用看了。只要把"后天"方位分布位置及卦象意思记清楚，不管在什么方面、什么区域中，都将其"方位分布结构图"往上套用，保证都能进行较准确的判定与推断。假若，套用在脸上，就反映在脸上；套用在鼻子上，也就反映在鼻子上；套用在手指头上，也反映在手指头上；套用在指甲上，也就反映在指甲上……有人把这叫做"人体全息性"。我说，这不仅仅是"人体全息性"，而且是整个的宇宙及其一切事物都是遵循同样的全息性的。由此可以及彼，由彼也可以及此；由表及里，由里及表；内外相系，如影随形。

运用这种"全息（胚）"规律，看到你得了胃病了，就知道你们家里的柜子放在哪儿、橱柜放在哪儿，或家中艮（☶）位（东北方向）结构缺少。甚至连你们家住在楼上还是山坡上等等都能知道。看着病，连你的人事关系、所处的环境条件等都能清楚地看出来。

这不是一个简单的看相问题。即看你有什么病？多大岁数，走什么运？是走的眉运、眼运，还是脑门运等等。脑门运不太好，一般表示的都是小时候的事。老年运如果好，看的是你的"地格方圆"。小时候不好，不要紧。反正老了以后精力、体力不行了，有个好晚年是最享福了。年轻时，大脑门、挺聪明，把福都享用尽了。最后，老了，尖嘴猴腮的，不但享不了福，反而挺操劳的。那还不如小时年轻力壮时多吃些苦、遭些磨难，老了体力精力差了时，享些福、少受点罪好呢。因为老人往往耐受性差，经不起遭打击，受磨难了。

脑门上某处如果凹下去一块，说明你早晚会得心脏病或心功能差。所以动脑筋多的人，我们一般往往会称其为"劳心者"。因为人如果要动脑筋，心脏就必须不断地供给大脑充足的血液、氧气和营养。如果长时间的用脑思考，心脏也会产生疲劳。时间常了，心脏慢慢地也会受损。脑门上某处瘪了一块或者皮肤皱皱了，说明心脏相应的某处萎缩或心肌纤维硬化、老化——功能降低了。这是因为人体的"全息对应性"规律所决定的。要是熟练地掌握了易学方法中的这些对应性规律，望诊及诊断起疾病来，相对来说，这将是非常省事的一种诊断方法。

一般无论是如何"望诊"的方法中，它都自主不自主的符合了易卦中的各种分布规律。

比如：看你身体某部分的下部分，就知道此处对应于你的生殖系统。可知你会不会有后代。就拿面部来说，看你鼻子下面的"人中"（面部的下部）的长短、深浅、宽窄等，就能判断你的生殖功能及后嗣情况。为什么非要看下部分呢？因为从"后天八卦分布结构"来看，其下面是坎（☵）卦的位置。坎（☵）卦为水。其主肾、主膀胱、主生殖系统、主腰、主骨。所以这方面的情况都对应反映在下部。这同时也说明了易学中这么一种规律，即"后天八卦分布结构"不管如何的去套用在任何事物及其周围，其分布及各方位之间的关系规律是不变的。那怕是套用在鼻子这么个小区域，它还是这个分布规律。

一些外国人写了许多《鼻子与性》的著作。他们往往也是将鼻子的下部（鼻头）的状态与人的生殖和性状况联系在一起的。而将鼻子上部的鼻根处的状态与心脏的状况联系在一起。他们琢磨研究了那么长时间才确定下来的规律系统。可是，咱们稍稍地将其规律归纳一下，就知道它都没能跳出咱们的"后天八卦分布结构"系统的规律，但是，他们还没有能够形成像我们这么完整、统一的易学理论指导体系。咱们靠易学思想、理论的指导，并将其举一反三的灵活运用，它将是放之四海而皆准的。在任何的系统、范畴、领域、层次、角度等的环境中，都能使用。可以省去很多劳苦地统计、调查、研究、分析、归纳等工作，直接就能归纳得出结论及结果。因为易学思想抓住了一切事物最基础、最根本的共通性规律。

实际上，我们的老祖宗们已经把这些"方位分布"的理论系统总结了出来，在易学中叫"方位之象"。这类结构形式是万变不离其宗的。每个人虽然在形体、肤色、年龄、性别、疾病等各方面存在着许多的差异，但其规律分布状况却都跑不出这套易学系统。这在易学思想中，叫"不易"思想。即其根本的基础道理是不变的。

一般情况下，我们经常使用的都是"后天八卦分布结构"规律。实际上，这种易学思想就类似于中医学理论中的"四诊八纲"。过去的所谓"神医"，即大家都知道的无论是张仲景、李时珍、华佗还是孙思邈等。这些能"反观内境之燧道"的"神医"以及"特异功能"的医圣们，他们在诊病时，往往根本不用"四诊八纲"的这些中医诊断原则。即不用"望、闻、问、切"，也不用"阴阳、表里、寒热、虚实"这些中医诊断规律。他们通过自己的身体感应就知道病人的疾病是怎么回事。应该怎么治疗、怎么调理、调养，他们基本都能知道。可是对于我们一般的常人来讲，自己的这类潜在能力还没有诱发、激发和调动起来的时候，如果想为大家诊断治疗疾病将怎么办呢？就要依据这些有能力的"神医"们根据他们切实地感受和体会所总结的一套理论性的规则。这套理论性的规则就是中医学的"阴阳五行"、"四诊八纲"。如果你能严格的按照这些理论指导的方法去调查、研究、诊断、治疗疾病。你也能像这些"神医"一样的那么神。这就是说，他们从理论上给我们找到了指导实践的根据。不管中医的《内经》《伤寒》《金匮》也好，还是《难经》《本草》也好等等，给我们总结出了一整套理论性的东西，同时也总结出了一整套经验的东西。我们只要按照这套完整的理论与经验体系去指导诊治，就能解决各种疾病的诊治问题。

我们这些普通人，只要严格地去学习这些理论和经验，那么，我们也能够达到像"神医"们一样的水平。同时还可以根据、利用这些"仙人"们根据他（她）们的切身的感受、体会，又根据我们所处的三维空间的这些思维方式、方法和特点，制定的这套理论的内涵。按照这套理论去指导我们的实践——去推导过去、推导将来。那么，我们也能像他（她）们一样，推导地清清楚楚。

这也像"太阳系"结构状态一样。就算是它有9个大行星（第9大行星，现在暂时还没有找到，但从理论上已经推导出来了），我们所生存的地球到太阳之间主要也是"虚空"的。地球与木星、木星与其周围的木卫二、木卫三……木卫十等等，直至"小行星带"（根据推测，在原来的地球与火星之间还应该有个行星。不知为什么可能爆炸了。就形成了当前的这个"碎石带"。也有人讲，过去我们人类就居住在这个行星上。由于在这颗行星爆炸之前，才飞转到地球上来发展的。这种想法与说法都是根据天文上的一些现象想象出来的。当然也不一定就是如此），星体好像是很多很多的。但是不管怎么说，这些星体周围还都是以"虚空"的空间为主。而且这些"虚空"的空间体积是非常的大。假若你有足够的能量组合变成"基本粒子"（叫"基础粒子"可能更贴切一些），在这些"虚空"中来回地穿梭、穿透是非常容易的。

我认为有什么样的场，就对应有什么结构存在形式。如果能发挥这个理论就好了。治疗起疾病来也就好办了。

在传统的修炼方法中，我们经常听到"意到气就到"之话语。表面看起来好像是个很简单的事情，"意到气就到"，没讲是什么姿势，也没讲是什么方式、限制和格式。只要你的思想注意点想（注意）到哪里，"气"就达到哪里。因此，在任何的传统正宗地修炼过程中，才会说"大道无形，法无定法。"你心里是怎么想的，一般外面的人是看不见的。只是因为他（她）们不知其所以然而已。

为什么我总是说："我沾了你们大家的便宜了呢？"

你们大家不信？

我站在这里口若悬河地讲课，来吸引你们的注意力。当你们的注意力及思想集中后，并随着我的思路在"跑"的时候，不由自主的眼睛就不断地注意到我的身上来了。那么，"意到气到"。"五脏六腑之精华，汇聚于目。"眼中及头部印堂中的"元气"，都是"清气"、好气。这些对人体有益的"气"一直不断地送向我这里。补得我是浑身热烘烘的。你们可以来试试。前面讲台这里是特别的热乎。现在我身上真是在出汗。并感到很热。这是你们在给我补气呢。这都不是很玄妙的东西。是很简单的东西。但是人们往往受各种因素的影响，总希望把事物考虑想象的特别复杂、特别玄。

只要意（注意力）到"气"就到。不信大家可以回去做做试验。就是让一个人坐在凳子上。让其闭上眼睛。大伙商量好了。一起用眼睛盯着此人的脑门那个部位。使劲（专心）的想象他（她）向后倒去。可能一会儿，他（她）就会感到头晕；感到有一股推力将其头部推向后方。慢慢地他（她）就会"栽"向后方去的。大家的"意念"产生的能量就会有这么大的力量。有时大家一起产生的能量比起训练有素的"气功师"的能量还大得多。大家的能量总是比一个人的能量大。但也要看你们大家的能量是否都能集中到同一个位置上。

由于我"意念"中的坐标点、作用力点可以根据需要任意选择。只要注意力集中到哪里，"气"就会达到哪里。别处它是不去的。你脑袋里怎么想，怎么运作，这"气"就能怎么运行、怎么旋转以及以怎么样的脉冲形式运行等。这与"发气"采取什么姿势关系不大。当然掌握一定的正确的姿势，可以帮助你调动自己的"元气"和"内外气"，这对调动自己的生理功能是有益的。

因为"大道无形"。不一定非得"循经"治疗。"循经"治疗是一种很好的中医治疗方法。经络中是"先天"气的运行通道。但人体中"后天"气的运行规律与"先天"气的运行规律是不一样的。所以我的"望手诊断"望的是"后天"气的变化，而不是"先天"气的变化。在治疗疾病时，可以通过调动"先天"气来进行治疗。也可以通过调动"后天"气的协调平衡以达治疗之目的。

"先天"方法是从本质上解决问题，而"后天"方法是从局部上解决问题。

咱们学习易学的目的，就是为了使我们的认识尽可能地符合大自然的本源规律性。用易学唯物辩证的观点来观察、分析、研究一切事物。免得做出错误的判断以及上当受骗。

易学给我们的就是一切事物本源结构状态规律的一种理论根据。依据这个根据，如果我们按照它的哲理和思想方法去推导判断，那么，也能判断的像他（她）们这些"神仙"一样的准确。并且也能做到知道整个事物发展变化的规律性。

说的远了点。"方位之象"与"气功"现象中的"修炼"关系极大。但是"大道无形"。要根据具体情况灵活运用。我有一个中华医学会的学生，运用"后天八卦分布结构"的规律，在墨西哥的"太阳金字塔"下"组场治疗"。收到了惊人的治疗效果。这个"方位之象"就看往哪里使用、调动哪里的能量、用哪几个场（卦）的规律了。因为事物之间总是有一种生克制化的规律。就利用这些规律，你也能做得到这些结果。不过一般修炼有素者，是不会轻易地告诉你这些具体方法的。如果学会了易学的各种规律，悟到了其中的内涵道理。你自己运用这些规律来调动这些场，就可以产生这些效果。

有许多"先""后"天"方位之象"的分布结构性质、特点的具体分析及内容，在我所著的《易与和谐》一书中，有较系统地分析与论述。这里就不多费篇幅了。

后面讲到应用时，再仔细的来论述"方位之象"。

第四节　像形之象

"像形之象"就是说，六爻卦其卦的本身就与某事物的具体结构、形像和状态相一致的。

也就是说，一个六爻卦，很形像的表述着一个事物的总体与具体结构。这也是根据某个具体事物的形象结构，套到卦象上——对应套出来的一种卦象。

例如：火风鼎（䷱）卦。

火风鼎（䷱）卦从卦的下部往上来分析着看。

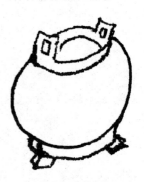

鼎的结构图

"鼎"（䷱）卦最下面初至三爻是"经卦"巽（☴）卦。"巽下断"。这正好与鼎的最下面的支撑脚和那条小护边相对应。再往上，鼎就是一个圆圆的大肚子（乾为金、为圆）。正好与二至四爻所形成的"经卦"乾（☰）卦的卦意相合。鼎的"大肚子"上面就是鼎口。这正好又与三至五爻的"经卦"兑（☱）卦的卦意（兑为口）相合。鼎再往上就是两个提耳。这正好与四至上爻的"经卦"离（☲）卦（离中虚、中空）的卦意相合。

"鼎"（䷱）卦的结构，是根据鼎的形象结构来确定的。其六画卦的确立，也是由鼎的结构形象所决定的。了解了"像形之象"之后，就可以根据所描述具体事物的卦形，来联想并描绘出这个具体事物的形象。这不过也需要熟练地掌握了易学中卦、爻"象"的各种规律、状态后，才能做得到。

为什么？

因为《易传》中曰："六爻相杂，唯其时物也。"这说明易学中的各种卦形都是为了表述一定时间条件下的具体事物的。一定的时间对应于一定的卦形结构。而且这些卦的确是实实在在地在表述具体的事物。

但从卦的具体结构上讲，乾（☰）为金、为纯净的金。即化学性质稳定的金属。黄金、白金等。兑（☱）也为金。不过兑（☱）金不是纯净的金属，而是化学性质相对较活泼而不稳定的金属。可以是铝、铁等之类的金属。

这是因为一个三个爻的卦，从下往上所表示的是一个事物由内向外的发展过程。

况且，乾（☰）卦的三个爻都是阳爻。都表示的是"刚"性且稳定的事物状态。而兑（☱）卦的上爻（即事物的外部）是个阴爻。其阴爻所表示的不是事物刚健稳定的外部，而是"柔"弱、不稳定的外表。

这都是由易学中的"像形之象"的表述规律所确定来的。

再例：山雷颐（☶☳）卦。

山雷颐（☶☳）卦有"颐者食也""自求口食"，自己找饭吃之意。是表述"吃"的一个卦。是自己找饭吃；没人管，自己管自己的一种状态。

从"颐"（☶☳）卦的卦象上看，看看是不是已经饿了？

从全卦的中间来看，为"离中虚"。中间全都是阴爻。阴爻表示的是虚的、空的、软的。阴爻所组成的坤（☷）卦也表示是"腹"（肚子）。总括而说，肚子里空了，需要吃东西了。外头光剩一张皮（上下两阳爻）了。如果，将其全卦看成是张着的一张大嘴的话，这一排排的阴爻像什么？像不像是张着个大嘴中的一个个的牙齿。说明想吃了，但是还没有吃进去什么食物（因为中间四个爻全是阴爻。阴爻表示的是虚空的）。上下两个阳爻，表示嘴巴的嘴唇及周边。

这说明"颐"（☶）卦的形象是由吃东西时的"像形之象"而得来的。

那吃的东西好吃不好吃，那卦形的结构可就又不一样了。

又例：火雷噬嗑（☲）卦。

火雷噬嗑（☲）卦也是表述"吃"的一种状态。卦中表示：一会儿吃干肉了；一会儿吃东西时把牙给硌着了；一会儿又咬着了个箭头（意思是说打猎时用箭射死了野兽。这个箭头在爻辞中叫"金矢"。吃兽肉时，没能取出肉中的箭头，结果箭头把牙齿硌了一下，但是没关系，吐出箭头来还可以继续吃，只是把牙硌了一下而已。不至于把箭头吞到肚子里去，吞下去就麻烦了）。因为这是表述在嘴里的过程，还没有表述咽下去的过程呢。

这种状态已不是山雷颐（☶）卦口中没有东西的空口状况了。而已是火雷噬嗑（☲）卦——口中已经有东西的状况了。

为什么"噬嗑"卦说硌着牙、口中有危险呢？

就是因为，其中间三至五爻为"经卦"坎（☵）卦。"坎中满"，表示中间是"刚"性的硬东西。"坎（☵）主险、主陷"。表示是危险的事物。其中间二至四爻为"经卦"艮（☶）卦。"艮"有"阻止""为石"之意。有像石头那么硬的东西在口中。

所以得小心。得慢慢地吃才安全。

整个卦的结构是由事物的"像形之象"得来的；是由吃东西时的某种状态概念确定的。

又如：水泽节（䷻）卦。

水泽节（䷻）卦有节制、抑制、必须控制住自己等意思。

为什么是这类意思？

这是因为"节"（䷻）卦其上卦（四至上爻）为"经卦"坎（☵）卦。坎主险、主陷。说明前面（下面会讲道：一个六爻卦的上卦可以表示一个事物的前面部分或前部）有危险在等着呢。此时如果不节制、不控制住自己，冒险的向前闯的话，就会掉进危险的陷井里。出现很多难以预料的麻烦或意想不到的失误。

所以，从卦的本身结构来看，就是一种节制的意思。这种状态下，一定要控制住自己的情绪才行。

因此，由"节"（䷻）卦之意就能很轻易地推导出来：水天需（䷄）卦为什么是等待之意了。简直是一目了然的事情了。这里我就不多讲了。要求大家自己去推导推导。

易学中，所有的卦里都有这种"像形之象"。当然，它就不只是单指六个爻的卦了。因此在学习、研究易卦过程中，"像形之象"与"八卦之象"联系起来统一考虑某一个（多爻）卦时，这个卦及卦中的具体结构、形象就很容易地表现出来。具体形象看出来后，就非常容易理解卦、爻象的意思了。所以说，熟练掌握、运用易学中的各种"象"意，是研学易学最根本的基本功。

第五节 爻位之象

"爻位之象"说的是，在一个六个爻的易卦中，处在不同的爻的位置上，其所表示的是不同状态下的不同的事物和不同的事情；也可以表示为同一事物或同一事情的不同位置、不同的过程或不同的状态等。

按现代科学讲，"爻位之象"指的就是你所处的这个系统中的不同的层次上、不同的等级上、不同的位置上、不同的范畴内等，它所表述的意思是不一样的。虽然如此，可是它可以表示任何一个系统中间的任何的一个（层次）位置。只要将这些事物能任意的分成六等份就行了。这种分析方法（爻不仅仅是表述一个局部的事物，而且也能表述一个事物的局部）可以表述一个事物发展变化的全部过程。

爻由初开始向上六爻发展，实际它是表示一个事物的产生、发展、成长、壮大，一直到成功后，慢慢地衰老衰败，最终走向自己的反面——消亡的全过程。也就是说，一个卦（包括六爻卦在内）从下（爻）到上（爻）表示着一个事物发展变化的整个全过程。

比如：随便举一个汉朝时期的六爻卦例。

看看汉朝时，一个六个爻的乾为天（☰）卦，其"爻位之象"的意思是表示的什么？

比如说，从等级制度上来说。在我国古代汉朝时期，人与人之间的等级概念已经很清楚了。

比如：用乾为天（☰）卦作为例子。

其下面的初（一）爻叫"元士"。表示社会上最下层的人员，是最低等的人。

二爻叫"大夫"。表示的是"士大夫"阶层。大家可能都读过《三国志》。书中写到孙权下面有一个出谋划策的谋士叫鲁肃。人称"鲁大夫"。汉朝之前，特别是春秋战国时期，许多君王都养了很多的"门客"或"食客"，让他们给自己出主意。主要是在打仗、治国、平天下等出现重大事情时，专门为君王们出谋划策，做出决断。因此，这些人很得上层及当权人物的赏识。

从全卦卦中讲，"下卦"（下层）的核心中位——二爻是与"上卦"（上层）的核心中位——五爻（君王之尊位）相应。这说明二爻的"士大夫"们是有后台的。一般的他们的工作及其环境都是不错的。这些人往往被叫作"大夫"。这些"大夫"们除了能为君王们出谋划策、打仗、治国、平天下之外，一般他们为了锻炼自己的思维层次，往往还都会一些琴、棋、书、画之类的本领。

现今社会中，这种"大夫"的美称只被医生们所独占了。将"大夫"之称变的太狭隘了。就是现在的这些医生"大夫"们，已没有古时的那些"大夫"们的思想、境界的水平了。古时的"大夫"们往往要求他们天文、地理、政治、军事、经济、管理、医学、数术、齐家治国平天下，医国医人，似乎什么都得知道，都得会处理。现在的一般大夫，除了能诊治本科的疾病（有的大夫也只能处理某一部分的疾病）外，其他科类的疾病往往还诊治不了。个别的大夫还只能是个混混儿。什么病他（她）也治不了。因为他（她）们往往受分科的限制，掌握不到能通科使用的"大道"——没能掌握事物间的共通性的规律性。如果掌握了事物间的共通性规律的"大夫"，不只是知道你这个人有没有病。还能知道你的这个病，是由天地、社会、环境或各种什么条件情况下，如何造成的。医生在诊治过程中，往往是有一个方面的因素没有考虑到的话，治疗及治疗效果上就会产生意想不到的一定的困难。

过去传统中的一个"大夫"，除了能够为你诊断疾病（会"望、闻、问、切"的"四诊"、"阴阳、寒热、里表、虚实"的"八纲"）之外，还要会处理你的疾病。会开药方、会煎熬药、会炮制药、会识药采药、种植药、针灸、按摩、推拿、正骨、拔火罐……一个大夫是个"综合性大夫"。有关诊治方面的知识和手段等尽量都能多掌握一些。他在为患者诊治时，各方面的优秀方法往往都能同时使用。所产生的也是一种综合性的整体治疗效应。因此，治愈率也高效果也迅速。现在的中医大夫，往往受西医的局部性科学的影响及中医整体免疫学受现行职业性区分而解体的影响，完全仿照西方的医学模式，将整体性的中医学科及专业也搞得那么狭窄。各专科之间，谁与谁之间的配合都是相当的差。针的光管针、灸的只管灸、开药的只管开药、种药的只管种药、制药的也只管制药、儿科就管儿童的病、妇科只管看妇科、肠科只管整肠道……把中医系统的、整体的、统一的、完整的"整体免疫"诊治体系给解体了。所以，现在一般的中医大夫在临床的治疗效果上，往往也比过去差了一些。

这么一来，这些所谓的中医自己就把自己给搞完蛋了。

为什么这么说？

因为，比如说得了感冒了。花上几毛钱，买一小袋儿阿斯匹林，吃上就好了。速效，虽然会有些副作用，但其表面上看，到底是来的快。现在讲经济效益。如果现在要吃一付治疗感冒的中药的话，其价格你就有些受不了了。慢慢地大伙没办法了，吃不起就不采用这种治疗方法了。这其中有一个很重要的原因，就是因为中医"解体"的结果造成的。利用综合性治疗方法，一是不可能，二是也不行了。如果我吃汤药吃不起了，我就去找按摩的按摩治疗。要么扎个针。实在不行了，每天来了之后，在某个房间的什么位置上静静的坐一坐。也许病就好了。这是易学的场效应方法在中医临床上的应用效果。只要场能符合治疗疾病的要求，使其能与病人产生共振效应，疾病就能很快地被医好（本书最后有专门地论述）。

大夫本来就应该是知识面最广泛的。因为他（她）所面对的研究对象是一个有生命能力的人。人既是自然科学中的一部分，又是社会科学的一部分。人的疾病既与自然环境、自然生态、自然条件规律有关，又与社会的变迁、行为、七情六欲等社会环境有关。所以，要求大夫知识水平本来就应该很高，知识面原本就应该广博而精才能胜任。

说得太远太多了。现在拉回来，继续分析"爻位之象"的表述问题。

三爻为"大公"之位。

四爻是"诸侯"之位。

五爻是"天子"之位。是天子、皇上之位。

上（六）爻是"宗庙"之位。是祖宗、"老佛爷"之位。

把社会的等级制度，按照这种易学的"爻位之象"的原则、方式进行分配。变爻变在哪一个爻的位置上，就说明变化是处在哪一种状态、处在哪一个（社会等级）层次上。

这是汉朝当时的社会分工中，人们经常使用的一种社会层次与等级分类的方法。因为当时人们把易卦主要是用来占卜的。相传是"太卜掌三易"。秦汉以前"太卜"主要是用《连山》《归藏》《周易》这些方法来推算国家大事的。所以将社会的各个阶层就这样来划分等级了。

现在使用这种方法，可以根据社会分工或单位各自的具体情况，也可以按各部门之间的层次、级别、分工等关系，将本单位的各主要大部门划分成六大部分。不管是董事会、总经理、分管经理、部门经理、项目经理还是一般的雇员等，也不管是部级单位、局级单位，还是处级单位，科级单位、部门、小组等机构及企事业单位或政府部门等，都可以按此比例分成六部分。当然分成小组，组长、组员或车间、车间主任、厂长、站长、所长、院长、校长、站长等，按单位的各部门长官之间的工作联系及关系，往卦内对应排列上去就是啦。

例如，从社会分工来讲，可以用以下的对应关系的启发来进行对应表述。

上爻，为顾问委员会	为董事会	省人大主席	政委	职工大会
五爻，为部长	为总经理	省长	司令	厂长
四爻，为局长	为分公司经理	市长	军长	车间主任
三爻，为处长	为部门经理	区长、县长	师长	班长
二爻，为科长	为项目经理	乡长	团长	组长
一爻，为职员	公司雇员	镇长	营长	工人

当然，实际位置的对应确定，要根据你所判定的环境、条件、单位分工等的实际情况对应排列了。详细内容请参考我所著的《易象延》一书中的"爻象"一章节。

那么从一个人的身体上来讲，也像在社会上表示各种层次或等级一样，也是以卦爻从下到上，表示一个人从脚到头顶的不同部位。

即一个六爻卦，可以从下到上的表述一个人从脚到头顶的全部整体分部。

初爻，表示人的脚、足、脚趾头（人体下部、手部等最末梢的部位）。

二爻，表示人体下部的胫骨、腓部，即小腿及"小腿肚子"。

三爻，表示人体的胯、股一带。

四爻，表示人体的腹部及心胸部。

五爻，表示人的头面部。

上爻，表示人的头顶或颠顶部。

这是把一个人截成六等份。即从下往上将一个人分成六等份。因此，瞎子摸骨，摸食指下这截掌骨，也是按易卦的这种比例顺序排列的。虽然不只是分布排列为六等份，但指导思路同"爻位之象"的思路。所以你哪儿有什么病？在身体的哪个部分？按易学"其大无外，其小无内"的适应性规律、方式及原则，在人身体的任何相应性部位，任选一个长度或部位（范围）。并将其选择好的区域从长、宽、高（厚）（对应于卦中的上下、左右、前后）各个方面都把它分成六等份。并按卦中的对应比例，去寻找脏腑的对应部位进行针对性诊治。

比如：心脏不好。

一般就按照四爻所对应的位置上去寻找痛点及结节。按摩其对应位置的身体部位就行了。因为在其机体的对应位置的皮下及肌肉组织中，往往会有一个硬节。将这个硬节一揉开，使其变软之后，心脏就会舒服了。心肌也就不痉挛了。心情也舒展了。

什么是"人体全息率"？

这种易卦的对应表述方法，就是"人体全息率"的一种表述方法。这种对应比例关系怎么用都可以。随意在面部找一个部位，按比例照前法分成六等份。然后找其对应部分的四爻对应位置进行治疗。心脏照样也会不疼、不痉挛了。

可以从各个方面把一个人及其任意大小的部分分成六等份。

照样，一个易卦也可以把一个事物的好坏（程度）分成六等份（六种状态）。

比如：一个六个爻的乾为天（☰）卦。

初（一）爻为"潜"。"潜龙勿用"。

表示孩子刚生下来。虽然将来可能是个当皇上的料，可是他本身现在还在吃奶，还要靠别人来照料他。因此，才"勿用"。没有什么使用价值。就如同你弄些幼儿院的孩子去前线打仗，那能用吗。这个男孩也许将来是个将军，但现在太小了、太幼稚、太不成熟了。根本就无法使用他。

二爻为"田"。"见龙在田，利见大人。"

说明人已经长大了。可以走路了。开始出头露面及进行学习了。

三爻长大成人了。成为"君子"。"君子终日乾乾，夕惕若厉，无咎。"

说明长大成人后，小心谨慎地过着日子。

四爻为"或"。"或跃在渊"。

这时人已成熟。对许多事情产生了疑惑。不管干什么事情都需要观察分析。甚至还需要多方面的反复分析、比较后，才行动。虽然如此，可是由于实践经验不足，往往还会盲目地去冒险。让人提心吊胆。

五爻是事业成功了。为"天"。"飞龙在天。"

掌握了大权、事业成功了——"天马行空，独往独来。"掌握了大权之后，往往会骄奢淫逸、自以为是、谁也说不得他、自高自大。这就会走到最后第六爻的位置上。

上（六）爻为"亢"。"亢龙有悔"。

说明他走到自己相反的方面去了。任何时候、任何事情都不能搞过了头。过头并不是事物的本质要求，却是马上就要向相反方面发展的苗头。这是易学中很重要的思想之一。

所谓的"中庸之道"，就是说让你能严格地按事物的正常规律与本质要求去做事情。既不能偏左，也不能偏右。不左不右的恰到好处。这就是要求我们要自觉地尊重事物的自然规律，按自然规律办事情。什么事情都不能强行。

《易传》中有这么一句话："其初难知，其上易知。"

这里的"初"是指各种卦中的"初爻"而言。"上"是指各种卦中的"上爻"而言。这是总结了易卦的爻辞规律以后所确定的卦爻的特点。

因为从"爻位之象"来说，初（一）爻表示一个事物刚刚开始产生、刚刚开始发生的时候。它将来向什么方向发展？怎么发展？能不能发展等情况，都还是弄不清楚的时候。事物刚刚产生的时候，是很难判定其将来如何发展和发展的结果如何的。因此，在《易经》六十四卦的卦爻辞中，第一个爻（初爻）的"爻辞"往往都是比较含混"难知"的。

比如：乾为天（☰）卦的初爻曰："潜龙勿用。"

为什么不能用？

爻辞中，它是不会说的。往往是在"象"辞中，才能找到答案。就算你是条龙，当前就是不能用你；这是个好东西，现在就是不能用。为什么？不知道。我想大家都明白，即使当时可能知道事情将来是好的结果，可是它还有可能变成坏的结果是吧。所以"易经"中，这个初爻的"爻辞"往往都是些不太被肯定的辞句。

"其上易知"是说，事物发展到了上（六）爻的位置。这表示一个事物的全部过程、经历及结果都明显地摆在了这儿，并且是历历在目。全部的过程和成果大家都能看得清清楚楚的。这个时候就像一个人盖棺定论的时候一样，其结论往往都是非常清楚和肯定的。是好就是好，是坏就是坏。因为事物发展的全过程及其结局，已经充分地证明了事物到底是个什么规律状态了。所以，上（六）爻的"爻辞"，往往都是非常肯定的辞句。这也是上（六）爻的一种特点——表示一个事物的最终结局。

"系辞"紧接着"其初难知，其上易知"之后，是"本末也"一辞。

其中"本"就是根本。指的是"初爻"的状态。这就是说，卦的"下爻"是表示一个事物的根本和基础。

"下爻"除了表示人体上的足、趾之外，在《易经》的各种卦、彖、象、爻辞里，经常还会看到初爻表示：开始、下、潜、尾、最后、最下面（末端）的事物和事物的最下（末端）部等。

"末"就是最终的结局。这是指的"上爻"的一种状态。这就是说，卦的最"上爻"表示一个事物的最终结果和状态。

"上爻"在《易经》的各种卦、彖、象、爻辞里，经常会看到其表示：最终、上、前、高、亢、穷途末路、穷尽、首、头、角、舌、口舌、颊、颠等最上面或最前头的事物。

从以上情况来看，"初"（一）"末"（上、六）两爻之间可以表示事物变化的初与终的过程。换句话说，整个的一个六爻卦也可以表述任何一个事物变化的全过程。

初（一）爻：表示"变之始"。

即表示一个事物或任何事物变化发展的开始及起始阶段。

二爻：表示"变之显（分）"。

即表示一个事物或任何事物变化与发展有了明显的变化与发展时，说明事物已能够明显的显现出来，分辨出来，有了一定的眉目。也是与其他的事物有了明显的区分的阶段。

三爻：表示"变之通"。

即表示一个事物或任何事物发展变化进入了一个非常通（顺）畅的阶段。各方面的渠道都比较清楚了。并且都已经在沟通。同时也认识并能区别各种事物及其规律性了。

既然各个方面的各种关系都能沟通与观察到，那么，就要下决心干点什么事了。就要有实际行动了。这就到了第四爻了。

四爻：表示"变之动"。

即表示一个事物或任何事物发展变化有了非常大的动向阶段。这个时候，就要有一定的实际行动了。而且往往是起着决定性作用的大动作。

由于自己的不懈地努力来适应客观环境条件的需要，这种决定性的大动作，最后使你达到了自己的目的。即第五爻所反映的状态。

五爻：表示"变之成"。

现代易经讲课实录

表示一个事物或任何事物发展变化的完满及成功阶段。

事情成功了，解决了，办完了。事情也到了该结束的时候了。

这最后结束会发展变化成什么样了呢？

上（六）爻：表示"变之终"。

即表示一个事物或任何事物发展变化的最终（状态）阶段。说明了其最后的归宿在哪里。也是事物发展变化最后的结果、结局及状态。

看到没有，每一个爻都有每一个爻的意思。其表述了一个事物发展变化的全部过程。在这个发展变化的全过程中，处在发展变化的不同阶段（"爻位"）时，其所表示的发展变化的内涵和意义是不一样的。

平时我们常常也会听到"降本流末"一词。

卦由外面（上爻）向里面（下爻）发展，从外部向内部去寻找过去的状况及原因。即由上爻向初爻发展。易学中将这种发展变化的分析方法叫做"降本"。因为初爻为事物之"本"。

如果是去寻找终端；寻找将来的发展趋势。那么就得由卦的里（初爻）面向外部（上爻）去寻找。即由初爻向上爻发展。易学中将这种发展变化的分析方法叫做"流末"。因为上爻为事物之"末"的缘故。

从"本末"及"降本流末"中可以看出，易学认为最下层、最基层、最小、最内层的状态，才是事物的最根本、最基础的源动力。而最上层、最大、最外层的状态，则是事物最末了、最无能力、最浮躁、最终走向消亡的阶段与时刻。

《易传》曰："数往者顺，知来者逆。"

　　这也是易学中分析事物时的一种原则。

　　也就是说，要想知道事物是从哪里发展来的？

　　就要从卦的外部（上爻）向里面（初爻）去寻找。这就是"知来者逆"。即由上往下看。也就是由（上）六爻向（初）一爻方向（"逆"着数字的大小顺序）寻找。

　　其中这个"来"字的"来"，从易卦的性质讲，它也是指的是向下卦、初爻方向寻找（运动、发展、变化）之意。

　　要想知道事物将来发展到哪里去？

　　就得由卦的内部（初爻）向外面（上爻）方向去寻找。这就是"数往者顺"。即反过来由下往上看。也就是由（初）一爻向（上）六爻方向（"顺"着数字的大小顺序）去寻找。

　　其中这个"往"字的"往"，从易卦的性质讲，它也是指的是向上卦、上爻方向寻找（运动、发展、变化）之意。

　　前后二者代表了两种不同的发展变化过程。一个是发扬广大——由里向外的发展过程，另一个是追根溯源——由外向里的发展过程。二者的思想方法相同，思路却是相反的。

　　总之，整个一个六爻卦的"爻位之象"，表述的是一个完整的事物及事物过程。即表示事物从小到大、从近到远、从初到终等一个完整地发展过程。一个全部的过程。这就是"爻位之象"的意义。

　　"爻位之象"在《易传》中，还有"二爻多誉，三爻多凶，四爻多惧，五爻多功"之说。

　　"二与四同功而异位，其善不同。二多誉，四多惧，近也。柔之为道不利远者，其要无咎。其用柔中。"

　　其意思是，二爻和四爻同样都是相同的阴爻，但是它们各自所表示的意义是不一样的。其最重要的是得到下卦的"中位"为好。这是为什么呢？因为它们各自所处的位置不一样所造成的。

"爻位"不一样，它们所反映的同一个事物的好坏的程度也不一样。

"二爻"处在六爻卦中下卦的中间位置。

"四爻"处在六爻卦上卦的最下面位置。

二者从它们处在卦中的位置看，是不同的。由于它们都是阴爻所应该在的位置。咱们前面讲"六画之象"时，曾讲过"阴爻"以向下卦的中间"二爻"的位置靠拢为好。离二爻位置越远越不好。"阳爻"则是离初爻越远，离"五爻"越近越好。阴阳爻之间的发展方向是不一样（相反）的。

"二爻"由于得了"中位"，居于核心地位。如果又是阴爻"得阴位"，那当然好啦。它还可以与"五爻"相应——具有后台支持。你说它能不是"多誉"之美辞吗。

"四爻"如果是阴爻"得阴位"，就好。如果没能"得位"，反而"失位"就不好。因为它必定没有处在核心的"中位"上。而且离着五爻"君王"之位又近，伴君如伴虎，它怎么又能是不"多惧"之辞呢。

咱们这里是根据六爻卦中单个阴爻所处的位置来讲的。因为它们都是阴爻。就通过阴爻与阴爻各自所处的位置进行比较而言。可是在一个具体的卦里，其真正确切的好坏程度，还是要进行具体的综合分析，才可以确定。

《易传》还曰："三与五同功而异位。三多凶，五多功，贵贱之等也。其柔危，其刚胜邪？"

意思是说，"三爻"和"五爻"都是阳爻所应处的位置。虽然它们都是阳爻应处的位置，但是为什么"五爻"就好、就"多功"，而"三爻"就"多凶"呢？这是因为它们在卦中所处的位置不一样所决定的。

"三爻"是六爻卦下卦的最上位。从下卦本身之意来讲，它是表示事物发展到了最终阶段。即穷途末路的阶段。上卦与它"相应"的是谁呢？是上（六）爻。即它（三爻）所依靠的也是个处于穷途末路阶段者（六爻是上卦的最终阶段）。这就是叫天，天不灵。叫地，地不应的阶段。连自己（三爻）所依托依靠者（上六爻）都处于最坏的状态，这些负担还不又得搭在自己个儿身上。那能不"多凶"吗。不但没能帮它（三爻）解决凶险，反而只能带给它更多的凶险。

"五爻"就不同了。"五爻"得六爻卦上卦的中间核心位置——"得中位"。它又"得正"，又"得中"。而且又是"大中"、君王、至尊之位。所以，它是个最好的位置。那么它能不是"多功"之辞吗。如果，多功的"五爻"又与多誉的"二爻"相应。那就更有益了。

关键是"三爻"与"五爻"之位一定要是"阳爻"占据才好。如果是"阴爻"占据的话，可能就有危险和不吉利了。

"一爻"与"四爻"相应。

"一爻"在六爻卦下卦的最下位。表示一个事物刚刚产生、刚刚开始发展的阶段。是非常脆弱的。

"四爻"是六爻卦上卦的下爻，也是处于一种脆弱的阶段〔上卦的初爻，也是上卦（事物）刚刚产生、发展阶段〕。

这两个爻都是非常脆弱无力的爻。你说它们能不能合力干点什么？两个弱者在一起干事。你说干吧，它们决心又下不了；你说不干吧，它们又不甘心——还想干。犹犹豫豫的处在这么一种状态下。为什么？因为二者均为"初爻"的"潜龙勿用"状态。这也是处在幼稚时期——是不知道该怎么办的时候。

但是，"四爻"又靠近"君王"之位（五爻）。它是个"阴爻之位"。虽然它可以是阴爻得了"阴位"。占据了它应当占据的位置。但又与上面的阳爻（五爻）来说，又处在"承"的位置上。要烘托、帮助、支持"君王"。"伴君如伴虎"。"君王"在其头顶之上，直接指挥着它。让它干什么，它就得干什么。而且由于它是个阴爻，假如能与"五爻"相"比"时，还能相合。也就是说，"五爻"如果是"阳爻"就好了。这样"四爻"与"五爻"能阴阳相"亲比"——关系就能亲近、亲密一些了。

处在"四爻"位置上的人，一天到晚看着上面（上司、皇上、领导等）的眼色行事。谨小慎微、提心吊胆、紧张地过着日子。因为挨着（五爻）皇上（上司、领导、上层等）太近了。皇上最容易觉察到他（她）的一切言行。稍不留神，不知道怎么回事儿，就犯了"欺君之罪"。说斩就给斩了。斩完了，还不知道为啥给斩了的。下面下层人就没多大关系了。因为一般皇上往往也接触不到。

这"四爻"的位置离"五爻"君王之位可是太近了。而又离着阴爻应处的"二爻"、"六（上）爻"的位置太远了。不好联系求以支持。中间还隔着"三爻"和"五爻"——离"阳"爻又近。周围的环境受限止，且又不能自主自制。还要"承五""乘三"——既要给上面的"五爻"拍马屁，又要压制住下面的"三爻"。搞不好上面怪罪下来，下面的要求和意见"挤兑"上来，自己还会挨一顿板子。你说"四爻"能不"多惧"吗。

实际在我们的具体工作实践中，"中层干部"们（即三爻和四爻位置）往往也是最苦的。咱们大家中间有一些人也是属于"中层干部"之列。大家可以仔细地想一想，他（她）们（中层干部）上面有领导管着、压着，下面有基层人员和老百姓"挤兑"着，如果不能及时上行下达的话，其日子是很不好过的。这种社会现象的规律也是完全符合易卦中各爻所表述的哲理规律的。

以上讲的都是"爻位之象"的规律。在"爻位之象"里还讲到了：

一个六爻卦的上面两爻（五爻、上爻），可以表示为天或天上的事物；

最下面两爻（初爻、二爻），可以表示地或地以下的事物；

中间两爻（三爻、四爻），可以表示我们人或人类及其周围的事情。

《说卦传》中曰："立天之道曰阴与阳，立地之道曰柔与刚，立人之道曰仁与义。"

这说明易卦系统，可以把"天地人"三才统一在一个系统中来进行表述，而不是将人从自然科学领域的系统中孤立出来进行表述与研究。也就是说，易卦及其构成，可以对整个的宇宙事物及规律进行全部、整体、统一地表述。

接着《说卦传》又曰："兼三才而两之，故易六画而成卦。分阴分阳，迭用柔刚，故易六位而成章。"

这说明，易卦表述系统是根据天地人"三才"这种思想道理，用六个画的形式来组成的。"分阴分阳，迭用柔刚。"说明，卦画一会儿是表示阳刚的阳爻；一会儿又是表示阴柔的阴爻，它们互相的选摈起来组成一个六爻卦。"用"字，在这里说的是分析方法。用"柔性"或"刚性"（实际指的是阴爻或阳爻所代表的性质）性质进行比较、分析——分析整个卦的全部或局部内容。"故易六位而成章"。各个六个爻其不同的卦爻辞合在一起，组成了相当系统的易经"经文"。这些"经文"往往都是根据天地人"三才"这种表述系统分析而得来的。当然，这是一些儒家们的一种说法。

一个六爻卦，不仅是能表述以上这些规律，还可以表述任何一个事物的各个方面以及全部发展变化的过程。

例如：乾为天（☰）卦。

任何一个六爻卦，都是由上下两个"经卦"（三爻卦）重叠而组成的。

上面这个三爻卦，叫"上卦"；

下面这个三爻卦，叫"下卦"。

"上卦"可以表示一个事物的上半部或上部的事物。

"下卦"可以表示一个事物的下半部或下部的事物。

上下两个卦重叠，可以表示一个事物或事物（一个整体）的上下两部分。

"上卦"在传统易学中，又被称作"外卦"。

"下卦"在传统易学中，又被称作"内卦"。

由于事物是由下往上发展；由小到大发展；由内向外发展的。那么，一个表示事物的六爻卦，它的内外两个卦应该怎么来看其表述意义呢？

也就是说，一个六爻卦中：

上卦（"外卦"）可以表述一个事物的外部组成部分或组成外

部的事物。

下卦（"内卦"）可以表述一个事物的内部组成部分或组成内部的事物。

上下两个"经卦"重叠在一起，可以表示一个事物的内外两部分或内外的两部分事物。

还有的传统易学著作中，将一个六爻卦的上下卦看作是："外卦悔，内卦贞"。

也就是说：

"外卦"可以表示不好的事物或事物的不好的方面。

"内卦"可以表示好的事物或事物好的方面。

上下两卦重叠组成一个六爻卦。可以反映好坏两部分的事物和事物好坏的两个部分。

也就是说，如果处在一个卦的上卦位置上，表示其状态不好的话，则处在下卦位置上，就表示其状态好。因为在较广泛的传统易学者们认为，内卦是表示事物的本质，是起决定性作用的部分。外卦是表示事物的外部及其表征、表象的，是处于服从的地位。

我们平时讲："剥极必复""复极必剥""否极泰来""无平不陂""无陂不平""由表及里"等哲学思想，都是根据易学易卦中上下两卦的内涵意义所启示出来的结论。

这就是说，内外两卦合在一起，可以表述事物整体好坏的全部、全过程与内容。

在传统的易学著作中，还认为"外（上）卦往""内（下）卦来"。

"往"，指的是上卦可以表示"往"（"去""离"之意）。

即由六爻卦的下部往整个卦的上部方向发展；也就是由卦的内部向外部发展叫作"往"（"去""离开""发散""膨胀"之意）。

"来"，指的是下卦可以表示"来"。

即由六爻卦的上部往整个卦的下部方向发展；也就是由卦的外部向内部发展叫作"来"（"聚""缩"之意）。

就是说，出去，为"往"，回来，为"来"。

一个是向外膨胀；一个是向内收缩。

上下两卦重合，可以表示事物的往来状态和往来的事物。

由于"往"是向外去。越往外走就越远了。故上卦还可以表示事物的远处和远处的事物。

由于"来"是往近处来。越往里走就越近了。所以下卦可以表示事物的近处和近处的事物。

上下两卦组成的六爻卦，可以表示事物的远近部分和远近的不同或相同的事物。

由于上卦可以表示由内向外发展的趋势，我们从纵向上可以把它看成是表述一个向"前"发展运行的趋势。所以，上卦可以表示事物的"前"部或"前"部的事物。

由于下卦可以表示由外向内发展的趋势，我们从纵向上可以把它看成是表述一个向"后"发展运行的趋势。所以，下卦可以表示事物的"后"部或"后"部的事物。

上下两卦重之，可以表示一个事物的前后两部分或前后两部分的事物。

即一个六爻卦可以表示一个事物前后发展的全过程或前后发展的全部事物。

其实，上下两卦还可以表示一个事物的"左右"两部分。因为左为上、为阳；右为下、为阴。所以就会有以下的确定。

上卦表示事物的"左"部或"左"部的事物。

下卦表示事物的"右"部或"右"部的事物。

上下两卦重叠组成一个六爻卦。这个六爻卦可以表示一个事物的左右两部分或左右两部分的事物。

这可就是从横向上来表述事物的分布状态了。

内卦（下卦）当然是事物的主要矛盾（起决定作用的因素）。所以，在传统的一些易学著作中，在分析卦爻作用时，有些人往往要将其内卦作为"体"卦来看待。将其看做是事物的本质的、基础的部分。是事物主要的部分或主要部分的事物。

外卦（上卦）是在内卦的基础上发展而来的。所以，往往被看成是次要的。即事物次要的部分或次要部分的事物。并认为它是与主要部分相呼应的。因此，将其外卦定做"用"卦。

"体""用"二者相辅相承的呼应，构成事物的整体或全部的事物。

假若：内卦为低，则外卦就为高；内卦为始，则外卦就为终；内卦为暗，则外卦就为明；内卦为阴，则外卦就为阳等等。看到没有，"一阴一阳之谓道"。上下两卦可以表述一切事物的全部及全部事物的对应过程、状态等。

通过易学中的一个六爻卦，就可以从各个方面：上下、左右、内外、前后、往来、远近、好坏、主次等，就能将事物及其方方面面表述的清清楚楚的。无论从什么角度去表述，都很贴切准确。

只要你将这些"爻位"的关系规律搞清记熟，通过人的一言一行、一举一动等，你就都能对应起出卦来进行分析。从其卦中的上下、内外、左右、前后等的那么一分析，其规律马上就能知道了。"不动不占"嘛。只要能观察、捕捉到事物的任何的信息（无论信息量的多少、大小如何。因为易学思想认为应该"研几"吗。《易·系辞下》曰："几者，动之微，吉凶之先见者也。君子见几而作，不俟终日。"），都能找到与其对应的卦。"卦"有了，"卦象"也就有了。因为"卦象"是表述一定时间情况下的具体事物的，那么事物的具体情况也就清楚了。

总而言之，一个六爻卦可以反映事物从上到下的规律；从内到外的规律；从后到前的规律；从小到大的规律；从好到坏的规律；从近到远的规律……虽然，它只是一个六个爻的卦，可是卦中上下的这两个三个爻的"经卦"，可以表示任何状况下相对应的两个事物。即相辅相成的两个事物。而且可以从各个方位、角度、层次上进行表述。比如：从其南北、东西、前后、上下、左右、往来、远近等方面来表述。

平常我们讲："否极泰来""无平不陂""无陂不平""错综复杂""显微阐幽""见微知著""彰往察来"等语，都是由易学中的知识所启发来的辞。

其中，"错综复杂"讲的是易卦中的"错卦""综卦""复卦""杂卦"的四种易卦卦象变化构成的体系内涵。这些卦象变化所构成的体系如果组合在一起的话，这个系统将是一个非常庞大的"巨系统"。因而人们很容易地将易卦的变化搞乱了套，并且很难把握住易卦中的各种规律。所以，就感到"错综复杂"了。因此、必须把易学中的各种卦变规律搞清楚，并且能熟练掌握这些卦变规律，这才能保证做到把握住事物的本质规律。

　　比如，前面我们讲到了：一个六爻卦，其内部分为上下两个三爻卦。这两个三爻卦，可以表述内外的意思、贞悔的意思等。

　　下面举个例子说明。

　　例如：地天泰（䷊）卦。

　　地天泰（䷊）卦有稳如泰山、非常稳定、通畅或渠道通畅之意。

　　其卦中，重的、实的［阳刚之阳爻和乾（☰）卦］事物都在下头（下面是三个阳爻）；轻的、虚的［阴柔之阴爻和坤（☷）卦］事物都在上头（上面是三个阴爻）。这种构成上轻下重，这是不是一个很稳定的结构状态呀。

　　还有一种卦的结构状态是与"泰"（䷊）卦的结构状态相反的。

　　即：天地否（䷋）卦。

　　天地否（䷋）卦有痞塞不通、阻塞不通之意。

　　在中医学中称其对应症状为"痞症"。人如果出现这个对应卦时，肯定此人易患有"痞症"。消化系统不好、有积食、积水、积寒、积热、腹部胀气等现象出现。它的构成是重的、实的（阳爻表示刚性）事物在上头（上面三个爻都是阳爻）；轻的、虚的（阴爻表示柔性）事物都在下头（下面三个爻都是阴爻）。重的在上、虚的在下——一种头重脚轻状态。这是一种很不稳定的结构状态，是一种站不住脚、不稳定的状态。

　　其中，乾（☰）为天、为大；坤（☷）为地、为小。

　　"否"（䷋）卦是上大下小，这怎么能稳定。

　　而"泰"（䷊）卦是上小下大，这才能稳定。

　　地天泰（䷊）卦，其《象》曰："内阳而外阴""内健而外顺""内君子而外小人""小往大来"。

如果从整体上来解释这一卦的卦意时，按易学《象传》的要求，应该完全用（三个爻的）卦象来解释才对。前面我们讲到六爻卦中，上下两个三爻"经卦"在易学卦象性质规律中，可以表示一个事物的内外和往来状况。这在《易传》及"经文"中，可以找到根据。易学中也运用了这类性质。

以上"泰"（䷊）卦《象辞》中的"内阳而外阴"指的是：

地天泰（䷊）卦中，下卦，即内卦，是纯阳"刚"之性的乾（☰）卦。其三个爻都是表示阳"刚"之性的阳爻。上卦，即外卦，是纯阴"柔"之性的坤（☷）卦。其三个爻都是表示阴"柔"之性的阴爻。二者合观，故曰："内阳而外阴"。

"内健而外顺"指的是：

地天泰（䷊）卦中，其下卦（内卦）为乾（☰）卦。有"乾者，健也"之意。而上卦（外卦）为坤（☷）卦。有"坤者，顺也"之意。二者合曰："内健而外顺"。

"内君子而外小人"是指：

下卦（内卦）为乾（☰）卦。"乾为君子"之意。上卦（外卦）是坤（☷）卦。"坤为小人"之意。故曰："内君子而外小人"。

乾（☰）为君王、君子。坤（☷）为众、为老百姓。老百姓与君王相比较，当然是"小人"了。《易经》中，不一定"小人"指的都是坏人。看"小人"是与谁或什么相比了。大官与老百姓相比，大官叫"君子"，老百姓叫"小人"。"小人"物为坤（☷）卦。"坤者众也"。群众中绝大多数人都不是坏人。坏人只是个别的人。这个意思一定要明白。不要一看到卦爻辞中有"小人"之辞，就认为都是坏人。不过就此卦来说，的确存在着是谁指挥谁，谁服从谁的问题。这是从社会的分工和等级制度上来说的。

"小往大来"指的是：

在地天泰（☷☰）卦中，下卦为乾（☰）卦。"乾为天"。上卦为坤（☷）卦。"坤为地"。天与地相比，整个的天（宇宙）比地（地球）要大。"坤小"在上卦表示"往外"去，故曰："小往"。乾为天、为大。其在下卦，表示"往里"来。故曰："大来"。上下卦合起来分析，因此说："小往大来"。意思是说，如果按着"泰"（☷☰）卦的这种思路来处理事物的时候，就会花很少的力气就可以得到很大的收益。

"泰"（☷☰）卦还有一种意思就是通畅、畅通之意。

从内功的修炼来说，如果想要"通周天"的话，就必须按"泰"（☷☰）卦的规律——阳气（清气）在下，阴气（浊气）在上才行。按着这种自然规律的分布，阳气（清气）轻轻，自然会上升；阴气（浊气）重浊，自然会下降。按易学"消息卦"的更替过程也是如此。阳气（阳爻）在下时，自然它就会由下往上的去更替阴气（阴爻）；阴气（阴爻）自然它就会由上往下来更替阳气（阳爻）。所以你就用不着费事了。也不用费力气去"以意领气"了。"气"自己就会按照自然的规律运行起来。你想想，你身体的下部充满了阳气。阳气慢慢地往上来，越攒越多……最后你就成了"纯阳之体"了〔由地天泰（☷☰）卦变到雷天大壮（☳☰）卦；再由雷天大壮（☳☰）卦变为泽天夬（☱☰）卦；又由泽天夬（☱☰）卦变为乾为天（☰☰）卦。乾为天（☰☰）卦就是个"纯阳"之卦〕。

"泰"（☷☰）卦反过来是天地否（☰☷）卦。

天地否（䷋）卦有否塞不通、阻塞不通之意。

如果，想利用天地否（䷋）卦这种状态来"通周天"的话，是根本不可能通得了的。

下面咱们来看看"否"（䷋）卦的《象》辞是怎么说明"否"卦的特点的。

天地否（䷋）卦，其《象传》曰："大往小来，内阴而外阳，内柔而外刚，内小人而外君子。"《象传》还曰："天地不交而万物不通。"即使说，天地之间的各种联络与关系，是相互间形成了不能交往，交互流通的"阻塞不通也"，"痞塞不通"的状态与局面。

天地否（䷋）卦中，上卦（外卦）是乾（☰）卦。下卦（内卦）是坤（☷）卦。按"先天八卦"之序数，乾（☰）为1，坤（☷）为8。乾卦在前（上卦）为"体"、为数之高位数。坤卦在后（下卦）为"用"、为数之个（低）位数。如果说按"上古之人，其知道者，法于阴阳，合于数术。"再按易学"同声相应，同气相求"的原则和思想以及我的"数对应于卦，卦对应于场，场对应于象，象对应于信息，信息对应于数"的原则，将其"通周天"的费用18元之数变成相应的卦。其卦为：上卦是乾（☰）卦（为1），下卦是坤（☷）卦（为8）的天地否（䷋）卦。天地否（䷋）卦为"阻塞不通也"。那怎么能通得了"周天"呢。易学讲的就是抓住事物的先"兆"（兆头、苗头、起始状态"外应"、事物发展之"几"），来判断、顺应和控制事物的发展趋势的。"不动不占"吗。所以，一个"通周天"的事物的全部规律和结果，通过其收费的标准就被全部地揭示出来了。

下面等我们学会了如何得卦以后，就会更清楚了。所有的得卦方法往往都与数学、数理和数字有关。

再回到天地否（☷☰）卦上来讨论其特点。

"内阴而外阳"指的是：

天地否（☷☰）卦中，其下卦（内卦）是表示阴柔事物的三个阴爻所组成的坤（☷）卦。坤（☷）卦是"纯阴"性之卦。故曰："内阴。"上卦（外卦）是表示阳刚事物的三个阳爻所组成的乾（☰）卦。乾（☰）卦是"纯阳"性之卦。故曰："外阳。"二者合而言之，曰："内阴而外阳。"

"内柔而外刚"指的是：

"否"（☷☰）卦中，其下卦（内卦）是纯阴"柔"性质的坤（☷）卦。"坤为柔顺"；上卦（外卦）是纯阳"刚"性质的乾（☰）卦。"乾为刚健。"所以说："内柔而外刚。"

"内小人而外君子"是指：

天地否（☷☰）卦中，其下卦（内卦）是坤（☷）卦。"坤为小人"；上卦（外卦）是乾（☰）卦。"乾为君子"。故而曰："内小人而外君子"。

此句之意是：一个人表面（外面）装的像个观冕堂皇的"君子"一样，实际内心深处及骨子里却是个一肚子坏水的"小人"。所以大家要提防着点这种装模作样的人。这种人是永远站不住脚的。因为他（她）们是头（上卦）重（乾刚重）脚（下卦）轻（坤为轻柔）根底浅，早晚是要倒台的。这里讲的是他（她）们的发展变化。阴越多、越重，人也越"阴"越坏。最后成为一堆臭肉了。遭千人指、万人骂。这是由于阴爻来更替阳爻（"消息卦"）所造成的结果［由天地否（☷☰）卦变为风地观（☴☷）卦；由风地观（☴☷）卦变成山地剥（☶☷）卦；再由山地剥（☶☷）卦最后变成重阴的坤为地（☷）卦。坤（☷）为地、为肉、为众。肉入地下变成腐肉。乾（☰）为万。坤为众］。

"大往小来"指的是：

"否"（䷌）卦中，上卦（外卦）为"往"。即上卦的乾（☰）卦是"往"卦。乾为天、为大。下卦（内卦）为"来"。即下卦的坤（☷）卦是"来"卦。且坤为地、为小。上下两卦合参，曰："大往小来。"

这说明是支出的多，收入的少。往外（上卦）是大的、好的（乾为大、为好）都出去了；往里（下卦）是小的、坏的都弄进来了。花了很大的气力才有很小的收获。既然如此，那还非要费什么劲去折腾呢。

天地否（䷌）卦中，"地"［坤（☷）卦］在下面；"天"［乾（☰）卦］在上面。真是上天无路，入地无门。这种状态可就不利了。自然界中，就我们地球上的人来说，天（乾）本来就在我们的上面。而地（坤）本来就在我们的下头。两者的自然关系位置就是这种固定的状态［天地否（䷌）卦］。如果要使天地上下运动起来，除非能让它们的位置颠倒过来。《易》曰："只在其中颠倒颠"吗。将"否"（䷌）卦颠倒过去就是地天泰（䷊）卦。由于"天"要在上，"地"要在下才能符合自然规律。所以，它们自动就会颠倒过来，又成了天地否（䷌）卦了。

这种规律就像修炼中平常提到的"既济"（䷾）卦中的"炼精化气"一样。

其中，火［离（☲）卦］是热的。热空气上升。热是往上运行的。水［坎（☵）卦］往低处流。二者怎么才能达到（气化状态的）既济呢？那只有将"肾水"［坎（☵）卦］调到上面来，

"心火"［离（☲）卦］调到下面去。上面是水（坎），下面是火（离）。水往火上泼，才能产生既济［水火既济（䷾）卦］的气化状态。

如果，上面火盆里着一团火，下面盛的是一盆水。想让它们自然地"既济"——产生气化，是不可能的。因为火是往上炎的，水是往下流的。二者的运行是越离越远的。如何能交融（既济）。唯一的办法是，把上面的火盆拿到下面来，把下面的水盆端上去，把水往火盆上一浇，这样才能产生气化。所谓"道家"修炼中的"抽坎添离"（"水火既济"）、"后天转先天"，就是这个道理。

所以，在修炼时，只要能把"肾水"［坎（☵）卦］调上去，再把"心火"［离（☲）卦］调下来。你也不用管它如何运行，它自己就可以产生交融了。此过程中，"肾水"（坎）往下流，"心火"（离）热气往上走时，自然二者就会发生交会。交会就会产生气化。"炼精化气"，就这样产生了"气化"。

所以明白了易学的道理以后，修炼中的"炼精化气"的内涵也就很容易明白了。为什么要把"肾水"调上去？把"心火"调下来？因为上下两个卦可以表示不同的意思、不同的内涵内容。同时二者可以表示一对相辅相成的事物。这些规律在前面讲上卦、下卦、内卦、外卦、悔卦、贞卦等内容时，都已经讲过了。当然，这些辞语及内容，在研学易学思想的过程中，还会不断地碰到。如：贞、悔；往、来等。《象》辞中，一般都是用这些卦的（大象）性质来解释卦的内涵内容的。

下面小结一下前面这一节中讲到的主要内容。

在《易经》64 卦中，其任何一个卦都是由六个爻组成的。"其初难知，其上易知。本末也。"这是《易·系辞》中的原话。

《系辞传》是介绍易学的世界观、方法论及为什么要创立易学系统的。同时还举例说明了易学的这些世界观、方法论在《易经》中的某些应用。在《系辞上》与《系辞下》章节中，还介绍了一些"卦象"、"爻象"的特点和性质。

"其初难知"的意思咱们前面已经讲过了。说的是一个事物刚刚产生和发展的时候，它的发展方向及将来到底能发展成怎么个状态，都是不清楚的。所以，此时是很难知道和断定它将来会是个什么样及什么样的结局。因而，乾为天（☰）卦的初（一）爻的爻辞才是"潜龙勿用"。为什么这种"潜龙"不能也没用呢？因为既使给它创造各种各样的环境和条件来解释，也很难说清楚它的归宿与归结问题。

"其上易知"的意思是说，上爻的爻辞内容是容易清楚明白和知道的。也是比较容易明确地下断语的。因为前者（初爻）是"本"。是开始发展的基点和事物的本质。而后者（上爻）则是"末"。是事物发展到了最后的阶段。整个事物的发展全过程都清楚了。因此，上（六）爻的爻辞往往都是些非常肯定的辞语。

当讲到"降本流末"时，是为了告诉我们：要想寻求事物的本源时，从卦的上部顺次往下找，就能找到事物的本源。要想寻找和推导事物将来的发展趋势和结果时，就由卦的下部顺次往上找或推导。

"数往者顺，知来者逆。"

《系辞》中这句辞是怎么来的？其意思是什么？

其意思就是说，要知道将来的事，就要"顺"着卦爻的排列，由下往上"顺次"找。要想知道事物的过去，就得"逆着"卦爻的排列顺序，由上"逆着"往下顺次找，就找到其过去及本源、本根了。

实际上，说到底这也是反映了一个六爻卦中，其最下和最上两个爻之间的规律。这个规律就是，它们二者之间所确定的是一个事物或事物的范围、系统、范畴、层次、角度、方位、区间和空间与空间界限。

这里六十四卦中，还有个二爻和四爻的性质和特点的问题。

《易传》曰："二与四，同功而异位，其善不同。"

"二爻"和"四爻"都是表示阴性事物的阴爻所应当处的位置。

"二多誉，四多惧，近也。柔之为道，不利远者，其要无咎，其用柔中也。"

这些辞句里面讲的都是二爻和四爻的特点、性质及好坏是怎么来进行判断的。"二爻"和"四爻"具有相同的功能及作用。因为它们都是阴爻所处的位置。都是"阴位"。有同样的功能特点。但"其善不同"。"善"是好坏的意思。此句说的是，"二爻"与"四爻"用来表述同一或不同事物的好坏的程度是不一样的。

怎么个不一样法呢？

下面来论述。

"二多誉"说的是，《易经》的六十四卦中，各卦的二爻的"爻辞"或处于"二爻"的位置上，多有荣誉、多有赞誉之美。

"四多惧"说的是，《易经》里的六十四卦中，"四爻"的"爻辞"或者处于"四爻"的位置上，往往是恐惧、疑惑、迷惑、疑虑、犹豫不决或处于提心吊胆的状态下。这是"四爻"总的特性状态。

"近也"其说的是"四爻"与"五爻"——"王位""尊位""尊王之位"挨的很近。因四爻处于"多惧"之位，一天到晚要提心吊胆的过日子。由于"君王"很容易看到它的事非或好坏，随便一句得不得当的什么话，就能把你给"灭"了。所以，"近也"是指"四爻"相对"五爻"来说是距离太近了。跟上面（上层）接触的太多了，会给他人造成威胁感。因此也就很容易被有心者看成眼中钉，肉中刺。那自己的处境（位置）可就太危险了。

"柔之为道，不利远者。"

意思是说，阴爻（又称"阴柔"）位置的好坏，是不利于离二爻位置远的阴爻的。

阴"爻"在卦中是由卦的上面向下面聚集（收缩）为好。以"二爻"为核心，为最好。

阳"爻"是从卦的下面向上发展（伸展、发散），以"五爻"为尊、为好。

阳爻离初（一）爻越远越好。

阴爻距初始点越近越好。

阴爻离"二爻"越远越不利、越不好。在"二爻"位置时，是"多誉"状态。到了"四爻"位置时，是"多惧"状态。最后发展到了"上（六）爻"位置时，成了"亢龙有悔"——成了向其相反方面发展，走向消亡的状态。

为什么此"上六爻"在汉朝时，被一些易学家称之谓"宗庙"呢？

就是因为我国传统文化中孝敬、尊崇老祖宗的传统习惯所决定的。即使是"飞龙在天"的皇上，也要拜祭祖宗的。虽然"祖宗们"是没有什么大能量直接影响社会的已经过时的老前辈，或是已经死亡了的人物，但是他（她）们是具有一定的凝聚力的。因为它是处在六爻位置上。由于阴爻离"二爻"的位置越远越不好。所以《易传》中才有"柔之为道，不利远者，其要无咎，其用柔中也"之语。也就是说，阴爻表示的好坏之意的程度，取决于阴爻与"二爻"之间的距离——离"二爻"位置越近越好。最好就在"二爻"的位置上——"其用柔中"吗。

"其要无咎"之意是说，阴爻最重要的表述意义是不要有什么过错。也就是说，阴爻与阳爻相比都不是特别好的爻。因此，只要是阴爻得阴位就好。就是说，主要能够保证没有什么大的过失和过错；或者有了过错，马上就能改过就行了。所以，当处在这些阴爻的位置上时，从处事哲学上讲，自己也要不断地反省自己的所做所为。不断地改正自己的错误或少犯错误，乃至尽量不犯错误。即使是犯了点小错误，也要能够马上改正过来。这是很重要的——"其要无咎"。

"其用柔中"一句告诉我们阴爻在运用过程中，如果想达到真正好的目的的话，必须（阴爻）"柔"得"中位"才行。这几个阴爻之中，最重要的就是"二爻"独居"柔中"。

以上主要介绍的是"二爻"与"四爻"（包括部分六爻）的特点及性质。

下面分析《易传》中"则非其中爻不备"所讲的内涵：即六爻卦中间四个爻和三、四两爻以及二、五两爻的特点。

为什么要讲这些特点？

《易·系辞》中曰："若夫杂物撰德，辨是与非，则非其中爻不备。"

这是讲，要想看透一个复杂的事物，找到它本源的、本质的特点、规律以及共同、共通的特性规律，并且通过这些本质的规律性鉴别它们性质的好坏的时候，就必须不能忽视了分析研究各类"中爻"的作用。

所谓"中爻"，我认为在六个爻组成的卦里面存有三种情况（状态）是主要的思路。

一种情况（状态）是指六爻卦体中，中间的那两个爻。即三爻和四爻。这是必须要注意的。

再一种情况（状态）是指六爻卦体中，上卦的"中位"。即第五爻。下卦的"中位"。即第二爻。

还有一种情况（状态）是指六爻卦体中，除了最下及最上面的"本末"（初、上）两爻外，中间的那四个爻（二、三、四、五爻）。

这三种情况（状态）是有很大区别的。必须将它们的差异及特点分别搞清楚。

为什么？

因为表面上看，一个六爻的卦体，是由上面一个三爻卦（"经卦"）和下面一个三爻卦（"经卦"）重叠而成。实际上，这六个爻之中，任何的三个爻都能组成一个"经卦"（包括"包卦"状态）。因此一般来讲，任何一个六爻的卦体，都是由四个相互之间有共用爻的三个爻的"经卦"组成（不包括"包卦"状态）。

二爻是下卦（一至三爻）的"中位"。

三爻是紧接其上第二个三爻卦（二至四爻）的"中位"。

四爻是紧接第二卦之上的第三个三爻卦（三至五爻）的"中位"。

五爻是上卦（四至六爻）的"中位"。

从上面的"中位"的分布可以认为：

一个意思是，二、三、四、五爻是"则非其中爻不备"所指的"中爻"。

还有一个意思就是，三、四两爻是"则非其中爻不备"所指的"中爻"。

因为从"卦变"的规律上讲，这两个爻的阴阳搭配变化是非常重要的。经过两次连续的"连互"（下面会讲到这种变化规律）之后，最后形成的不是乾为天（☰）卦，就是坤为地（☷）卦；要么就是水火既济（䷾）卦，或者是火水未济（䷿）卦。因为所有的"连互"卦，经过两次"连互"之后，再"互"下去，也就只能行成这四个（基本）卦了。也就是我们平常所说的"再一，再二，不再三"所反映的规律性。因此，易学的许多著作中，把乾为天（☰）卦、坤为地（☷）卦、水火既济（䷾）卦和火水未济（䷿）卦这四个六爻卦，称作易卦的"四个基本卦"。

因此，《周易》六十四卦的卦序排序中，以"乾""坤"两卦开始，以"既济""未济"两卦做为结束。

而"先天八卦分布图"以乾坤两卦为"天地定位"。

"后天八卦分布图"以坎离两卦为定位的基础。

从它们各自的本质特性上及内部结构规律上讲，都有它们各自的变化。这种变化后面再讲。

为什么要讲中间这四个爻（二至五爻）的特点及"互卦""连互""半象"等特性呢？其原因就是，《易经》及"易传"中讲"中爻"是很重要的——"则非其中爻不备"。如果想寻找任何事物的本质性的规律；想找到和辨别事物的真相与是非，就必须通过"中爻"之间的关系、状态进行分析，才能得到正确的结论。

下面咱们就按易学的思想进行摸索及探求"中爻"的规律与特点。

前面讲了二、四爻的一些规律、特点。现在讲讲三、五爻的规律及性质、特点。

《系辞》中讲："三与五同功而异位。三多凶，五多功，贵贱之等也。其柔危，其刚胜邪。"

这是说，"三爻"和"五爻"，它们都是阳爻应该在的"阳'刚'之位"。虽然如此，可是它们各自所处的位置却不一样。

为什么说"三爻多凶"呢？

从其相互互"应"的关系上来讲。

由于"三爻"与"上（六）爻"相应。且"三爻"与"上（六）爻"都是三个爻的"经卦"的最上面的一个爻。都是反映了一个事物或事物发展到了穷途末路的时候。"三爻"找上爻来呼应，借以达到有支持之力。可是"上爻"也是处在自身难保的穷途末路阶段，根本无力支援"三爻"。因此，"三爻"还是没有什么出路。所以说："三爻多凶"。

为什么说"五爻多功"呢？

阳爻性质的好坏，是以一、三、五爻的顺序往外、往上发展，达到"五爻"的位置上为最大、最好。"五爻"的位置是整个六爻卦的上卦的"中位"。当下卦为"经卦"乾（☰）卦时，它又是"大中"之位——就如同是所有上层人物中间的核心人物。也就理所当然的是"君王之位"。这当然好了。

与"五爻"相"应"的是其下面下卦中的第二爻。即"多誉"之爻。"二爻"的特性是吸引所有的阴性事物往下聚。阴柔事物之性的能量，都汇聚到"二爻"这个位置上。阴柔爻得此位当然是最好的了。

由于"五爻"与"二爻"相应，"二爻"又处在下卦的"中位"——核心位置，且有可能即"得中"又"得正"。"五爻"能与这样的爻相"应"，那当然是求之不得的。

"五爻"又"据"在"四爻""阴位"之上——又具有支持、支撑者。其环境就更加的不错了。

因此说，"五爻"的位置自然是个非常好的位置。所以，通观《易经》中第五爻的"爻辞"，虽然或有一些其他不同的内容，但是往往都是一些成功、立业之类的好的爻辞特别多。因为是"贵"之"等"也。"五爻"为"尊贵"之级别。而其下面的"三爻"，为低"贱"之"等"也。即低"贱"之级别。说明"三爻"和"五爻"，由于其所处的位置不同，反映了它们是不同的级别（处在不同的等级位置上）和不同的状态类型。

"其柔危"说的是假若"三爻"和"五爻"成了柔弱者的位置，即阴爻占据了这个位置，那就表示是一种危险、危机、危难的状态。比如：像历史上的武则天、慈禧太后占据了这些位置时，男人们就得受点累吃点苦了。因为古时候的人们认为"男尊女卑"是天经地义的正常规律。"男卑女尊"则就被认为是不正常的、危险的和不应该的。所以说，他（她）们认为，假若"三爻"和"五爻"被阴（"柔"）爻所占据，其状况就不好了。

"其刚胜邪"指的是，只有是刚健的"阳"性事物（阳爻）占据此位置，才能胜任此位置的需要（条件）。因此从整个的卦爻分布上说，"三爻"和"五爻"这个位置，应该是阳（"刚"）爻占据这些位置才能战胜任何邪恶的干扰。假如，阴的"柔"弱者占据了这个位置，就不利了。如果，是阳（"刚"）性的事物（阳爻）占据了"三爻"这个位置，还好点。如果，此时上面的"上（六）爻"是个阴爻，"三爻"还能得到相应的支持。故而还能缓解一些等级位置的不利因素。假若，"三爻"的位置是被阴爻所占据。情况就更坏了。这种状况是既"不当位"又不坚强。就更危险、更不利了。

上面讲述的是"中爻"中的"三爻"和"五爻"的一些关系与性质特点。我们在将来研学、分析易学的卦、爻之象时；这些概念在指导以"爻象"解卦或分析卦象时，"爻位之象"的性质、特点是经常要使用到的。

如果在三个爻组成的卦里边，其"中爻"，就是指其卦中中间的那一个爻而言的。

实际上，大家读《易经》时，应该先学习掌握"十翼"（"易传"）的内容。"十翼"会告诉并指导你怎么样来鉴别卦、分析卦、以及卦爻之间有什么性质、有什么特点等。通过学习、研究、分析"十翼"的各项内容，在世界观、思想、方法论上，打个好的哲学基础。并通过对这些易学基础知识的了解和掌握，把卦、爻的性质及经文中的字、辞、句、章等内容联系起来搞清楚。

根据"则非其中爻不备"的观点来看，古代易学者们对"中爻"的分析是非常重视的。并且对"中爻"的结构、变化规律、特点等也是非常重视的。这也说明，任何一个事物都是由简单到复杂、由中间（内部、中心）向外部（四外）发展变化的。

下面探讨一下由"非其中爻不备"思想衍化出来的"互体之象"的性质与特点。

第六节　互体之象

"互体之象"在传统易学内涵中，一般是指一个六爻卦体中，二、三、四爻和三、四、五爻形成的组合（集合）卦体。又称作"互体""互象""互卦"等。"京氏"（京房）及台湾的某些易著中，称其为"约象"（即省略以后的大约之象）。

在一些易学著作中，许多易学者对"互卦"的定义和作用，都有所论述。

比如《京氏易传》曰："会于中，而以四为用。一卦备四卦者，谓之互。"

崔子元曰："中四爻，杂合所主之事，撰集所陈之德，能辨其是非，备在中四爻也。"

有的书中认为，把六爻卦中，初（一）爻和上（六）爻去掉后，剩下来的四个爻所组成的卦象叫做"互体之象"。

语言辞句虽不同，但实际上，都是一个意思。

比如，以乾为天（☰）卦为例。

前面咱们讲过，一个六爻的卦体中，实际是由四个相互之间有公用爻的三爻卦（"经卦"）所组成。这个概念在分析卦时，是很重要的结构、状态依据。表面上（从总体上）看，一个六爻卦体是由六个上下排列的爻或上下两个三爻卦（"经卦"）重叠而成的。其实，它反映出的也是四个互有共用爻的三爻卦的组合状态。而且是表示了三组互为"互体"的卦。

现在我把古人的"互体之象"的"互卦"概念给延伸和发挥了。即我们是将一个六爻卦中的任何四个以上的爻组成的卦体都看做是"互卦"——而不仅仅是把其中间的四个爻组成的卦体称作"互卦"。由于四个爻组成的卦体,可以分为上下两个三爻卦("经卦")部分。而其上卦的下两爻与下卦的上两爻是共用的"公共爻"。因此,我把只要有一个以上"共用爻"的连合卦体,都称作是"互体之象"。即"互卦"。也就是说,任何两个以上且有"共用爻"的三爻卦之间,都可以看做是"互体之象"(包括五个爻的"互体之象"。五个爻的"互体",是由三个三爻卦组成。相邻两个三爻卦之间,有两个共用爻;三个三爻卦之间,有一个共用爻。即中间的那一爻。)只要是以上类型组成的(连合)集合卦体,都可以做为"互体"看待。

根据"非其中爻不备"的原理,原来只是将六爻卦体中,中间的四个爻作为"互体"来看待。如果再将其"本末"(初上)两爻加上,这样"互体"系统就更大,内涵的内容就更多、更丰富了。为了能适应当今与今后社会和科学的需要,咱们把"互体"的范畴必须进行发展才行,不要拘泥于原来传统易学中,只在中间的四个爻上做文章。

上面我讲了,一般情况下,从一个六爻卦体上下的中间位置,将其上下分开。上面的这个三爻("经卦")卦叫"上卦"。下面的这个三爻("经卦")卦叫"下卦"。可以表示任何一个事物上下两个部分或上下两部分事物。上下两卦(三爻卦)共同组成一个完整的事物或事物群体(集合体)乃至全部事物。

通常情况下,上卦又称作"外卦",下卦又叫做"内卦"。内外两卦可以表示一个事物的内外两部分或者是内外两部分的事物（当然不在乎事物数量的多少以及比例关系如何）。内外两卦组成一个完整的事物或事物的集合体（群体）。

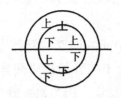

上下、内外分布图

其中，初、二、三爻组成的卦，叫"下卦"或"内卦"。四、五、上（六）爻组成的卦，叫"上卦"或"外卦"。也很容易按前面的上下、内外卦分部的原则，来分析出它们所表示的事物的上下、内外部分的内涵。

可是中间部分的这四个爻的结构分布状态是如何反映事物的上下、内外部分的？即二、三、四爻组成的卦及三、四、五爻组成的卦，哪个又是上下、内外之卦呢？

按一般事物及卦的分布定位关系来说，往往上部分就表示事物的上部或上部的事物；下部就表示事物的下部或下部的事物。因此，由于二、三、四爻组成的卦在下面，所以它是"下卦"。表示事物的下部或下部的事物。三、四、五爻组成的卦在上面，所以它是"上卦"。表示事物的上部或上部的事物。

二、三、四爻组成的卦与三、四、五爻组成的卦，也按易卦的常规分布结构原则来确定其内外卦的分布。即二、三、四爻组成的卦为"内卦"——表示事物的内部或内部的事物。三、四、五爻组成的卦是"外卦"——表示事物的外部或外部的事物。

如果，将一个六爻卦体，看做是一个事物的整体或整体的事物。且事物往往又都是由中心向四外发展变化的。

因此，古人将上下两爻（我还把上下两个卦）看成是一个事物的外部或现在的事物状态。所以，它们在爻辞中，才会反映出有"郊野"之类的意义。

由于将六爻卦体中间的四爻"互体"看做是事物将来发展变化的趋势，因此，六十四卦的最后两卦才是"既济"（䷾）和"未济"（䷿）两卦作为结束。因为水火既济（䷾）卦的中间四爻"互"为未济（䷿）卦。表示现在虽然是成功或达到目的了（既济状态），可是事物并没有到此完结——还要继续发展变化（未济状态）。而六十四卦的最后一卦就是火水未济（䷿）卦。正与排行六十三卦的水火既济（䷾）卦中间四爻组成的未济（䷿）卦一致。而火水未济（䷿）卦中间的四爻"互"为既济（䷾）卦。表示虽然事物现在还没有成功或达到目的，可是事物内部已经包含着成功及达到目的的因素了。

这样看来，从六爻卦的整体来看，我认为中间四个爻组成的"互体"（即二、三、四爻和三、四、五爻组成的联合卦体），就应该全都同时看做是事物的内部或内部的事物。而初（一）、二、三爻和四、五、上（六）爻组成的卦，就都同时被看做是事物的外部或外部的事物。

如此整体来看，初至四爻的"互体"中，初（一）、二、三爻组成的卦（三个爻），就是"外"卦。其表示事物的外部或外部的事物。而二、三、四爻组成的卦，就是内卦。表示事物的内部或内部的事物。

而三至上（六）爻的"互体"中，三、四、五爻组成的卦，就是"内"卦。其表示事物的内部及内部的事物。四、五、上

（六）爻组成的卦，就是"外"卦。其表示事物的外部或外部的事物。

总之，由于分析及表述事物的目的及条件、环境的不同，其表述方法及意义也不同。表面上看，好像就是上下两卦的表述关系。实际上，"上"卦是由"上"卦与"下"卦一点点的共性（共用爻）联系组成的。而"下"卦是由"下"卦与"上"卦一点点的共性（共用爻）联系组成的。这样就把上下卦之间的联系沟通起来。分析起卦象来思路也就会更清晰。否则，就只是看到两个三爻的单卦，好像它们只是对立的、不一样的、孤立的各自存在。事实上，它们之间所表述的任何事物都有个联系及过渡过程，并且都不是孤立存在的。通过各事物间的联系及过渡过程，就将它们融合在一起了。使双方逐渐地向对方渗透。就如同化学反应中的腐蚀过程一样。慢慢地腐蚀，逐渐地一点一点地侵蚀渗透进去。这在处事哲学上叫"求同存异"。也是一种求稳定平衡的方法之一。

换个方式来看。即由内（六爻卦的中间位置）向外（六爻卦的上下两个方向上）来看。

把六爻卦体中，以上下卦的中间（三、四爻之间），做为事物及一个整体六爻卦的发展中心。事物由小到大、由中心向周围——由内向外发展变化，可以不可以？当然可以！因为任何客观事物都是这样发展变化的。我们以三、四两爻的中间，为起始点，由四、五、上（六）爻顺序和三、二、初（一）爻的顺序向外发展。即由近（三和四爻）向远处（初和上爻）发展。这种分析事物的方法，在《易经》中也有所使用。比如，往往某些卦的初爻和上爻的爻辞中，将它们所处的初、上两爻的位置的意思称为"邻国"。即为相邻的国家——出了国了。有的卦中，初、上两爻的爻辞为"郊野"或"郊"、"野"之说。说明到了郊区野外了。已不是市中心或眼跟前的事了。这些例子充分的说明，易学思维中，有以三、四两爻的中间位置为核心往外发展、发散的概念。这种思想概念千万不要与以"上卦"为外，"下卦"为内的思想方法搞混淆了。这也说明了，由易学思想方法来看同样一个事物，可从两种角度、两种侧面、两种方法来看待。

我们前面讲的这些内、外卦可以表示一个事物或事物的内外的方法，在观察、分析、研究事物时，既可以从竖向、横向等某一个方向上去看；也可以从局部上去看；还可以从描述整体的全局去看。只不过在运用这些方法去观察、分析、研究事物时，其着眼点是有区别的。前面我们主要是强调从整体的内外概念来看待事物的方法。因为这种思维方式在传统的易学及易学研究中，往往没有引起易学及易学研究者们的注意。故而我们这里要着重强调一下这种表述方法。

我画两个以同心圆为表述的图，用来统一解释各种上下、内外表述方法的差异。

首先，我们将这两个同心圆从中间过其圆心画一条横线，将两圆都分成上下均等的两个部分。借以表示一个六爻卦，从其三、四爻的中间分成上下两部分。

上半圆代表六爻卦的上半部分，下半圆表示六爻卦的下半部分。

内外分布图

假如，从六爻卦的组合整体来讲：

上面这一半圆（B），看做是事物的外部或外部的事物（上卦）的话，那么，下面的下半圆（A），可以看做是事物的内部或内部的事物（下卦）。由于任何事物都不可能是孤立存在的，都是互相关联着的。即在大圆的内部还含有一个分成上下两部分的小圆。这个小圆从整体上来讲，可以表示是一个事物的内部或内部的事物。小圆之外与大圆之间大出来的这个圈带，就表示是与小圆同一个事物的外部或外部的事物。

小圆也被分成了上下两个部分。即 2、3 这两部分。

对于上面 B 中的这两个部分（卦）——即 3 和 4 来讲，这个 3 代表上半部 B（"互卦"）中的内部。而 4 表示上半部 B（"互卦"）中的外部。

对于下面 A 中的这两个部分（卦）——即 1 和 2 来讲，这个 2 表示下半部 A（"互卦"）中的内部。而 1 表示下半部 A（"互卦"）中的外部。

1、2、3、4 四个部分，就等于是一个六爻卦中的互相联系着的四个（"经卦"）卦。这种表述方法，是不是表述的是由中间向外发展、扩张的一种概念。

以上是从内外的概念来分析。

下面从上下（卦）的概念来分析一下六爻卦的表述方法。

上面 B 这部分表示"上卦"。整个 B 这个部分表示的是"上卦"。不管是"上卦"的内部 3，还是"上卦"的外部 4，它们都是"上卦"（B）的组成部分。

下面整个 A 这部分，表示的是"下卦"。其中，1 是表示下半部分 A 的外部，2 是表示下半部分 A 的内部。

由于这个 B 部分表示整个卦的外部，那么中间这个 3 的部分就是外部的内部。4 部分就是外部的外部。

假如，中间整个的小圆表示内的话，这个 2 的部分就是内部的内部。而 3 的部分就是内部的外部。

由于 A 这个部分表示整个卦的内部，这样 2 的部分就成了内部的内部。而 1 的部分就成了内部的外部。

由于观察分析事物的需要及环境条件的要求不同，卦中的内外部分都有其不同规律分布的对应部分。同时，它说明这些概念也是从整体与立体上来表述事物的各种状态的。这些概念一定要搞清楚。六爻卦体及其内部这四个"经卦"之间的关系，一定要分的很清楚才行。由于观察分析事物的角度、层次、范畴等的不一样，某个卦所代表的事物的上下、内外的状态及结构、情形相对之间是有区别的。因此，这方面的概念及逻辑思路一定要清晰。

任何的事物相互之间都是有联系的。存有共同的共性规律的事物才能"共振"，达到易学中所说的"方以类聚，物以群分"的分类标准。也就是说，有共性特点的事物才能把它们联系在一起。就像前面我们讲到的"互体之象"的规律一样。因为它们两个三爻卦所以能组成一个"互体之象"，是由于在它们这两个"经卦"之间，有两个共性的"共用爻"——二者有相同的共性。所以，才能把它们联系在一起。就像我们人一样。虽然大家的长相大不一样，同样是一个人，有的人就能跟他（她）相处的很好，很融洽，有的人却无论如何做，与他（她）也搞不好关系。就是因为他（她）们之间有共同的场（主要是各家族的遗传场），他（她）们就"共振"——相合。场不一样或场变了，不但不能产生"共振"相合，反而产生了衰减的离散作用。

《易·文言》中讲："同声相应，同气相求。"

其意就是说，任何事物如果要"相应"和"相求"或"相应""相求"能到什么程度时，就要看它们之间所存有的共"同"的规律、性质或特性的因素的多少如何了。这些事物到底是由什么原因把它们拴在一起的？这就是我们前面讲到且必须掌握的"互卦""互象""互体之象"方法表述的内容及规律所造成的。

下面讲讲"连互"的规律。

连　互

"连互"就是把"互卦"之间的内涵，或者说深层隐藏的事物，通过"展开"、"放大"的方式，将其显露出来的一种易学分析表述方法。也就是说，是一种将卦不断地相"互"将其层层展开的思维方法。

把卦层层"展开""放大"，从思想方法上这么做是什么目的？

是为了将一些较细小的事物或事物的内含，"展开""放大"，使我们能将其内外部的各个细节及内涵和隐藏着的状态与内容等，都能显现出来并将其看清楚。做到心明眼亮地判断及处理事物。所以说，易学中"连互"的方法，就是一种放大、展开式的方法。这样做的目的就是为了使我们能把事物内含或隐藏的（矛盾）细节搞清楚。不受其表面现象所迷惑。

"连互"分为两种情况。

一种是四个爻之间的"连互"。

另一种是五个爻之间的"连互"。

下面分别论述。

1. 四个爻之间的连互

"四个爻之间的连互"规律及特点是什么？

是将四个爻的"互卦"中，中间的那两个爻一起重复使用一次（同时用一回，继续再使用一回），所形成的新的六爻卦体，就叫做原"互卦"的"四爻连互"卦体。

比如：举个火风鼎（☲）卦为例子。

这个"鼎"（☲）卦，比如说，是反映一个单位的某一层的某个人要调动工作的情况。到底能不能调成呢？反正现在人事关系也搞的太复杂了——骑虎难下，如坐针毡。需要"去旧立新"，调动一下，换换环境。这正好都是"鼎"（☲）卦所反映的状况。

到底能不能调动成功呢？

假使，我们将火风鼎（☲）卦三个爻的下（内）卦巽（☴）卦看做是调动工作的人（调动的主体）。巽（☴）为本身、为自己。将三个爻的上（外）卦离（☲）卦作为单位上层的领导。即决定、批准调动的部门及其主要负责人。

由"鼎"（☲☴）卦的全卦上下部分可看出，是下面的巽（☴）"木"生上面的离（☲）"火"。是要调动者"生"着上面的领导。那自然就在衰弱着自身的运气了。如此状况，这调动的事情就很难办、很被动了。得"拍"（生着）上面［离（☲）卦］的马屁。一般调动工作能不能顺利，除了看领导的意见外，还得看周围的其他人事关系如何。

看看自己本科室内部的人事状况如何——即从初到四爻的"互体"姤（☴）所反映的状况。与其巽（☴）有直接关系的就是科长［乾（☰）卦］。二者是乾（☰）"金"克巽（☴）"木"。即科长（乾）不同意且又阻止巽（☴）调走。本科室的头不同意调动，这事情就不好办了。那就得看看科室以外还有没有能利用的因素来做科长的工作了。

看看处一级有没有能利用的人——即二至五爻的"互体"夬卦（☱）所反映的状况。处长兑（☱）"金"与科长乾（☰）"金"是"金金相合"——俩人意见一致。而且处长之兑（☱）"金"也克制着调动的主体巽（☴）"木"。因此，处长也不同意并且阻止巽（☴）的调动。因为科、处这两位长官早就串通好了。两个"金"压制着一个"木"。那巽（☴）基本就不可能调动成功。

再往上看，局里的意见又如何呢？即三至上爻的"互体"睽（☲）所反映的状况。局长离（☲）"火"克制着处长兑（☱）"金"和科长乾（☰）"金"。也就是说，局长对处长和科长不满意。会经常地批评、训斥、命令他们俩干不愿意干的事。看到这种矛盾状态，就可能会有被巽（☴）利用的关系了。

本来巽（☴）处在这种状况下是调不成工作的。如果想调成的话，就得利用单位内各种关系中的矛盾。巽（☴）可以直接去拍局长［离（☲）卦］的马屁——巽（☴）"木"生离（☲）"火"。直接找局长谈，做局长的工作。做通了局长的工作。通过局长压处长。处长不得以，只好与科长沟通把人给放走。这不就是趋吉避凶了吗。即找出了解决问题的路子。

当时中间中层干部科长为什么会不同意这个调动呢？中间是不是还隐藏着什么因素及不明了的关系呢？表面上看好像是科长不同意放人。中间是不是还有其他的人作梗呢？

这个时候，就要把刚才那些四个爻的"互卦"展开才能看清楚。将其内幕、隐情、内部的秘密、内部的蹊跷揭示出来。

初至四爻［姤（☰☴）卦］是你们科室。

根据"四爻连互"的道理，将其四个爻的姤（☰☴）卦中间的两爻一起重复使用一次。其中间的两个爻是谁呢？是二爻和三爻。此两爻都是阳爻。将它们两爻连续重复使用一次，使其"互卦"姤（☰☴）展开。展开后，姤（☰☴）卦就不是四个爻了。而又形成了一个六个爻的天风姤（☰☴）卦。即将四爻姤（☰☴）卦的上下爻不动，只是中间的二、三两爻一起重复画一次。这样就又形成了一个新的六爻卦。由原来的"经卦"乾（☰）卦和"经卦"巽（☴）卦两个卦组成的四爻姤（☰☴）卦，变成了，除还保留着上下乾（☰）巽（☴）两卦外，中间又多出来两个三爻的"经卦"乾（☰）卦。这是不是"展开"后中间的细节就又能看清楚了。

这么一来呢，你会发现，你们科室里所有的领导［包括科长（上乾）、副科长（中上乾）］，甚至你对面坐着［新"姤"（☰☴）卦中，初至四爻中的"上"卦乾（☰）卦］的小组长（中下乾），他（她）们都不同意你调动。因为都是乾（☰）"金"克制巽（☴）"木"的原因。而且他（她）们都是乾（☰）"金"，"金""金"们相合，都是共同的观点和意愿。所以就串在了一起——都不同意你（巽）走。

为什么他们敢于顶着牛不放你［巽（☴）卦］走呢？就是因为科室内部除了你［巽（☴）卦］自己外，没有一个人［乾（☰）卦］同意你走。

这样一来，是不是中间的其他环节和细节就更容易看清楚了。由原来的一对乾（☰）与巽（☴）的矛盾，又牵连出来了两个矛盾事物［乾（☰）卦］。本来表面看，是两个人或两个人之间的事情，现在看来已是四个人之间的事情了。这样做（"四爻连互"的思想方法），就可以把表面看来是两个事物的矛盾状况中，内涵的其他矛盾事物及矛盾细节搞清楚了。

再比如：火风鼎（䷱）卦上面的这四个爻（三、四、五、上爻）所"互"的睽（䷥）卦。将睽（䷥）卦看做是处长［下面的兑（☱）卦］和局长［上面的离（☲）卦］之间的表面关系。为什么在你［巽（☴）卦］调动工作的问题上，处长［兑（☱）卦］与局长［离（☲）卦］之间老闹矛盾——想法总是不一样的呢？

我们将四爻的"互"卦睽（䷥）卦，按"四爻连互"的原则将其"展开"。这样由于中间的两爻一起重复的使用了一次。结果形成了四个爻的既济（䷾）卦。再加上原来上下的两个爻的位置及性质都没动，故得到了六个爻的新卦体——火泽睽（䷥）卦。

新的六个爻的火泽睽（䷥）卦中，又形成了四个三爻卦的组合矛盾状态。从此"睽"（䷥）卦中看，上面的领导局长［四、

五、上爻组成的离（☲）卦]与副局长[三、四、五爻组成的坎（☵）卦]之间是火水未济（䷿）状态。即副局长的坎（☵）"水"克着局长的离（☲）"火"。虽然，他（她）们两个领导的意见总是不一致的。可是局长不但指挥不动副局长，而且许多事情还要尊重、顺从副局长的意思（"水克火"嘛）。

中层干部中，处长[二、三、四爻组成的离（☲）卦]和副处长[初、二、三爻组成的兑（☱）卦]之间的关系不好——两人的意见与看法总是想不到一起去。因为二人的上下级关系，又组成了一个四个爻的"互体"——睽（䷥）卦。其中处长之离（☲）"火"克制着副处长之兑（☱）"金"。即处长经常要训斥并强迫副处长干一些不自愿干的事情。但副处长也没有什么办法。因为他（她）自己的基础及资历差（兑为缺，为人身上面的三分之一部分——心胸、心肺与头脑中缺少些什么）。

由于（初、二、三爻组成的）副处长兑（☱）"金"，对上面（三、四、五爻组成）的副局长坎（☵）"水"特别好。因为是兑（☱）"金"滋生着坎（☵）"水"。所以副处长总是爱拍副局长的马屁。虽然副局长与局长[四、五、上爻组成的离（☲）卦]许多事情上总是容易闹别扭（火水未济）——想法与看法往往不能合拍。但是副局长[坎（☵）卦]跟处长[二、三、四爻组成的离（☲）卦]关系很好。二者"互"为水火既济（䷾）状态。无论什么事情，弄巴弄巴就想到一块儿去了。而且副局长之坎（☵）"水"又克制着处长之离（☲）"火"。副局长只要交代下来，无论什么事处长总能心领神会的去完成。

上面的局长[四、五、上爻组成的离（☲）卦]与处长[二、三、四爻组成的离（☲）卦]的关系，总是能想（离为想、为文）到一块去。因为局长之离（☲）"火"与处长之离（☲）"火"是"火火相合"的状态。

这些上层与中层的领导之间的关系及细节搞清楚以后，你巽（☴）"木"就可以不用去拍局长离（☲）"火"的马屁了。副局长坎（☵）"水"本来就对你巽（☴）"木"特别好副局长之坎（☵）"水"滋生着你的巽（☴）"木"。那么，你就可以直接去找副局长来办理你的调动事宜了。副局长就可以直接交于处长离（☲）卦去办理。由于科长、副科长及小组长之乾（☰）"金"都被处长之离（☲）"火"所克制。自然没办法，就得去办。同时，由于是他（她）们乾（☰）"金"所生着的副局长之坎（☵）"水"交代下来的事情，拍马屁还来不及呢。那还能不积极地去办理吗。

就这样，眼看没什么调动希望的事，就这么轻而易举地办成了。

通过分析、了解、判断和利用管理各层中的各种矛盾的主要矛盾或矛盾的主要方面，将一个复杂的事物就能轻而易举地处理解决好。

就像以上这个调动工作的例子一样：

表面上看是调动者巽（☴）与局长离（☲）之间的关系问题，通过我们"四爻连互"的发挥，将其中副局长、处长、副处长、科长、副科长、小组长等人的关系及矛盾又都揭示出来了。内部的各个矛盾、细节等就搞的更清楚了。在做事情的时候，就可以如意的选择对象、选择方法及方案，以达到胜利之目的。

从以上火风鼎（䷱）卦的"四爻连互"中，可以分为三组情况。

初至四爻"互卦"为姤（☴）卦。将其中间两爻一起重复使用一次之后，再加上原来"互卦"姤（☴）卦中，最上和最下面没有变（位置、性质）的两个爻，形成了一个六个爻的"四爻连互"卦体——天风姤（䷫）卦。原"互卦"姤（☴）卦中，只有乾（☰）、巽（☴）两个"经卦"。现在除了还保存有乾（☰）、巽（☴）两"经卦"外，中间又多出来了两个"经卦"乾（☰）卦。

二至五爻"互卦"为夬（☱）卦。将其中间两爻一起重复使用一次后，再加上原先"互卦"夬（☱）卦中，最上和最下面没有变（位置、性质）的两个爻，形成了一个六个爻的"四爻连互"卦体——泽天夬（䷪）卦。原"互卦"夬（☱）卦中，只有兑（☱）、乾（☰）两"经卦"卦。现在除了还有兑（☱）、乾（☰）两"经卦"外，中间又多出来了两个"经卦"乾（☰）卦。

三至上爻"互卦"为睽（☲）卦。将其中间两爻一起重复使用一次后，再加上原来"互卦"睽（☲）卦中，最上和最下面没有变（位置、性质）的两个爻，形成了一个六个爻的"四爻连互"卦体——火泽睽（䷥）卦。原"互卦"睽（☲）卦中，只有离（☲）、兑（☱）两个"经卦"。现在除了依然存有离（☲）、兑（☱）二"经卦"外，中间又多出来了坎（☵）、离（☲）两个"经卦"。

原来火风鼎（䷱）卦六个爻之中，只含有四个"经卦"（三爻卦）。经过这三种"四爻连互"之后，就形成了十二个"经卦"（三爻卦）的组合（集合）系统。将它们按序排列起来将形成一个十数个爻的卦。已经不是只反映4个事物之间的矛盾，而是12个事物之间的矛盾群体或集合体了。这里只是将三个爻组成的"经卦"卦体，做为一个事物的单元来看。假若是从卦爻的个数或卦爻的内涵数上看（一个阳爻表示 36 个事物，一个阴爻表示 24 个事物），那就表示的远远不只这 12 个事物之间的矛盾关系了。

到了这种地步，如果还想进一步将事物（卦）的内部搞得更精细的话，那还会有什么办法没有？有！就是将上面"四爻连互"出来的"连互"卦体，还运用以上的"四爻连互"原则继续"连互"。每个"连互"卦体又可以"连互"出三个新的六爻卦体。这样就形成了三三得九个六爻卦体。加上原来的本卦卦体和第一次"连互"出来的三个六爻卦体。总共是十三个六爻卦体。每个六爻卦体中，包含四个"经卦"单元。一共是五十二个"经卦"单体。按其顺序将卦爻排列起来，这将是数十个爻的卦体了。因此，其反映事物的情况相应的就更精细了。

按"连互"的规律，同样一个卦，其中的"连互"次数最多也只能是"连互"上三次。因为"连互"第三次以后，往往得到的卦，基本也只能是乾为天（☰）卦、坤为地（☷）卦、水火既济（䷾）卦和火水未济（䷿）卦这四种状态了。再"连互"基本也是一样的状态，没差异、没区别，按一般传统的象数之说，也就认为没什么研究、分析意义了。也就是说"再一、再二、不再三"——返本还原了。因为以上这四卦〔乾为天（☰）、坤为地（☷）、水火既济（䷾）、火水未济（䷿）卦〕是易学表述一切事物最基础的四个基本卦。就六个爻的表述状态来讲，它们是表述事物最本源的 4 个基本构成。

这是四个爻之间的"连互"方法。即中间的两爻一起重复使用一次后，所形成的新的六爻卦体。"四爻连互"的方法，主要是揭示两个事物（以三个爻的"经卦"为单元的）之间的内涵细节的。

如果是三个事物（以三个爻的"经卦"为单元）之间的内涵，也用"连互"的方法进行内部揭示，行不行呢？

下面我们来讲讲三个事物之间内涵矛盾及细节的揭示方法——"五爻连互"。

2. 五个爻的连互

假如，"四爻连互"是揭示一对或两个事物之间的矛盾内涵的一种易学思维方法的话，那么，"五爻连互"就是展（揭）示三个事物之间的矛盾内涵的另一种易学思维方法。

"五爻连互"就是指在六爻卦体中，五个爻之间"互体"的一种"展开""放大"方式。

例如：火山旅（☶☶）卦。

火山旅（☶☶）卦有不安定、不亲密之意。

从"旅"（☶☶）卦上面的五个爻（二、三、四、五、上五个爻）看，为"互卦"鼎（☰☲）卦。其中包含二、三、四爻组成的"经卦"巽（☴）卦；三、四、五爻组成的"经卦"兑（☱）卦；还有四、五、上爻组成的"经卦"离（☲）卦这么三个三个爻的"经卦"。其内含的内容及事物要比四个爻的"连互"更多了一些。

假如：还是以"互卦"鼎（☰☲）卦表示调动工作的事宜。

想看看，局长、副处长和科长之间还有什么隐藏的矛盾事物没有？想把他（她）们之间的隐藏细节［指从火山旅（☶☶）卦的二爻到上爻之间五个爻之间的关系。即五个爻组成的鼎（☲）卦〕搞清楚的话，应该怎么办？

这就要看看五个爻之间的"连互"（简称"五爻连互"），有什么特点了。

那么"五爻连互"有什么性质、特点及规律呢？

其"连互"的具体方法又如何呢？

"五爻连互"的方法是：

将其五个爻之间最中间的那个爻（不管阴阳性质如何）重复使用一次，连同原来五个爻的"互卦"中，上面和下面没有动的那四个爻，共同组成一个六个爻的新卦体。这个新卦体就叫做"五爻连互"卦体。其中"中间一爻重复使用一次"的"中间一爻"指的就是这五个爻中，最中间的那个（第三）爻。在火山旅（☶）卦中，指的就是"九四"爻——是"旅"（☶）卦中，上面五个爻最中间的那个爻。就是要把这个"九四"爻阳爻重复使用一次。即"九四"爻一个阳爻，变成为两个阳爻。

这么做，就是要看看，局长、副处长与科长之间的矛盾关系中，是不是中间还有什么其他的什么事与矛盾关系没有。将这些矛盾揭示出来的时候，五个爻中，其上面的六五爻和上九爻的位置与排列、性质是不动也不变的。下面的六二爻与九三爻其位置与排列顺序、性质也是不动和不变的。只是它们中间的这个"九四"爻重复使用了一次（一个爻变成了两个爻）。这样组合起来，就形成了一个新的六个爻的火风鼎（☲）卦——而不是五个爻的鼎（☲）卦了。

原来五个爻的鼎（☲）卦中，含有巽（☴）、兑（☱）、离（☲）三个"经卦"单元。现在火风鼎（☲）卦中，又多出来了

现代易经讲课实录

一个"经卦"乾（☰）卦单元（二、三、四爻所组成）。成了含有四个"经卦"单元的卦了。比原先增加了一个矛盾事物及状态。

说明这个表面上看着是三个事物矛盾关系的群体，实际是，四个事物矛盾关系的群体。这样做以后，三者之间的内涵关系就看得比较清楚了〔中间又多（揭示）出了一个乾（☰）卦人物〕。

再看看：火山旅（☲☶）卦的初六至六五爻这五个爻之间的"连互"状况。

火山旅（☲☶）卦初至五爻"互"咸（☱☶）卦。其上面九四和六五两爻性质不动也不变，下面初六和九二两爻的性质不动也不变。就是将其中间的这个"九三"爻阳爻重复使用一次（一个爻变成两个爻）。这样就形成了一个新的六个爻的泽山咸（☱☶）卦——"五爻连互"卦体。

这样原来五个爻的咸（☱☶）卦"互体"中，含有初、二、三爻组成的"经卦"艮（☶）卦、二、三、四爻组成的"经卦"巽（☴）卦和三、四、五爻组成的"经卦"兑（☱）卦三个"经卦"单元。现在泽山咸（☱☶）卦的中间，又多出来一个"经卦"乾（☰）卦单元——成了四个"经卦"单元组成的六个爻的卦体。

从上面卦的"连互"结果中，可以看出，在你调动工作的过程中，这个乾（☰）卦（人）所起的作用是很关键的。因为上下五个爻之间的"连互"过程中，都出现了他（她）。他（她）有可能就是你调动工作成功与否的关键性人物。这样在你选择"攻关"对象时，就在清晰的分析、比较后，就能做出符合实际的关键性的方案与决策了。

易学思想中，"连互"这样做的目的是干什么？就是为了把原来看起来比较简单的事情变得复杂一点。将其卦爻展开、"放大"。就像数学中，"二项式"、"三项式"等"多项式"的展开一样，将其中内涵的各个个体及细节、结构等都能看清楚。

这样看来，"五爻连互"只有两种情况。即上面（二至上爻）的五个爻和下面五个爻（初至五爻）的"连互"两种情况。这样一来，原有的四个"经卦"，现在又变成了八个"经卦"。从而就可以把"旅"（☲☶）卦中所含的那些三个为一组的事物（"经卦"）之间的相互关系，搞的就更清楚、更明白了。

当然，与"四爻连互"的情况一样，新形成的这两个"五爻连互"的新卦体内，还可以继续进行"连互"。也就是说，想把事物之间的各种关系再搞得清晰一些时，还可以继续"连互"。自然这"连互"之中，除了五爻的"连互"以外，还可以进行"四爻连互"。

比如：

火山旅（☲☶）卦的下面五个爻进行"五爻连互"之后，得六个爻的泽山咸（☱☶）卦。

泽山咸（☱☶）卦的下面四个爻进行"四爻连互"之后，得风山渐（☴☶）卦。

风山渐（☴☶）卦的下面四个爻进行"四爻连互"后，得水山蹇（☵☶）卦。

水山蹇（☵☶）卦的上面四个爻进行"四爻连互"之后，得水火既济（☵☲）卦。

水火既济（☵☲）卦中间四个爻进行"四爻连互"之后，得火水未济（☲☵）卦等等，可以"连互"出很多的六爻卦来。这些六爻卦还可以进行各种的"连互"。这个"连互"系统构成的是内涵很大很大的"巨系统"。

由以上不管是"四爻连互"中，中间两爻一起重复使用一次也好，还是"五爻连互"中，中间一爻重复使用一次也好，所形成的新的六爻卦的特点，是新"连互"出来的六爻卦的上卦和下卦，与四个爻、五个爻的"互体"之卦的"上"卦和"下"卦是对应一样的。

这样看来，实际上新的六爻卦形的形成，只要将原来四个爻或五个爻的"互体"中的

"上"卦放在新卦的上卦位置上，

"下"卦放在新卦的下卦位置上。

这上下卦重叠组成的卦，就是新的六爻"连互"卦形（体）。

如：四个爻的"互体"蹇（䷦）卦。

将其上面的"经卦"坎（☵）卦，"拉"出来、放到上面的位置。再将下面的"经卦"艮（☶）卦，"拉"出来，放到下面的位置上。这样上下重叠起来，就形成了六个爻的"四爻连互"卦体——水山蹇（䷦）卦。

如：五个爻的"互体"咸（䷞）卦。

将其上面的"经卦"兑（☱）卦，"拉"出来，放到上面的位置。再将下面的"经卦"艮（☶）卦，"拉"出来，放到下面的位置上［中间的那个"经卦"乾（☰）卦，不用去理会］。这样就形成了六个爻的"五爻连互"卦体——泽山咸（䷞）卦。

以上讲的是"连互"（包括四个爻和五个爻的"连互"）的方法及方法的使用和其意义。

要想知道这些卦的"卦德"，就必须掌握"辩是与非，则非其中爻不备"的思想。

由易学"中爻不备"的思想，我们发现了以三爻卦为基础单元，将各个三爻卦联系起来的"互卦"概念。

近而又想到将这些联系（"互卦"）展开、"放大"的概念。

于是乎，就产生了"连互"卦的方法。

这"连互"的方法中，包括四个爻之间的"连互"——"四爻连互"和五个爻之间的"连互"——"五爻连互"这两种方法。这些"连互"的方法，就如同是现代各科学领域中的变化（变换）公式、定则、公理等概念与方法，当然也是一种逻辑演绎的推导方法。

3. 小　　结

如果想知道卦性和卦德（卦的主要特性）以及表述事物的各卦（二、三、四、五个爻组成的卦）在卦中的好坏，即"是与非"。"则非其中爻不备"。也就是说，必须重视分析、研究卦中间的"中爻"的情况，才能明了。

因而，咱们就讲了六爻卦内中间四个爻的特点。论述了二爻与四爻、三爻与五爻各自之间的状态及特点。

继而又讲述了中间四爻组成的"互体之象"。

近而我们又将传统的"互体之像"的概念，延伸到任何存有"共用爻"的"经卦"间，都可以组成为"互体之象"。也就是说，不只是四个连体爻之间可以称为"互体"，而且三个连体爻（其"连互"方法在讲到"半象"一节时，大家就清楚了）及五个连体爻之间也可以称为"互体"。

随后我们又讲了，通过"连互"，可以把连体的"互体之象"

如"放大"一样地将它展开，使其内部内涵的细节被揭示出来。从而使我们在研究、分析卦象时，能更细致。做出的判断更全面、更准确。

中间两爻"不备"，还有更深一层的意思。

那就是，任何四个或六个爻组成的卦体中，其最中间的那两个爻的性质特点，是非常重要的。这中间又内涵着一种易学的思想方法。而这种易学思想方法是很有科学性的。也就是说，把最中间的两个爻（四爻卦中，是二、三两爻。六爻卦中，是三、四两爻）看作是事物的中心、基础、起源或本质。因为事物往往是由中间向四外发展的，故而卦的中间位置又可以表述是事物将来的发展趋势。

根据前面学到的"连互"特性，我们可以得出：

如果中间两爻全是阳爻（ ☰ ），根据易学的"半象"（"连互"）原理，中间两爻一起重复使用一次，可展开为四个爻的"互体"乾（ ☰ ）卦。再由"四爻连互"后，得六个爻的乾为天（ ☰ ）卦。

如果中间两爻全是阴爻（ ☷ ），根据易学的"半象"（"连互"）原理，中间两爻一起重复使用一次，可展开为四个爻的"互体"坤（ ☷ ）卦。再由"四爻连互"之后，得六个爻的坤为地（ ☷ ）卦。

以上两种"中爻"的分布结构状态，经过两次"连互"之后，就只是乾为天（ ☰ ）卦和坤为地（ ☷ ）卦两种结果了。

所以，《易·系辞》中才曰："乾坤其易之蕴邪。"就是说，乾坤两卦蕴藏在［除了水火既济（ ䷾ ）卦与火水未济（ ䷿ ）卦外］所有的卦里头。好多研学易学的人，只是在训诂中去找答案。结果"训"了半天，如果不知道这个"连互"的易学思维方法的时候，照样不知道"系辞"中这句话的真实来意。就如同不知道"后天八卦方位分布图"中，数字的传递规律，在《奇门遁甲》中，就无法"遁"出那个"甲"来一样。因为"甲"是隐藏在《奇门》推导系统中。没有掌握其规则、规律时，是没有简捷的方法可以把"甲"揭示出来的（虽然其含有"纳甲法"）。

易卦也是这样。"乾""坤"两卦往往都隐藏在其他的卦里。任何的卦变化发展到最后，总是要归本于"乾""坤"两卦的。所以，"易经"六十四卦以"乾"（☰）"坤"（☷）两卦为其开始两卦。说明六十四卦是由"乾""坤"两卦发展变化来的。

如果中间两爻中，上面是阳爻，下面是阴爻（☳）。根据易学的"半象"（"连互"）原则，中间两爻一起重复使用一次，则得四个爻的"互体"未济（☲）卦。再由"四爻连互"后，得到六个爻的火水未济（䷿）卦。

如果中间两爻中，上面的爻是阴爻，下面的爻是阳爻（☵）。根据易学的"半象"（"连互"）原理，中间两爻一起重复使用一次，得四个爻的"互体"既济（☵）卦。再由"四爻连互"后，得六个爻的水火既济（䷾）卦。

所以，《易经》以"既济"（䷾）"未济"（䷿）两卦做为六十四卦的结束卦。表示一般六十四卦（除了"乾""坤"两卦外）的排序往往是以"既济"或"未济"两卦为结束的。

总之，

假若中间两爻都是阳爻（☰）时，经过两次"连互"之后，就形成乾为天（䷀）卦。

假若中间两爻都是阴爻（☷）时，经过两次"连互"之后，就形成坤为地（☷）卦。

假若中间两爻中，上面是阴爻，下面是阳爻（☵）时，经过两次"连互"之后，就形成水火既济（䷾）卦。

假若中间两爻中，上面是阳爻，下面是阴爻（☲）时，经过两次"连互"之后，就形成火水未济（䷿）卦。

大家都知道，在《易经》的《序卦》中，是以乾坤屯蒙需讼师……顺序排列的六十四卦。由"乾"（䷀）"坤"（䷁）两卦开始，结束时，是以"既济"（䷾）和"未济"（䷿）卦两卦来结束六十四卦的排列。终止于火水未济（䷿）卦。

这说明了一种什么样的思想方法呢？

总结起来，这种排列特点说明了易学中，除了"中爻不备"思想之外，还给我们启示出了另一种思想方法。

即中间这两个爻所反映的是事物将来发展的趋势及结果。也说明了，事物是由哪种基础本源发展来的。

还说明了事物是不断地由内向四外发展壮大的（就像天文学中所说的"大爆炸"与"宇宙膨胀论"一样），永远不会停止其发展变化的，"唯变所适"。易学这个表述原则及方法，也是符合宇宙的发展变化的。

无论事物怎样变化，最终都要返归其本源的。

所以，《易经》中《序卦》的最后两卦才是"既济"（䷾）和"未济"（䷿）两卦。"既济"说明事物发展变化已经达到了应有的结果、效果，或达到了成功、达到了目的等，但是事物的发展转化总是不会完结的。成功的内里还蕴含着其相反相成的结果——"一阴一阳之谓道"嘛。任何事物总是会向自己的反面发展转化的。这也就是为什么《序卦》中最后一卦是火水未济（䷿）

卦的原因。说明成功中，又会含有新的发展变化的不成功或还未达到成功或目的的因素。因为任何事物都不是孤立存在的。都对应存在于一定的时空中间。时间变了，对应的空间结构也随之改变了。此时空间中对应的事物规律往往也随之变化了。因此，事物的变化永远不会终结。故而这种易学变化规律也是如此——"未济"状态。"未济"（䷿）中（中间四爻），又内含着将来发展的成功状态——"既济"（䷾）状态……事物总是这样不断地往复、发展、转化着。

"六画之象"中，其中间四个爻表述的是事物将来的发展状态和趋势。这个性质特点在《序卦》和《杂卦》中都有所使用。

比如：得到个水火既济（䷾）卦。

表面上看，这是两口子。关系不错。结了婚了［男坎（☵）在上，女离（☲）在下。"既济"了］。可是，你看看此卦的中间［二至五爻"互"为未济（䷿）卦］，说明可能要闹别扭了。为什么？有第三者了。下四爻"互"既济（䷾）。说明女方［离（☲）卦］另有男情人［二至四爻坎（☵）卦］。上面四爻"互"既济（䷾）。说明男方［坎（☵）卦］另有女情人［三至五爻离（☲）卦］。两口子各有各的情人，那不就麻烦了。闹的结果，最后［中间四爻"互"未济（䷿）卦］只有离婚。然后，再从新结合。

从以上水火既济（䷾）卦也可以看出，就是在"气功"或各种修炼中的"男女双修"。男的在上，女的在下；男的在前，女的在后；或男的在左，女的在右等，能不能"双修"成功呢？一看卦中间四爻"互"未济（䷿）卦。就知道是根本不可能的。因为表面看是"既济"了，但内里是"未济"状态。我认为修炼修到内里"既济"了，表面"既"不"既济"就无所谓了。所以说，从易学的道理上看，男女之间的"双修"是达不到水火既济之"炼精化炁"的目的的。只有在个人自身内部修炼，才能达到水火既济的"抽坎添离"之目的。你心中存有男女之间的春情和私心杂念，乃至邪念丛生，竟想干不正当的事了，哪儿还有闲心去修炼。更说不上能不能将身心修成"正果"了。

有些人还推崇什么"××功"。那个所谓的"××功"，实际上有些是旁门的"一贯道"的一些方法和内容。大家别笑。去调查一下"一贯道"的功法。讲的往往都是些"男女双修"、"采阴补阳，采阳补阴"的方法。往往是欺负妇女、儿童的。讲"大补"修炼时，就得吃儿童的心、肝、肉、生殖器之类的食物以及用其所配制的"大补"药物。甚至用儿童的什么脏腑器官入药或做成"药引子"。更甚者要用十个童男，十个童女，供他（她）修炼提取"纯阳""纯阴"之气用。这些都是原来解放前，"一贯道"中某些人推崇的所谓修炼要求的一些内容。

一个道家的"左道旁门"，披着既不"禅"又不"密"的一张皮——将佛家两种层次修炼的内涵，稀里糊涂地混淆在一起的名字。不是骗人是干什么！这么个搞法就不对了。

它那些基础功法，对人的身体健康是有它一定的好处及效果的。可是它所宣传的"最高境界"，却是不能苟同的败坏道德的内容。你用"功能"把那些孩童用来活命的"元气"，都"抽"取充填到你自己的体内来，而那20个孩童，从小身体体质就垮了。你自己的身体却好起来。你居心何在？说句不好听的话，就那20个儿童的鬼魂也得把你勾搭死。我们决不能干这种缺德事！

炼功，炼功。炼谁呀？

是修炼你自己。也叫"修身养性"。

修谁的身？养谁的性？

是修你自己的身，养你自己的性。按现代的术语叫自身的"身心优化"。修炼只是一种改造自我"身心"的一种自我锻炼方法。其修炼的各种方法和手段并不是目的。最终目的主要是改造自己的人生观、世界观——是一种思想的改造。这怎么又修起人家（妇女、儿童等）来了。说"是借人家来修自己"。简直是胡扯！

有人会说给你"带功吧"之类的话，我就不相信一般修炼水平的人，能"带"得起来。带什么"带"？你能代替别人的思想改造吗！

我到是做过不少的"带功"试验。甚至千里之外的"带功"试验也做过。实际上，我往往就没有给她（她）们"带功"。可是它们也都动起来或达到了一定的修炼效果。我这只不过是常常利用一些科学的"精神暗示"的方法而已。

有时我也做一些练功之人的思想及思维调查工作。

比如：有位学员说："唉呀！张老师，我对你迷信的要命。你真是太神了！"我就试探着说："我都三年多没练过功了。你看我的气如何？"他说："好嘛，你的气可强了！"我听了之后，也不知道我的气到底强在哪儿。因为我自己多年已不练功了。我自己对我自己的"气"都没什么感觉了。我想一般的人，也不会对我的气有什么"气感特别强"的感觉。不但如此，他还要求我说："张老师，你别保守。给我带带功吧？"我实在被他磨不过去，就假装同意说："好好好。你今晚10点半钟，面向南。坐在那里'意守丹田'就可以了。"随即我又说到会感到怎么的热；

怎么个胀的夸张地渲染了一番。使他更感到了一些神秘的气氛。结果，那天晚上，台湾一个住在香港的朋友约我到北京饭店聚一聚。我们聊天聊到 12 点多钟，我才告辞回家。回家马上也就睡觉了。第二天，一大早，他就来电话说："唉呀！张老师，你的功带的真不错！感觉特别强烈。气感真是太强了。"然后，又说怎么怎么个气感，又如何如何个强法等等。我感觉到他特别的兴奋。好像好不容易才得到了什么似的。我又不能打击他练功的积极性。无可奈何的说："既然效果这么好，以后坚持这么做下去。今天晚上，继续带！你一定要特别认真，全神贯注。今儿个晚上是非常关键的！"由于头天晚上睡的太晚了，我感到特别的累。晚上 10 点多钟就上床睡觉了。第二天早上，我刚起床他就又来电话了。他更高兴了，并感叹地说："唉呀！昨天晚上气感强的不得了。真是太强了！"你说这都是哪儿的事呀！

所以说，大家不要迷信"带功"这种方法。要研究"气功"修炼的各种规律，就得做大量的调查与试验。受功者"他"就等于是你的试验对象。在我的这个"试验"过程中，哪儿有"带功"一说呀。全都是"精神暗示"起的作用。实际上，他出现的功能感觉，全是他自身练功时，所体会到的感觉。这说明什么问题？说明我们大家在修炼的过程中，不要不相信自己。所有的功夫和功能全都是你自身存有的。只要相信自己，有信心，有决心，坚持下去，按一定科学的锻炼和修炼方法去做，就一定能达到身心健康的效果。

为什么他会出现以上的那种现象呢？

是因为他迷信我。他相信我。我说的话，他能听的进去。并且能按我说的认真去做。实际也是我"暗示"他，他接受我的

"暗示"以后,他又自己"暗示"自己。这最后的过程就跟我没什么关系了。我与别人聊天或睡觉去了。根本就没时间去想"带功"的事。实在也是忘了"带功"一事。

可是就这样他继续坚持练功。三个月之后,他自身具备了一定的"功力"。他又给我打电话说:"张老师,你真棒!你不断地给我带功。终于使我具有了一定功力!"实际上,这都是他自己认真修炼所取得的成绩。三个多月来,我根本就没有给他"带"过一次功。在学习班其间,我告诉过他,如何修炼才能具有一定的能力的方法。再通过所谓的给他"带功"的说法,使他的心情能够平静下来,能踏踏实实、认认真真地去修炼而致。

因为有些事物、有些道理往往都是很简单的。不要搞得太邪乎了。到底是真的假的,要做大量的调查、研究和试验。因此,我对一般的所谓"带功",是不相信的。我认为,每个人的遗传密码和"先后"天的条件不一样。所以他(她)们各自"潜能"的诱发和激发的方法是有很大的适应性差异的。因此,用同样一种方法"楞带"是不一定能带出什么"功能"来的(个别少数人除外)。况且,我怎么又能代替他的世界观、人生观的改造呢。

以后讲"修炼"时(请参阅我所著华夏出版社出版的《炁易》《心易》和体育出版社出版的《气功与手珍》),会讲道:你如果没有某些基础功夫和功能时,再给你怎么"带",也"带"不出什么功能来的。有时不但没有好处,反而会给你"带"出意想不到的什么毛病来。

这是题外话。易学理论的问题讲的太枯燥了点,所以来点小插曲儿。现在拉回来。

下面谈谈易学中"半象"的规律和特点。

4. 半　　象

"半象"实际是变形（变象）的"互体之象"。

假如，"连互之象"是将事物内部展开的话，那么"半象"就是将事物整体或局部收缩、压缩的一种方法。

即如果"连互"是数学中"分解因式"方法的话，则"半象"就是数学中的"合并同类项"的方法。

假若，"连互"是化学中的"分解反应"（作用）的话，"半象"就如同化学中的"化合反应"（作用）。

咱们把这些现代化的思想，也引用到易学规律中来运用。也将卦爻归纳、归类。就如同数学中"归纳法"的规律一样。

"半象"的定义：

取三爻卦（"八经卦"）中，除了本身之外的其他两个"经卦"中的一个"经卦"的上两爻和另一个"经卦"的下两爻，上下重叠又组成的卦体，叫"半象"卦体。

换句话说，就是任何一个"八经卦"（三爻卦），都是由其他的两个"八经卦"的上两爻和下两爻组成的。

例如："经卦"坎（☵）卦。

"经卦"坎（☵）卦是由"经卦"兑（☱）卦的上两爻（⚌）在上，"经卦"巽（☴）卦的下两爻（⚌）在下。组成四爻的大过（䷛）卦。合并其中间的阳爻（—），故而得"经卦"坎（☵）卦。

也就是说，"经卦"坎（☵）卦是由"经卦"兑（☱）卦的上部分的两个爻（⚌）在上和"经卦"巽（☴）卦的下部分的两个爻（⚌）在下组成的。

按"经卦"坎（☵）卦的"半象"生成规则，说明其中间的那个阳爻（—）是上下部分的共用部分。即"共用爻"。

再根据我所总结出来的"连互"规律原则：

即卦为双数（偶数）个爻时，中间两爻一起重复使用一次，形成"连互"卦形；

卦的爻数为单数（奇数）个爻时，中间一爻重复使用一次，形成"连互"卦形。

那么，"经卦"坎（☵）卦的"连互"卦形，中间的阳爻重复使用一次，形成的就是四爻的"互卦"大过（☰）卦。

将四爻大过（☰）卦中间两个阳爻一起重复使用一次，形成的是"四爻连互"卦体——六个爻的泽风大过（☱）卦。

如果按"半象"的成卦原则，反馈推回去的话，就是先将泽风大过（☱）卦中间的四个阳爻，两两合并。就形成了四个爻的"互卦"大过（☰）卦。

再将四个爻的大过（☰）卦中间的两个阳爻，合并为一。就形成了三个爻的"经卦"坎（☵）卦。

从上面可以看出，"半象"与"连互"思维方法之间，有着显而易见的不可分割的连带关系。我们在分析卦爻结构状态时，可以根据需要将卦"连互"展开，同时又可以将卦爻压缩、归纳。既可以把简单的事物复杂化，又可以把复杂的事物简单化。根据易学"易简"的思想，把复杂的事物压缩，将其共性的事物压缩、归纳后，能较清晰且容易地抓住事物的主要矛盾。主要矛盾一解决，其他矛盾就迎刃而解。这又是易学中的一种非常重要的思想方法。当然，这也是易学"易简"思想的最高体现之一。

有时我们在研学易学的过程中，会在一些卦、象、爻辞里看到许多的"大坎""大坎之象""大川"之类的辞句。这就是因为在六爻卦中，出现有三个爻（☵）、四个爻（䷜）、五个爻（䷜）或六个爻（䷜）的"坎"类之象（卦）的缘故。即"经卦"坎（☵）卦、四爻的"互卦"大过（䷛）卦、五爻的"互卦"大过（䷛）卦以及六个爻的泽风大过（䷛）卦。这几种卦的结构状态，都是"坎"（☵）卦的状态。又叫做"大坎之象"。又由于"经卦"坎（☵）卦有"大川"之象。故曰："大川"。

再例：山雷颐（䷚）卦。

按以上我们讲的易学"半象"原则，将山雷颐（䷚）卦的中间四个阴爻两两合并。则得四个爻的"互卦"颐（䷚）卦。

再将四个爻的"互卦"颐（䷚）卦中间的两个阴爻，合而为一。得到外面是刚性（阳爻），内里是柔性（阴爻）的三个爻的"经卦"离（☲）卦。

"离者，离中虚也。"将其山雷颐（䷚）卦中间的共性事物（阴爻）合并。形成"经卦"离（☲）卦。

假若，想把"经卦"离（☲）卦展开看看其内部的内涵时，就可按我们的易学"连互"原则：将其中间的一个阴爻，重复使用一次。得四个爻的"互卦"颐（䷚）卦。

再将四个爻的"互卦"颐（䷚）卦中，中间两个阴爻一起重复使用一次。得六个爻的山雷颐（䷚）卦。

我们将这类卦象称作是"离类"或"大离"之象（在易学大家来知德的易学著作中，将此种卦象称之为"大象"。又称做"像卦"）。

在易卦中，有时好象并没有什么"经卦"离（☲）卦。可是象、象之辞句中，往往会出现"大离"之意。这就是因为卦中，存有三个爻的"经卦"离（☲）卦、四个爻的颐（䷚）卦、五个爻的颐（䷚）卦或六个爻的山雷颐（䷚）卦等"离类"之象的缘故。

山雷颐（䷚）卦之意为"自求口食"之"食"象。所以与其相似的"颐"（"离类"）象中，往往也会有"食"之象。

比如：火雷噬嗑（䷔）卦。《易经》中，认为它也有"食"象。就是因为其初至四爻"互"颐（䷚）卦。同时，其中间除了"噬嗑"（䷔）卦中的九四爻是阳爻外，其中间多是阴爻（二、三、五爻），上下仍有"大离"之象意所至。

易学"半象"性质的运用，像前面咱们讲过的一样，是为了把复杂的事物简单化。将其事物统一归纳起来。把共性的事物压缩。区别不是共性的事物。然后，从总体大的规律、状态上来看问题。这样就把一个复杂的事物简单化了。就容易抓住事物的主要矛盾（主流、主流趋势及大方向等），这在哲学上被称之谓"归纳法"。

易学的"连互"分析法，是为了把一个表面上看是很简单的事物复杂化。使我们能将被表象所掩盖的内涵细节及矛盾关系揭示出来。在细致分析的基础上，做出更加切合实际的判断与决策，这在哲学上被称之谓"演绎法"。

如果我们将"半象"像"连互"一样的展开，因为受"连互"概念的影响，我把这种的展开又叫做"连半象"。"连半象"的目的与"连互"的目的类似。是将"半象"展开，使其"半象"内部及中间内涵的细节及状态揭示出来，这也是一种"演绎"方法。

这就是"半象"及其延伸出来的一些规律和状态概念。这种易学方法是符合"易则易简，简则易从"的易学道理的。把复杂的事物使其简单化，归纳起来，找出它们之间的共性或共通性的主流、主导规律性。

5. 像卦之象

这种"半象"的规律，在来知德等易学大家们来看，他们把它叫做"像卦"。也叫做"大象"。与前面讲过的"大离""大坎"之象意相同。而且"像卦"的组成是与卦意紧密相联系的。

就如咱们前面讲到过的一样。

例如：

山雷颐（☷）卦是离（☲）卦之象；

风泽中孚（☴）卦也是离（☲）卦之象。

泽风大过（☱）卦是坎（☵）卦之象；

雷山小过（☳）也是坎（☵）卦之象。

这就是他们所说的"大象"之坎、离。所以，在《序卦传》中，这些卦都排列于坎为水、离为火、水火既济、和火水未济卦之前。

其他的卦，可以照此方法类推。不管是重画或单画的"大象"之卦，它都与我们所举的例子意义相类同。

再例：

雷天大壮（☳）卦。表面看起来并没有兑（☱）卦之象。可其中间三、四、五爻却暗含着一个兑（☱）卦。按"半象"合并"同类项"（同性质的阴爻或阳爻）的原则，可将其六个爻组成的雷天大壮（☳）卦相邻且为同性质的爻（阳爻及阴爻）合并压缩成一个三个爻的"经卦"——兑（☱）卦（将初与二、三与四各自阳爻两两合成为一个阳爻；五与上两个阴爻合成为一个阴爻）。因而，"大壮"（䷡）卦合观之，就成了兑（☱）卦之象。

兑（☱）卦"为羊"。因此，雷天大壮（䷡）卦的九三爻辞中才会有"羝羊触藩"、九五爻曰"丧羊于易"、上六爻说"羝羊触藩"之辞。

又例：

山地剥（䷖）卦。

同理，合并其阴爻后，从卦的总体上看，它就可以看做是"经卦"艮（☶）卦。

由于艮为山（☶）卦为上下两个卦并存为一体之中，其"对象"又是兑为泽（☱）卦。所以，兑为泽（☱）卦中的九五爻才会有"孚于剥"之辞。

以上讲的就是第六种卦象——"互体之象"。

"互体之象"包括"互象"与"连互"之象。

"连互"中含有四个爻之间"连互"和五个爻之间的"连互"两种。

在"连互"思想概念的启发下，又发展出"半象""连半象"和"像卦之象"的思想概念。

下面介绍第七种卦象——"反对之象"。

第七节 反对之象

"反对之象"应分为"反象""对象"和"反对之象"三类情况。

先谈谈"反象"。

1. 反 象

"反象"在不同的易学著作中,又被称做"综卦""综象""覆卦""覆象""反卦""反易"等。

定义:一卦覆之又别成一卦者,叫"反象"。

就是说,把一个卦倒过来看,所看到的卦象,就叫原来卦象的"反象"。也就是把一个卦在竖直方向上倒过来看,所看到的卦象,就叫原来卦象的"反象"。

"反象"是汉朝易学家们提出来的易学变化概念。西汉时期的易学家京房将其称做"飞伏"中的"伏卦"的一种。传统易学认为64卦中,除了乾为天(☰)卦、坤为地(☷)卦、离为火(☲)卦、坎为水(☵)卦、雷山小过(䷽)卦、泽风大过(䷛)卦、山雷颐(䷚)卦和风泽中孚(䷼)卦8个卦以外,其余56个卦都有其"覆卦"——"反卦"。因为这8个卦的"反卦"卦形和结构与其原卦的的卦形和结构是一样的,故而认为它们是不存在有"反卦"的。

下面举个例子来说明什么是"反卦"。

例如：水天需（䷄）卦。

水天需（䷄）卦之意有一种是"等待"的意思。

假如，将水天需（䷄）卦在竖直方向上（倒）反过来看，就成了天水讼（䷅）卦。

其反过来看的目的就是启发我们在观察分析事物的时候，不但要观察分析事物的正面情况，而且还要观察分析事物的背（后）面或者反面的情况。从正面看看，再从其反面看看，是这么一种观察分析事物的思想方法。

我们利用我们前面所掌握的易学知识，全面地对一个事物进行观察分析。"反象"是对事物进行纵向分析的方法。我们把事物的上下、左右、前后、内外、远近等看完之后，再从这面看看；然后反过来——再从对面看看。这样一来，就可以将事物看得会更全面一些了。就像我们看一个人头的正面时，可看到脸、两眉、两眼、鼻子、口、头发、上额、脸颊、下巴、耳朵前廓及外耳轮等。可是我们从其头背后看，却只能看到头发、后脑勺、枕骨、耳后和外耳轮廓等。单从前或后来观察此人头，将是不全面的。只有前后都观察过之后，才能对人的头有相对全面一些的认识。所以，这面看是"需"（䷄）卦，反过来看就是"讼"（䷅）卦了。

再例：水雷屯（䷂）卦。

水雷屯（䷂）卦其上卦是"经卦"坎（☵）卦，下卦是"经卦"震（☳）卦。将其"屯"（䷂）卦反过来看，上卦为"经卦"艮（☶）卦，下卦为"经卦"坎（☵）卦。二者构成的是山水蒙（䷃）卦。即水雷屯（䷂）卦的"反卦"是山水蒙（䷃）卦。

又例：

震为雷（☳）卦其纵向反过来，其"反卦"是艮为山（☶）卦。

艮为山（☶）卦其纵向反过来，其"反卦"是震为雷（☳）卦。

巽为风（☴）卦其纵向反过来，其"反卦"是兑为泽（☱）卦。

兑为泽（☱）卦其纵向反过来，其"反卦"是巽为风（☴）卦。

……

从以上"又例"中可以清楚的看到，有"反卦"的卦，它们之间都是互相为"反卦"的。所以说，"反卦"都是成对出现的。

《易经》64卦中，传统易学者认为，除了前面讲到的乾为天（☰）卦、坤为地（☷）卦、离为火（☲）卦、坎为水（☵）卦、雷山小过（䷽）卦、泽风大过（䷛）卦、山雷颐（䷚）卦和风泽中孚（䷼）卦，这8个卦的"反卦"还是它们自身状态——或称没有"反卦"外，其余的56个卦都有自己的"反卦"。一共组成28对"反卦"。

处在这8个没有"反卦"的情况下观察和分析事物时，反正都是一样的规律状态。道理也都是一个道理。那么，就可以按一个道理去办。可是其他有"反卦"的卦，就不能按这个规律（道理）去思考与办理了。

这8个所谓无"反卦"的卦中，山雷颐（䷚）卦和风泽中孚（䷼）卦，都是"大离"之象的"离类"卦。

而雷山小过（䷽）卦和泽风大过（䷛）卦，又都是"大坎之象"的"坎类"之卦。从这两卦中，我们可以看到，"大坎之象"越大，过错越大。"大坎之象"越小，过错也随之变小。

在互为"反卦"的一对卦中，两卦的内涵意义由于其结构状态的不同，所表示的意义一般也会有不一样的地方。

例如：水雷屯（䷂）卦纵向上反过来，就形成了山水蒙（䷃）卦。

从水雷屯（䷂）卦的内涵意义上讲，是一种困难的、事物刚刚开始萌芽、开始发展的一种初级阶段状态。也是比较幼稚、幼小、比较困难的时期。

从山水蒙（䷃）卦的内涵意义上说，虽然也是一种萌芽状态，一种幼稚的朦胧、蒙昧状态，但不像"屯"（䷂）卦的状态那么困难。只是自己朦胧，不知如何办而已。并不是像水雷屯（䷂）卦那样感觉到事物办起来很困难，而不好办。

二者"反卦"之间，意义有些不一样。虽然它们两卦之间有共性的内涵。"屯"卦像刚刚发芽生长的豆芽一样——是伸出根，发出芽，芽苗拐向下方，还没有反向往上生长时。是一种破土前生长最幼小、最困难的（状态）时期。"蒙"（䷃）卦本身也讲的是幼稚状态。"屯"（䷂）卦是要克服困难的状态。而"蒙"（䷃）卦是朦朦胧胧不知道该干什么和怎么干的状态。它们两卦之间的内涵意义是有所不同的。

因此说，从相反的角度（180度）观察分析同一个事物，虽然它们之间存在着共性的特点及内涵，但是必定所观察分析的结果，还是有区别的。往往是从总体上来看，很相近或相似，可是从其局部上来看，又是有区别的。

再例：天水讼（䷅）卦与水天需（䷄）卦，两卦之间互为

"反卦"。

天水讼（☰☵）卦之意是打官司、"不亲也"、不亲近的一种关系状态。

而水天需（☵☰）卦是一种需要"等待"的意思。这"需"（☵☰）卦，一般都是过去古时候人们祭天、祭神仙——等待天神下凡，给大家带来吉利、吉祥，带来幸福的一种等待的意思和状态。并且是带有一种崇敬的心理状态——对神圣的神仙是非常的崇拜的。因此，他们会很耐心的在那里等待着。心理状态自然也是非常信任、非常虔诚、认真地等待着的一种平静状态。

天水讼（☰☵）卦就不然了。它表述的是一种互不信任的状态。是打官司、互相扯皮、制裁、判刑、坐监狱之类的麻烦和躁动状态。各自方面都非常激动和不安定。心理状态是起伏不安地等待判决结果的"等待"。不像等待天神下降祈福一样，那么沉的住气。而是人与人之间的争斗关系。

水天需（☵☰）卦中，下卦乾（☰）卦为"头"。谁的头呀？"定语"是紧接其上二至四爻的兑（☱）卦所反映的内容。"兑（☱）为羊"。说明是羊头［初至四爻"互"夬（☱☰）卦］。兑（☱）又为毁折。说明羊头的脖子附近有断折。再往上看，三至上爻"互"既济（☵☲）。说明流着红［离（☲）为红］色的液体［坎（☵）为水、为流、为液］。那自然是血了。谁的血？下面兑（☱）卦说明是羊的血——是羊头［初至四爻"互"夬（☱☰）卦］中流出来的血。流着血的羊头放在那儿，说明是在进行祭祀，是静静等待的意思。

卦象所表述的内容，全都暗含在卦里面了。连"主语""谓语""定语"等，全都有了。

　　天水讼（䷅）卦就不一样了。

　　其四至上爻也为乾（☰）卦。乾（☰）也为"头"。其下面就不是兑（☱）卦了。而是巽（☴）卦。"巽（☴）为风"、为进退不果、为绳直。什么叫"绳直"？就是像绳子一样细长之类的事物，易学称其象为"绳直"。就如同我们大脑中的神经。所以"讼"（䷅）卦三至上爻"互"姤（䷫）卦。说明是头脑［乾（☰）为头］中在来回［巽（☴）为进退］的思考。且神经［巽（☴）为绳直］紧张［乾（☰）为刚、为硬、为紧张］。中间［三至五爻为巽（☴）卦］为一支直直的笔［巽（☴）为绳直、为笔］，二至四爻为离（☲）卦。离为文、为文书、文章之类。二至五爻"互"家人（䷤）卦。如同一支笔（巽）在纸上写画（离）。下面初至四爻"互"未济（䷿）卦。为没有能达到共识。所以，一会儿这么写［二至五爻"互"家人（䷤）卦］，一会儿那么写［初至五爻"互"涣（䷺）卦］……不断地修改巽（☴）"木"生下离（☲）"火"——文稿下来了。坎（☵）"水"生上面的巽（☴）"木"——文稿又推上去了。巽（☴）为进退——来回折腾。反正意见总是不好统一。而且从三至上爻"互"姤（䷫）卦中看，还得"姤"通各种法官［乾（☰）为法、为官］、检查官、辩护律师等各种上层关系。还得与他们思想［离（☲）为思］"姤"通。中间写成文的文字、文件［二至五爻"互"家人（䷤）卦］，由于二至上爻"互"同人（䷌）卦，还得找点同事、同志、哥们儿帮忙才行。然后，还要继续扯皮［初至四"互"未济（䷿）卦］。

　　因为天水讼（䷅）卦的基础是由内（下）卦坎（☵）卦构成。是由内卦坎（☵）险发展出去的。内卦是反映事物（卦）的本质和基础的。由坎（☵）险向外发展的基础就不好。所以它就要靠外边（上卦）的力量来解决问题。这与"需"（☵）卦的情况就不一样了。

一个事物，你从这边看〔水天需（☵）卦〕，就得等待。因为坎（☵）险在前面〔上卦为前，为坎（☵）卦〕。你就必须等等机会。一等待，就好了。虽然比较被动。

要往那边看〔天水讼（☰）卦〕，这么等下去，还不得等着招官司。那就得赶快想办法解决才是。那可就不能等了。所以它是一种主动行为。

这种"反卦"的变化形式，可以从更多的方面来看清事物的本质。你站在我这方面看看，或我站在你那方面看看，观察分析同一件事物，所得出的结论往往是不一样的。"反卦"规律，实际上是又为我们指出了一种观察分析事物的思想方法。上面的往下看，下面的往上看；前面的往后看，后面的往前看；左面的往右看，右面的往左看……就是说，同样一个事物，至少要从两个对立（也是一种对应）面上去看待。所以叫"反卦"——从事物的反面或反面意义上来看待同一事物。由此观点出发来认识这个事物到底是什么性质？是一种什么特点？什么规律？然后，我们再决定自己的取舍和如何办理。

这是一种考虑方法、一种思维方法，同时也是一种思想方法。

实际"反卦"反映的是同一个事物状态（场）的不同侧面的表现形式。互为"反卦"的两卦之间的场性，有可能是同一的场性状态。即只是由"经卦"乾（☰）、坤（☷）、离（☲）坎（☵）卦所组成的卦。其"经卦"正反都是原卦本身。其"反卦"两卦中，各自上下两卦数的总和（场）相同。也有可能是不同的场性状态。即由"经卦"兑（☱）、震（☳）、巽（☴）、艮（☶）卦所组成的各种卦。其"经卦"本身正反两面是不同的状态。其互为"反卦"两卦中，各自上下两卦数的总和（场）不相同。

例如：天火同人（䷌）卦与火天大有（䷍）卦互为"反卦"。

天火同人（䷌）卦内，上下两卦组成的总场（卦）数为乾（☰）1+离（☲）3=4。

"4"的场态对应于"先天八卦""经卦"的震（☳）卦（场）所反映的状态。震（☳）卦的场性是"木"性。因此，天火同人（䷌）卦的总场性与"经卦"震（☳）卦的场性相同——都是震（☳）为"木"的"木"性状态。

火天大有（䷍）卦内，上下两卦组成的总场（卦）数为离（☲）3+乾（☰）1=4。

"4"的场态对应于"先天八卦""经卦"的震（☳）卦场所反映的状态。震（☳）卦的场性是"木"性。所以，火天大有（䷍）卦的总场性与"经卦"震（☳）卦的场性相同——都是震（☳）为"木"的"木"性。

这例子说明，同样一件事物，从其相反的方向去观察分析及看待时，所感觉和认识到的总场及总场性有可能是一样的。这也是当今物理学中一般常用的哲理概念。

例如：山天大畜（䷙）卦与天雷无妄（䷘）卦互为"反卦"。

山天大畜（䷙）卦内，上下两卦组成的总场（卦）数为艮（☶）7+乾（☰）1=8。

"8"的场态对应于"先天八卦""经卦"的坤（☷）卦场所反映的状态。坤（☷）卦的场性是"土"性。所以，山天大畜（䷙）卦的总场性与坤（☷）卦的场性相同——都是坤（☷）为

"土"的"土"性状态。

天雷无妄（☳）卦内，上下两卦组成的总场（卦）数为乾（☰）1+震（☳）4=5。

"5"的场所对应的是"先天八卦""经卦"中的巽（☴）卦之"木"性场。所以，天雷无妄（☳）卦的总体场性是巽（☴）卦之"木"性的场性状态。

这说明，同样一件事物，从其相反的方向去观察分析及看待时，所感觉和认识到的总场及总场性有可能是不同的。就如上面这个例子所反映出的规律一样。从正面看，是山天大畜（☶）卦。其场性是与坤（☷）卦之"土"性场状态一样。而从其反面去看时，所得到的天雷无妄（☳）卦，其场性却与巽（☴）卦之"木"性场状态一样。

所以说，从不同的方位、角度上看同一个事物，所得到的场性状态往往是不一样的。这是符合我们一般的科学认识论的。这也是被当今物理学所往往忽略的哲理概念。

下面我们总结一下前面所讲的一些内容。

前面我们讲了"连互""半象""反象"等，三大类型的内容。

"连互"是在四个爻之间形成的"互体之象"的基础上，发展发挥的一种卦变的方法。也可以说，"连互"是"互体之象"的一种变种。

"互体之象"在不同的易学著作中，又被叫做"互体""互卦""互象"等。其包括三个爻之间、四个爻之间、五个爻之间的"互体之象"状态。

"连互"主要是四个爻之间的"连互"（又叫"四爻连互"）

和五个爻之间的"连互"（又叫"五爻连互"）两种情况。

因为在六个爻的卦体中，

每四个爻的最中间有两个是其"互体"卦（三个爻的"经卦"）之间的"共用爻"。

每五个爻的最中间有一个爻是"互体"卦（三个爻的"经卦"）之间的"共用爻"。

如：天水讼（䷅）卦。

其"四爻连互"结果：

初至四爻为火水未济（䷿）卦。

二至五爻是风火家人（䷤）卦。

三至上爻是天风姤（䷫）卦。

其"五爻连互"结果：

初至五爻是风水涣（䷺）卦。

二至上爻是天火同人（䷌）卦。

表面上看，天水讼（䷅）卦是上卦乾（☰）卦和下卦坎（☵）卦两卦（两个事物）之间的事物关系。经过四个爻和五个爻之间的一次"连互"之后，又得到了 5 个六爻卦体。再加上原来的本卦"讼"（䷅）卦，一共有 6 个六个爻的卦体。每个六爻卦体中，有 4 个"经卦"（事物）单元。6 个六爻卦体中，一共内涵了 24 个"经卦"（事物）的单元。这些"连互"的结果，还可以根据需要继续"连互"下去。将会发现更多的内涵事物与内涵内容。

这样"连互"——展开、放大之后，可以将原来表面看来是简单的事物群体中间隐含着的矛盾及关系，揭示出来。

"四爻连互"是将一对事物关系中的内涵展示出来。

"五爻连互"是将三个事物关系中的内涵展示出来。

"半象"的意思，是将复杂事物（卦）之间的关系，将其同性质相合的卦爻合并、归纳成同一个爻。将事物关系化简——抓其主要矛盾。

"连半象"的意思，是若想将事物（三个爻的卦）之间隐藏的内涵展示出来，就可以像"连互"一样将其"半象"（三个爻的卦）展开。这同样也是我们将易学思想发展、延伸出来的一种思路和思想方法。

"反卦"。"反卦"是一个卦正着看是一个卦，反过来看，就形成了另一个卦。"反卦"之间是相辅相成成对出现的。

64卦中，传统的易学者认为，只有乾、坤、坎、离、中孚、颐、小过、大过8个卦是没有"反卦"的之外，其余的56卦都存有各自的"反卦"。一共形成28对"反卦"。

"易经"64卦"序卦"的卦序，基本上是按"反卦"的方式排列的。

比如：

水雷屯（䷂）卦下接山水蒙（䷃）卦。

水天需（䷄）卦下接天水讼（䷅）卦。

地水师（䷆）卦下接水地比（䷇）卦。

风天小畜（䷈）卦下接天泽履（䷉）卦。

……

这是我们一般所能看到的《周易》和传统流行的"易经"版本的统一排列顺序。即其排列特点是"非覆即对"（有的易学者称其为"非覆即变"）的。

当然，还有其他的如"消息""京房"（游魂、归魂之类）"飞伏"等不同的"卦变"排列规律。这都是不属于《周易》"正宗"的正统排列方法。

过去所讲的"正统"的所谓《周易》及易学思想，我想应当是咱们这里所讲的《周易》规律及易学思想方法才对。

在《系辞》中，这种"反""覆"之象特别多。卦既然"反""覆"了，那么，一卦中的三四、二五、初上各爻也会相应的"反、覆"变化位置。虽然，其位置变化了，但往往它们之间还保留了某些共通的性质和内涵。

比如：

"损"（䷨）卦的六五爻曰："或益之十朋之龟，弗克违。"

其"反卦"是风雷益（䷩）卦。"损"（䷨）卦的第五爻变成了"益"（䷩）卦的第二爻。

因此，

"益"（䷩）卦的六二爻也曰："或益之十朋之龟，弗克违。"

再如：

乾为天（䷀）卦其"覆"卦仍是乾（䷀）为天卦。

"乾"（䷀）卦的九二爻爻辞说："利见大人。"

其"反覆"之后，变为"乾"（䷀）卦的第五爻。

所以，

"乾"（䷀）卦的第五爻（九五爻）也曰："利见大人。"

又如：

水火既济（䷾）卦与火水未济（䷿）卦互为"反"卦。

故而，

"既济"（䷾）卦九三爻曰："伐鬼方。"

"未济"（䷿）卦九四爻也曰："伐鬼方。"

同理：

如：山风蛊（䷑）卦。

山风蛊（䷑）卦的初六爻曰："有子，考无咎。"

由于参考了"蛊"（䷑）卦的初六爻能与上九爻互"反"，由山风蛊（䷑）卦变为地天泰（䷊）卦。所以，"泰"（䷊）卦初爻的内容可补充得到"考，无咎"的来源。

又如：地天泰（䷊）卦的九三爻曰："无平不陂，无往不复。"

而乾为天（䷀）卦的九三爻的"象辞"解释其爻辞的根据（原因）时，曰："反复道也。"

从这里我们自然就可以看出，"泰"（䷊）卦中，卦也"反""覆"和爻也"反""覆"的例证。

再如：泽天夬（䷪）卦与天风姤（䷫）卦互为"反卦"。

"夬"（䷪）卦九四爻曰："臀无肤，其行次且。"

"姤"（䷫）卦九三爻也曰："臀无肤，其行次且。"

当然，还有许多的"反卦"的例子。有些"反象"是"反卦"组成的；又有些是"反爻"组成的；还有些是"反卦"和"反爻"同时组成的。我们在分析、研究卦、象、爻辞时应该特别注意。因为有时是由卦、爻综合性"反"复分析的结果，才能判断出其辞句的依据和来源。

下面谈谈"对象"的规律和特点。

2. 对　象

"对象"的定义与概念，在不同的易学著作中，有不同的解释。其又被称为"对卦""旁通卦""错卦""错象""类卦""对易"等。

有的书中说："一卦卦爻与另一卦卦爻完全对应而相反的卦，叫'旁通卦'。"

还有的书中将其定义为："随着阴阳爻性质完全不相同，而转化成另一种相对不同的现象，称之为'对卦'。"

我认为"对象"的定义应该是：

对应位置相同，且阴阳爻性质完全相反的两个卦，称之为"对象"。又名"对卦""错卦""旁通卦""类卦"等。

不只是说，一个卦是另一个卦的"对象"，而是此两卦之间互相称为"对象"。"对象""对象"，说明"对象"是成对出现的。

两卦之间的最大特点是：

对应爻的性质完全相反。即两个卦同样位置上的爻的（阴阳）性质完全（全都）相反。

"对象"在一般易学著作中，除了叫"对象"之外，在汉朝易著中，叫"对卦"。

还有某些易著中，叫作"旁通卦"。《易传》的"系辞"中还强调了"旁通卦"的某些表述与理解作用，故其曰："旁通情也。"说明从某卦的"旁通"相对应的另一个卦（对卦）的"通情"内涵中，能找到本卦内涵未能完全表达出来的另外的未能完全性表达的那部分"补充及充实性"的表达内容。

清代易学家惠栋所著的《周易述》、唐代易学家李鼎柞所著《周易集解》中，都将这种卦变方式或方法，称之为"旁通卦"方式。

到了易学家来知德的时候，他把这种卦变称之为"错卦"。因为这两个卦中，对应位置上的对应爻的阴阳性质，完全不一样了。似乎好像是"错"了一样。

有些易著中，将这种卦的变化称做是"类卦"。按易学"方以类聚"原则而来的。

当然，"对象"不只是指六个爻的卦体相互之间的"对象"变化。它还应当包括三个爻、四个爻、五个爻乃至一个或两个爻直至六个以上爻的卦爻体之间互为"对象"的变化状态。

一个爻或两个爻的"对象"变化状态，有的书中把这种变化状态，叫"飞伏"中的"飞卦"。

下面举例说明什么情况是"对象"。

例：

乾为天（☰）卦的"对象"是坤为地（☷）卦。

坤为地（☷）卦的"对象"是乾为天（☰）卦。

坎为水（☵）卦的"对象"是离为火（☲）卦。

离为火（☲）卦的"对象"是坎为水（☵）卦。

山雷颐（䷚）卦的"对象"是泽风大过（䷛）卦。

泽风大过（䷛）卦的"对象"是山雷颐（䷚）卦。

风泽中孚（䷽）卦的"对象"是雷山小过（䷽）卦。

雷山小过（䷽）卦的"对象"是风泽中孚（䷽）卦。

……

从以上的"对象"例子中，可以看出来："对象"是成对出现的。两个"对象"之间是互相为"对象"的。

我们平时讲到婚姻和爱情问题时，一定会提到"找对象"的问题。这个"找对象"之词及概念是来源于易学思想中，"对象"概念的启示。我们应该如何"找对象"（当然不只是爱情方面的对象，应该是延伸到如何寻找各种合作伙伴、合作对象或关系之间中去），就可以根据我们现在学到的"对象"规律及原则、状态，来确定自己的"对象"，以及什么状态、情况之间才能成为"对象"（互为对象）。

从以上 8 个例子中还可以看到，"对象"之间应该是阴阳性质及结构状态都是互补的。这也就是，为什么"太极图"结构及物理学家玻尔从"太极图"中，反映及悟出"阴阳是相互互补"的易学思想的原因。

在《易经》八八六十四卦中，每一个卦都有自己的"对象"存在。又由于"对象"都是互为"对象"，即成对出现的。所以，64 卦中，有 32 对"对象"存在。

且"对象"之间，其内部的结构状态是完全相反的。二者相遇，是完全处于某种"中和"状态的。从场效应关系上讲，它们二者相遇，是不显任何"极"性（阴阳、正负之类）。而且两者内部的各种场力之间相互抵消——总体状态呈中性或总体场的合力为零。按现代物理学的概念，是处于互相"淹没"状态。"淹没"不等于是消失了。而往往是转化成其他的场继续存在——只是存在形式发生了一定的变化而已。

在"淹没"的过程中，从"对卦"事物各自的外部总体场性来看，不一定非得是以其场性相反的场才能"淹没"。二者是不同性质的场，也可以"淹没"。"淹没"之后，又会形成其他性质的场。可是，这个场又不一定与前两种事物（卦）的场是同性质的场。

例如：乾为天（☰）卦与其"对卦"坤为地（☷）卦。

二者相合，中间各对应阴阳爻场力中和掉之后，其表面看，其内部场力应该是为零或处于"中和"平衡状态（"阴阳互补"）。

实际从其总体外表来看，还是转化成了其他的场。

因为乾为天（☰）卦内的上下卦合起来形成的总场（卦）数为乾（☰）1+乾（☰）1=2。

"2"数的场对应于"先天八卦""经卦"中的兑（☱）卦之场——乾为天（☰）卦的总体场性。即兑（☱）为"金"性状态。

而坤为地（☷）卦内的上下卦合起来的总场（卦）数为坤（☷）8+坤（☷）8=16。

"16"数的场为16÷8，整除。故其数为8。

"8"对应于"先天八卦""经卦"中的坤（☷）卦之场——坤为地（☷）卦的总体场性，为坤（☷）"土"之"土"性状态。

乾为天（☰）卦+坤为地（☷）卦=2+8=10。

10÷8（因为"先天八卦"一共只有8个卦。为了确定是对应于哪个卦所表述的场。故要以8来相除），余2。

"2"的场对应于"先天八卦"中的"经卦"兑（☱）卦的场。兑（☱）卦场的状态，其"五行"性质，属"金"性状态。这已经既不只是乾为天（☰）卦的兑（☱）卦之"金"性场的状态，又不是坤为地（☷）卦的坤（☷）卦之"土"性场的状态，而是兑（☱）卦之"金"性场的状态了。

注：以上内容可参阅本书"八卦之象"一节。

以上这个例子，如果觉得其间场与场之间的差异不太明显的话，下面我们再举一对"对卦"的例子，来说明我们以上的观点。

例：大泽履（☰☱）卦与其"对象"地山谦（☷☶）卦。

天泽履（☰☱）卦内的上下卦合起来形成的总场（卦）数为乾

（☰）1+ 兑（☱）2=3。

"3"数的场对应于"先天八卦""经卦"中的离（☲）卦之场——天泽履（☰）卦的总体场性是离（☲）为"火"之"火"性状态。

地山谦（☷）卦内的上下卦合起来形成的总场（卦）数为坤（☷）8+ 艮（☶）7=15。

15÷8，余7。

"7"数的场对应于"先天八卦""经卦"中的艮（☶）卦之场——地山谦（☷）卦的总体场性是艮（☶）为"土"之"土"性状态。

天泽履（☰）卦总体数 + 地山谦（☷）卦总体数为3+7=10。

10÷8，余2。

"2"数之场对应于"先天八卦""经卦"兑（☱）卦之"金"性场的状态。

"淹没"后形成的兑（☱）卦之"金"性场态已与原来的天泽履（☰）卦的离（☲）为"火"场态和地山谦（☷）卦的艮（☶）为"土"的场态，完全不一样了。

从以上这两个例子可以看出，不管原来互为"对卦"的两个六爻卦其总场性及状态如何，只要是二者相互"淹没"之后，都会余下兑（☱）卦之"金"性场态。兑（☱）金是一种不稳定（活泼）的"金"性状态。因为其上爻为阴爻，为性质不稳定的壮态。上爻又表示表面及外部的性质特点。所以说，兑（☱）卦之"金"类似是化学性质活泼、物理性质不稳定的"金"性事物（不是物质）状态。这也就是说，有可能现代高能物理及量子物理学中，为什么很难找到统一的、较固定的、准确答案的重要原因之一。

在我们平时一般易学应用的过程中，"对象"实际反映和说明的是：

从某种意义上来说，任何事物都是要向自己的反面发展的。没有任何一个事物是一成不变的事物。所以，这也是我们常说的"物极必反"、"否极泰来"等哲理思想的易学依据。

这还告诉我们可以从横向（历史发展过程）上来看待及对待事物。看看过去（"本卦"）、看看现在（"变卦"）、再看看将来（"对卦"）。从长远发展变化上看事物的发展变化乃至结果。从而决定我们的取舍及行动准则。也就是说，"对象"是事物本身将来（相互）发展的趋势与结果。

为了决策当前的行动，必须要知道当前行动的结果（即将来的发展趋势及结果）最终是什么状况。那么，当前这个行动卦的"对象"（卦），就是你行动的最终结果的表述。

同时说明"对象"是表示一个事物从总体上（上、下两个"经卦"同时）发展到了与自己的状态完全不同的对立状态。但是，事物总不会一下子就发展到自己的对立状态去的。总是要有一个发展过程的。

比如：一个六爻卦体内的上下两卦，如果表示一对合作伙伴时，如果一方撕毁合约。那么易学中，将是如何表示的呢？

这就是"对象"中，"半对象"表述的方式及内容所反映的结构状态了。

"半对象"又叫"半错卦"。

它分为"上半对象"和"下半对象"两种状态。

下面分别讲述其性质特点及状态。

a、上半对象

"上半对象"，指的是六爻卦体中，上半部分（上卦）的卦体，变为对应爻位置及阴阳性质完全相反的"经卦"。而下半部分（下卦）的卦体及阴阳爻的性质和位置仍然保持原样不变。这样组成的一个新的六个爻的卦体，就叫做原卦的"上半对象"。又叫"上半错卦""上半对卦""上半错"等。

那么，"上半对卦"在《易经》的学习和研究中，会有什么作用呢？

比如：雷泽归妹（䷵）卦。

雷泽归妹（䷵）卦的上卦是震（☳）卦；下卦是兑（☱）卦。其"上半对卦"就是将上卦震（☳）卦变成自己的"对卦"巽（☴）卦。而下面的下卦仍保持是原来的兑（☱）卦。这样上下重叠形成了风泽中孚（䷼）卦。风泽中孚（䷼）卦就叫原来雷泽归妹（䷵）卦的"上半对卦"。同样雷泽归妹（䷵）卦也是风泽中孚（䷼）卦的"上半对卦"。

所以，

雷泽归妹（䷵）卦的六五爻曰："月几望。"

风泽中孚（䷼）卦的六四爻也曰："月几望。"

再如：山水蒙（䷃）卦。

山水蒙（䷃）卦的上卦艮（☶）卦变成自己的"对卦"兑（☱）卦；下卦仍是坎（☵）卦。这样上下重叠组成了山水蒙（䷃）卦的"上半对卦"泽水困（䷮）卦。

泽水困（䷮）卦有"困"之意。

山水蒙（䷃）卦有"困蒙"之辞。

由以上的例子可以看出，无论"上半对卦"二卦之间如何组成，各自卦都与自己的"上半对"相联系的。上面这些例子是将"上半对卦"的联系，通过两卦之间的卦、爻之辞体现了出来。可是大量的"上半对卦"的卦、爻之辞中，却都没有反映出来这种对应关系。但是不管其卦、爻辞中有没有反映出来这种对应性关系，"上半对卦"的实际意义还是存在的。

下面举个实例加以说明。

前面讲到"对卦"时，我们所看到的都是六爻卦体中，上下两个"经卦"都变成了自己的"对卦"。

比如：举水雷屯（䷂）卦变成其"对卦"火风鼎（䷱）卦为例来说明合作双方所组成的合作状态。

也就是说一对事物中，其内部双方都同时走向了自己的反面。或者说都转化成自己的反面状态。即原来合作的双方，同时都改变了各自的合作意愿与状态。

原来双方合作的很好，可是现在有一方却不守信用，撕毁了合同。原来积极合作的形势，现在有可能转化成了不好合作的状态。这种情况的变化会出现一种什么结果呢？那么，"半对卦"的判断方法，就会为我们提供一种新的思考方式。

假如：是双方同时都不愿意合作了。那就由水雷屯（䷂）卦转变成火风鼎（䷱）卦。"鼎"（䷱）卦有"去故也""去旧立新""骑虎难下"之意。说明双方原先困难的萌芽"屯集"状态已无法维持下去了。必须得"革故取新"，采取新的合作方式及合作体制才行。

如果，原来"屯"（䷂）的上卦坎（☵）卦为对方，下卦震（☳）卦为我方。

则形成的是对方坎（☵）"水"滋生着我方震（☳）"木"的形势。是对方主动找上门来支持我的一种状态。当然，这种局面对我方非常有利。而对方就非常被动了。

假若，对方由于此合作过程中，无利可图，不愿意再这样合作下去了，或者是改变了自己在合作中的态度及做法。同时，我方也感觉到原来的合作状态太紧张、太累、太辛苦［震（☳）为雷、为动、为急速］。也想改变一下合作的方式和做法。使我方在合作中，有更大的自由度和回旋余地。这样一来，双方都改变了自己的立场。都走向了自己合作的反面状态。

这么一变革，对方上卦坎（☵）卦变成了离（☲）卦，我方下卦震（☳）卦变成了巽（☴）卦。上下两卦重叠，就形成了火风鼎（䷱）卦。

在这种新的合作环境［鼎（䷱）卦］中，我方之巽（☴）"木"滋生着离（☲）"火"之对方。我方由坐收余利变成了对方坐收余利。我方由主动变成了被动。而双方的内心里又是［二至五爻"互"夬（䷪）卦］短期效益、小事、小范围合作的思想［夬（䷪）为小事吉。小心眼、为见异思迁、短期、短线、快周转性的行为］。因为我方由主动变被动。对方虽然由被动转为主动，可是见钱眼开、见利忘义——其内部也发生了分歧［"鼎"（䷱）卦三至上爻"互"睽（䷥）卦，"睽"为说的、想的与实际不一致］。大家都说的好听，只是脑子里想，光拉公共关系，而实际无人干实事儿。

估计这种合作状况也长不了。必须"去旧取新"——采取新的与现实市场需求相适应的合作方式合作，才能从根本上解决问题。

如果，双方现在是单方面不愿合作，撕毁合约。这会行成一种什么合作状态呢？

比如：仍是在水雷屯（☵☳）卦中，上卦坎（☵）卦为对方，下卦震（☳）卦为我方。

原来是对方主动的找上门来［上坎（☵）"水"生下震（☳）"木"］。合作对方对我方特别好。合作环境特别有利于我方。因为在这个合作中，我方内里［初至四爻"互卦"的二至四爻为"经卦"坤（☷）卦］的坤（☷）"土"之卦与对方的内部［三至上爻"互"蹇（☶☵）卦。其初至三爻为"经卦"艮（☶）卦］艮（☶）"土"之卦，"土土相合"。说明双方从内心里都是实在想合作的。可是在这个合作中，对方为坎（☵）"水"，特别被动。往往只有付出而无任何回报。所以，现在对方就不干了［因为原先其内部就是"互卦"蹇（☶☵）卦。说明内部各种关系既别扭又紧张，意见不一致。上面坎（☵）指挥不动下面的艮（☶）。处于非常困难的境地］。

这样一来，对方就由原来的"经卦"坎（☵）卦，变成了"经卦"离（☲）卦。由"水"性变成了"火"性。由踏踏实实、讲吃苦、讲义气、以诚信为主，转变成了表面热忱的"离中虚"状态。当然，在原先的合作中，我方受益匪浅。我方还想继续与其合作的意项不变。因此，我方还是维持原先震（☳）为"木"的状态。

由于对方的变化，合作状态就由原来的水雷屯（☵☳）卦转变成了火雷噬嗑（☲☳）卦。这就构成了"上半对卦"的状态。

在火雷噬嗑（☲☳）卦的状态中，

对方（上卦）为离（☲）"火"。而我方（下卦）还是震（☳）

"木"状态。在新的合作状态中，反而成了我方震（☳）"木"滋生着对方离（☲）"火"的状态。即我要积极［震（☳）为疾速］主动地谦让和拍对方的"马屁"才行。对方反而可以坐收余利了。这种情况，对我方就不利了。可总体上看，我们双方的合作，由水雷屯（䷂）的屯积，萌芽的起步状态转变成了火雷噬嗑（䷔）的什么事情往往都可以办成，但是中间总是会有不进人意的事情发生（结果总不能让人满意）。

通过以上的分析以后，我们知道了合作双方在两种状态下的不同处境。所以，在今后的决策中，易学的这种"卦变"又给我们提供了一条思路。

由上面状态可以看到，在"上半错"的状态中，我是很被动的。

假如，对方不变而我方变化，又会行成一种什么状态呢？

这就是"下半对卦"所反映的状态。

b、下半对卦

"下半对卦"指的是，在"对卦"过程中，六爻卦体的上卦保持原来位置及状态、性质，而其下卦却转变成了自己的"对象"（完全相反）状态。

"下半对卦"又叫做"下半错""下半对"等。

"下半对卦"在《易经》中的一些卦、爻辞的关系中，是有其具体意义的。

例如：天泽履（䷙）卦。

天泽履（䷙）卦中，其上卦是乾（☰）卦；下卦是兑（☱）卦。现在是上面的上卦乾（☰）卦仍保持着原来的乾（☰）卦状态。可是其下卦的兑（☱）卦却变成了自己的"对卦"艮（☶）卦。这样上下重叠就组成了天山遁（☶）卦。那么，天山遁（☶）卦就叫做天泽履（☱）卦的"下半对卦"。同样，天泽履（☱）卦也是天山遁（☶）卦的"下半对卦"。

所以，

"履"（☱）卦的卦辞曰："履虎尾。"

"遁"（☶）卦的初六爻的爻辞与其"象"辞曰："遁尾。"

由以上的"上、下对卦"在确定《易经》中的卦、象、爻辞的关系中，我们知道了"上、下半对卦"在《易经》卦、象、爻辞中的作用。但是，无论互"对"两卦（六爻卦）的关系与状态在卦、象、爻辞中有没有体现，可是它们的作用却是实实在在的存在着的。

下面举个"下半对卦"的具体例子加以说明。

例如：还是以前面的水雷屯（☵）卦的合作状态为例。

也还是以其上卦坎（☵）卦为合作的对方。下卦震（☳）卦为我方。

当对方没有发生什么变化，而我方却不守信用，撕毁了合同——想改变一下自己的处境或走向了自己的反面。

这样做会形成一种什么样的合作状态呢？

这样就形成了：表示对方的上卦"经卦"坎（☵）卦，依然不变的处在六爻卦的上卦位置上。而表示我方的下卦"经卦"震（☳）卦却变成了"经卦"巽（☴）卦。这样上下两"经卦"重叠组成了水风井（☴）卦。

水风井（☴）卦就称为水雷屯（☵）卦的"下半对卦"。当然，水雷屯（☵）卦也是水风井（☴）卦的"下半对卦"。

在水风井（䷯）卦中，表示对方的上卦依然是"经卦"坎（☵）为"水"卦。而表示我方的是下卦"经卦"巽（☴）"木"之卦。

在这种状态中，仍然是对方的坎（☵）"水"主动滋生着我方的巽（☴）"木"。说明对方会主动找上门来支持我方。我依然是处于坐收余利的状态。只不过是合作中，我的回旋余地更大、更自由一些了。对方还是那么辛劳、诚实地、主动地协助我。"井"（䷯）卦本身就有求助、求援、借光、占便宜的意思。说明对方是上我方这里"找水"喝来了。上我方这儿找办法来了。我方就更占便宜了。因此，我方就可以采取以下方案来对待对方。可以告诉对方不要改变原来自己的合作状态，我方主动改变一下就行了。

也就是说，要求我方不要太依势压人［震（☳）为雷、为躁、为率领］，要变的柔和、随和一点，给自己和对方留有充分的回旋余地［巽（☴）为进退］。同时，也要主动地时不时地给对方以小小的回报［下卦"互"大过（䷛）卦中的兑（☱）"金"，滋生着对方之坎（☵）"水"。同时我方的下卦巽（☴）"木"还生着对方的"互"既济（䷾）卦中的离（☲）"火"］。只是双方都要警惕，外界可能到他们那儿白吃白喝、白占便宜的人或行为太多了。

这就是"下半对卦"在观察、分析、研究事物中的作用。

下面来看看"反对之象"的规律、特点及作用。

现代易经讲课实录

3. 反对之象

"反对之象"我认为，一般应该是指 64 卦中，既有"反象"，又有"对象"的卦。

在其他多数易著中，将"对象"或"反象"称之为"反对之象"。我认为这是对"反对之象"与"反象"、"对象"之间的功能和性质上的一种模糊认识。是不符合易学整体、全面、严格、完整、统一体系的思维（哲理、逻辑）方法的。因为不同的"象"及"象（卦）变"是表述和反映不同的逻辑思维方式及思想方法的。一定不能将其混为一谈。否则，将使我们的思想及思维陷入混乱状态。故而就很难看清事物的本质面目。这也就失去了学《易》的真实意义。

下面举例说明什么是"反对之象"的"卦变"状态。

例如：水雷屯（䷂）卦。

水雷屯（䷂）卦的"反卦"是山水蒙（䷃）卦。

水雷屯（䷂）卦的"对卦"是火风鼎（䷱）卦。

火风鼎（䷱）卦的"反卦"是泽火革（䷰）卦。

泽火革（䷰）卦的"对卦"是山水蒙（䷃）卦。

山水蒙（䷃）卦的"反卦"是水雷屯（䷂）卦。

火风鼎（䷱）卦的"对卦"是水雷屯（䷂）卦。

泽火革（䷰）卦的"反卦"是火风鼎（䷱）卦。

山水蒙（䷃）卦的"对卦"是泽火革（䷰）卦。

这样变化以后，就可以看到，由原来的一个水雷屯（䷂）卦又揭示出了 3 个六爻卦。即火风鼎（䷱）卦、山水蒙（䷃）卦和泽火革（䷰）卦。一共形成了 4 个相互"反""对"的六爻卦系统。

这 4 个六爻卦中的每个六爻卦，都能够进行"四爻连互"和"五爻连互"。这样就会使这个系统的内涵变的更大、更复杂了。如果将"连互"的结果再进行"连互"的话，系统内涵就又会扩大数十倍以上。

传统易学中认为，在 64 卦中，既有"反"又有"对"的卦，一共是 28 对，56 个卦。每一个既有"反"又有"对"的卦，按其"反""对"之象的方法，至少能演变出 3 个六爻卦体来。

其中，

"对象"是用做事物横向及横向发展与联系判断时，使用的思维方式。其主要强调的是事物的发展变化过程——不同时间条件下所对应的场、态。

"反象"是用于纵向判断事物时，所使用的思维方式。主要强调的是事物的发展变化过程——反映的是事物同时性不同方向的结构场、态。

一个事物用我们学过的易学思维方法：前面看看、后面看看、看看过去、看看现在、看看将来、上下看看、左右看看……再加上，一个六爻卦体内部卦爻之间的各种变化，这样看问题的话，是不是就更全面、更细致了。

总之，学习了"对象"、"上半对象"、"下半对象"、"反象"、"反对之象"规律之后，每当出现一个六爻卦体时，我们都可以通过这些变化规律推导出许多的其他状态来。原来看，只是一个六爻卦体，经过我们利用前面知道的这些易学的变化规则及"定律"，就会发现更多、更复杂的变化状态。使我们在考虑一个问题或分析一件事物时，能从整体且全面的角度上，做出通盘细致的判定。不但有利的因素要考虑到，不利的因素也要考虑到；不仅要考虑到其整体的当前状况，还应考虑到其过去的状况以及将来向其相反方面转化的状态；不只是要考虑到事物整体的发展变化，而且还要考虑到事物内部局部性的变化——你不变我变，会形成什么状态；你变我不变，又会形成什么状态等等。从各个方面将事物分析清楚以后，就可以知道同一件事物，由于其所处的环境条件的不同，其性质的好坏优劣也就不同了。事物都是互相联系地存在着，在不同的空间结构条件下，同样一件事物其所对应的性质特点及规律也往往是不一样的。任何事物都对应存在于一定的时空关系中。时间变了，其时间所对应的空间结构也就变了。空间结构变了，事物之间的关系和规律也往往将随之变化。

故《易·系辞》曰："是故，君子安而不忘危，存而不忘亡，治而不忘乱。"

以上的这些卦变规律及"定律"，不是我张老师在自己瞎编用来糊弄人的，都是有一定的易学知识做根据的。因为可以通过一些爻辞的共同特点，就能发现这类"卦变"的规律。

比如：天泽履（☰）卦。

天泽履（☰）卦的"旁通卦"（"对卦"）就是地山谦（☷）卦。

"履"（☰）卦的"卦辞"曰："履虎尾，不嗜人。"

在天泽履（☰）卦中，哪个卦是"虎"呀？哪个卦是"尾"呀？找不到。可是在其"旁通卦"地山谦（☷）卦的初至三爻为"经卦"艮（☶）卦。"艮为虎""为尾"。这是按汉朝以前的卦意概念，即"艮为虎""艮为末""艮为尾巴"的意思而确定的卦义。

因为"履"（☰）卦"上卦"乾（☰）卦的"对卦"是坤（☷）卦，故而在汉朝及其之前，"经卦"坤（☷）卦的"卦象"，也可以作为"虎"的概念及内涵来看待。因为其坤（☷）卦卦形的组合状态，很像虎身上的一条条的斑纹。这就是根据"对卦"以及"对卦"中的性质特点地分析，得出的"卦辞"（系辞）结论。

《周易》的卦爻辞根据，不一定全都能从"本卦"的卦、爻之中找到，往往会从其"对卦"（旁通卦）中才能找到答案。这也是易学《系辞传》中讲到的"旁通情也"的一种很重要的"借助"性理解与解释的思维方法。由此我们应该深刻地感受与体会到，完全相反、相悖及处于极端条件下的两个卦（卦对应于一定的事物），它们两个"对卦"之间的关系，强烈反映出的是谁也离不开谁的"互补"性功能与作用。而不像现在一般人们认为的那样，二者仅仅是"对立"、"排斥"、"排他"性的功能与作用。在这种对事物关系间的认识上，西方的物理学家玻尔，比我们中国本土各学界人（包括易学界、哲学界、物理界等）的认识，却要深刻、透彻得多。甚憾！

当然，要是只用天泽履（☰）卦的卦形结构来分析，不用使用其"对卦"的内涵，也能找到"不嗜人"一辞的根据。其"履"（☰）卦中间三、四、五爻组成有"风从虎"之意的巽（☴）卦。巽（☴）卦之意也有"为虎"之意。四、五、上爻为乾（☰）卦。乾（☰）为"头"。乾（☰）卦与巽（☴）卦相"互"，为姤（☴）卦。四个爻的姤（☴）卦就表示为"虎头"。下面初至三爻为兑（☱）卦。兑（☱）为口。兑（☱）卦上面的阴爻，就像老虎口中的那两颗虎牙。二至四爻为离（☲）卦。"离中虚"、离

现代易经讲课实录

（☲）为血、为红。其与下面的兑（☱）卦"互"为睽（☲）卦。四个爻的睽（☲）卦，像一个张着血盆大嘴的虎口。"离中虚"说明虎口中没有什么东西。因而"不（没）嗜人"。

从整个天泽履（☰）卦的卦象结构来看，说明是在老虎的嘴巴前面。在老虎头上的虎嘴的前头。随时有可能一不小心，自己的脑袋就被老虎给咬下来的。同时，也说明是处于相当危险的一种状态下。因此，此时不管干什么都要小心谨慎，严格认真的对待。

这是根据"本卦"（变卦之前的原卦）自身卦象之意的依据，得出来的"卦辞"内容。

当然，此类的例子，在《周易》中有很多。大家在研学易学，特别是"经文"的过程中，经常会遇到。如果了解、掌握了易学"对象"之间的性质特点及联系，就能较轻易地知道某个卦、爻辞的来历及依据了。

现代易经讲课实录

第八节　交易之象

"交易之象"又名"交卦"。有交错、交换的意思。

"交易之象"的定义：

六爻卦体中，其上下两卦交相易位后，又重新组成的六爻卦体，叫做原卦的"交易之象"。又名为"交卦"。

也就是说，在一个六爻卦体中，将其下卦上移至上卦的位置上，又将其上卦下移到下卦的位置上后，又组成的新卦体就是原卦的"交卦"。自然原卦也是此新卦体的"交卦"。也就是说，"交易之象"与"对象"、"反象"相同，也是互相成对存在的。

这种上下卦交相易位后，所形成的卦，在传统易学中就叫"交卦"。又叫"交易之象"

汉朝时的易学者，将其称之为"两象易"或"上下易""上下象易"等。

在其他一些易著中，还有称其为"交易卦""交错卦""交卦"的。

下面举例说明什么是"交易之象"。按现在的思想理解，它所反映的"象"变规律，说到底就是一种"换位思考"的思想方法和思维方式。

例如：还是天泽履（☰）卦。

将天泽履（☰）卦中的下卦兑（☱）卦，放在六爻卦上卦的位置上；再将天泽履（☰）卦的上卦乾（☰）卦，移到六爻卦下面的下卦位置上。这样又组成的六爻卦体泽天夬（䷪）卦。这个泽天夬（䷪）卦就叫天泽履（䷉）卦的"交卦"。同时，天泽履（䷉）卦也是泽天夬（䷪）卦的"交卦"。

这就是下面的卦换位到上面去，上面的卦换位到下面来了。是二者（卦）交相易位所构成的卦体。就是说，上下两卦的位置换了个个。

所以，天泽履（䷉）卦的"九五"爻"爻辞"曰："夬履，贞、厉。"

这"爻辞"中的"夬"字是从何来的？是由"履"（䷉）卦内，其上下卦交错易位后形成的泽天夬（䷪）卦中得来的。如果，不知道"交卦"的概念及特点时，就无从知道这个"夬"字的来历了。其中，"贞"，是占筮、占卜、正固的意思。"厉"，为不是太好、有点小小的毛病之意。

再例：雷风恒（䷟）卦。

雷风恒（䷟）卦有恒久、持久、持之以恒、坚持到底、保持之意。

将雷风恒（䷟）卦中的下卦巽（☴）卦，移至上卦的位置上，再将其上卦震（☳）卦，移动到下卦的位置上。这样做以后，就组成了"恒"（䷟）卦的"交卦"风雷益（䷩）卦。

风雷益（䷩）卦有收益、有利益、坐守渔利等意。

由此，雷风恒（䷟）卦的"象"曰："立不易方"。

而风雷益（䷩）卦的"象"曰："其益无方"。

其意是说，"恒"（䷟）卦的《象辞》"立不易方"是说，如果想恒久的站住脚，其在任何方位及界限内，都不能改变其现有的状态——任何范围内的任何状态、任何事物的任何状况都不能发生改变。如果想改变，也找不到可改变的地方、原由和可能性。说明这些事物之间，存有共性的特点和性质。

而风雷益（☶）卦的《象辞》"其益无方"，是根据"恒"（☶）卦的"立不易方"的"象辞"意义得来的概念。说明，如果想寻找或得到利益的时候，不知道到哪儿去找。因为"立不易方"——不能动，又无法寻找且又无任何变化与改变——总是那么一个（恒定）状态。想通过找到它的差异而从中获取利益，这种便宜事在它那里是找不到的。

所以，这两句辞的来源及关系，是从"恒"（☶）"益"（☶）两卦内，上下两卦互相交相易位所形成的结果（"交卦"）中，才得出来的这种结论。

这就是"交卦""交错卦""两象易"的特点及运用。

运用"交卦"的目的就是：

事物的双方交换一下位置。你站到我的位置上来，体会感受我的处境与状态；我站到你的位置上去，体会感受你的处境与状态。合作的双方或者对应的双方，换一下位置，看看会出现什么情况、什么局面、形成什么状态、有什么规律等。它是一种"换位思考"的思想和思维方式，以便双方都能替对方着想，使合作与共处能选择到更佳的环境、条件与状态。

比如：天地否（☶）卦"交易"成地天泰（☶）卦。

天地否（☶）卦内，上下两卦交相易位后，形成地天泰（☶）卦。

地天泰（☶）卦就由原来"阻塞不通"的"否"（☶）卦，变成了渠道通畅的卦了。

天地否（☶）卦是处于"大往小来"，花大的力气，只能有小的收获。各种渠道和路子，都是阻塞不通的状态下。表面（上卦）外面表现的像是个"君子"［乾（☰）为君子］，实际内里（下卦）却是个无耻的"小人"［坤（☷）为小人］。表面看来（上卦）非常刚健［乾（☰）为刚、为健］，实际内里（下卦）却非常柔弱［坤（☷）为柔、为弱］。由于内里的主要矛盾关系［乾（☰）坤（☷）两卦］经过从新调配位置和地位之后，形成了新的地天泰（䷊）卦的状态。

地天泰（䷊）卦是处于"小往大来"——花小的力气，就能有很大的收益的状态。各种渠道和路子到处都是通行无阻的状态。表面上（外卦）看只是一个柔弱的"小人"［坤（☷）为柔、为弱、为小人］，实际内里却是一个刚健的"君子"［乾（☰）为刚、为健、为君子］。

双方由于都从对方与自己共同的利益出发，做出了新的组织机构调整。使双方构成的组合状态，发生了根本有利的改变。同时，也使双方的共同利益，得到了进一步可靠的保障。虽然，双方在自身的内部的局部利益及厉害关系方面，都有所改变，但是从整体、全局利益及厉害关系方面上来看，却都是受益非浅的。

这就是"交卦"帮我们寻找到的一种思维、判断方式及结构状态。也就是说，内部关系在交易易位或双方互相站在对方的立场上去考虑问题，往往不但能改变自己的处境和状态，而且还可以从根本上改变双方共同的处境及状态。

比如：火雷噬嗑（䷔）卦"交易"成雷火丰（䷶）卦。

"噬嗑"（䷔）卦本来是表示"吃"的一个卦。有吃有喝，当然看起来是好事了。但是有时也不是都像想象的那么好。这"噬嗑"（䷔）卦的中间（三至五爻）有个坎坷的坎（☵）卦，说明有一些有危险［坎（☵）为险、为毒、为寒、为"坎中满"的硬物等］的东西在口中。且口中还有，四至上爻的离（☲）卦。离（☲）为热、为烫、为辣、为苦等。吃起这类食物来，也不可能让你能痛快地吃下去。

咱们在任何知识的学习过程中，也是这样。不可能把新学到的知识很快地就消化掉，并把它们吸收、接受下来。可是你可以换一种方式、方法，也许就较容易的接受下来了。就像"交卦"的规律那样，换一换位置，替学习者们想一想。教学方式、方法及内容改变一下，也许就很容易的解决了。

就像"噬嗑"（☲）卦内部交相易位后，形成了雷火丰（☳）卦。

雷火丰（☳）卦有丰富、丰盛、知识面广博、爱好广泛，名气大且内秀（内向形）、生活较富裕之意。能享到的福，基本都能享受到，但是日子绝不豪华。这就是"丰"（☳）卦部分的内涵意思。

在火雷噬嗑（☲）卦状态下，只能吃到一些干肉或刚猎到的动物生肉。在吃的过程中，咯嘣，一声，还被留在肉中的箭头，把牙给硌了一下。要么吃的是干肉。撕咬不动，吃起来既费劲又麻烦。这说明日子过的很艰苦。但是当内部的厉害关系位置变换过来之后，这日子就可能不艰苦了。能享的福都能享受得到。日子也比较富裕了。

所以说，有时在事物内部的双方交相易位时，事物双方换换位置，可能会对双方都有利。你替我考虑，我替你考虑；你站到我的位置和立场上体会体会，我站到你的位置和立场上体会体会。这样做能达到互相体谅、互相理解，且较易达到共识。反而对大家都有利。当然，这也要根据卦的变化状态，具体问题具体分析。肯定在某些状况下，也会有不利的因素。因素不利的时候，二者之间就可以不交换位置及立场。

如果，我们再将雷火丰（☳☲）卦"交易"成火雷噬嗑（☲☳）卦，形成的这个状态就不如原先好了。

举这些例子的目的，就是想让大家通过运用"交卦"即"换位思考"的思想方法，使事物的双方尽量都能处在有利的环境中。

再如：雷地豫（☳☷）卦"交易"成地雷复（☷☳）卦。

雷地豫（☳☷）卦本来是一种享受、享乐、安逸、安乐、贪图安逸、预备等的意思。处在这个卦的状态下，按理应该是处于享福的结果中了。应该是非常满意的。但是大家还不满足。双方还非得想折腾折腾。结果双方交相易位，下卦坤（☷）跑到上卦的位置上，上卦震（☳）换到下卦的位置上来。他该干的你去干，你该干的他来干。形成了地雷复（☷☳）卦状态。

地雷复（☷☳）卦之意是有一种重复、反复、回复、从头再来的意思。说明你们双方得回到原来那种合作状态去。"复"（☷☳）卦是一个阳爻在最底下（初爻位置）。即处于一阳刚刚开始初生（"一阳生"之时），即从新开始起步的状态。这说明贪图安逸的最终结果是，什么事情又得从新开始起步去做、去发展。

从上面的这些例子中可以看出，易学中充满着辩证的哲理和辩证的哲学思想。学习、掌握这些哲理和思想，其目的就是使我们在了解、判断、分析事物及其规律状态时，能从各个方面把一个事物尽量完整、全面地考虑分析清楚。然后，对事物再决定如何的去取舍。这样在处理、办理和解决起事情来，才能更合情合理、更稳妥、更顺利、更切合实际。

看看：

"反卦"使你在事物的这边看看，然后到它相反的那边再去看看；从当时事物的纵方向状态上，上面看看，下面看看；内里看看，外面看看；

然后，又依"对卦"方法，从发展过程的横向状态上看看：从左边看看，看完后，再从右边看看；从过去状态看看，再从现在状态看看，最后还得从将来的状态看看——长远宏观地判断判断；

此后，再依"交卦"的方法，交换一下位置（立场）看看：你站到我的位置（立场）上看看，我站到你的位置（立场）上看看——互相体谅，为对方着想；

还要从"上半对卦"的方法中看看：我（下卦为"我"）不变，你（上卦为"你"）变化会形成什么状态和局面；

再从"下半对卦"的方法中看看：你（上卦为"你"）不变，我（下卦为"我"）改变又会形成什么状态和局面；

还得从"对卦"的方法中看看：你（上卦为"你"）我（下卦为"我"）双方同时改变还会形成什么状态和局面；

再加上用"八卦之象""爻位之象""像形之象""方位之象"等"象"法的分析、研究同一事物，那将会构成一个相当大的"巨系统"思维方式。

为什么古老的易学哲理思想几乎在各个领域中到现在还那么好用呢？

就是因为易学的思维方式，能指导和启示我们，在考虑、分析、研究事物时，使我们对事物本身能做到从上下、左右、前后、内外、远近、好坏等各个方面都能照顾考虑到。这样我们通过非常全面的分析，才会得出较切合实际的正确判断与结论来。

我们平时经常讲到的"错综复杂"，就是指的易学中，四种"卦变"所组成的系统而言的。

"错"是指的"对卦"的变化系统。

"综"是指的"反卦"的变化系统。

"复"是指"重卦"及"复合卦""交卦"组成的变化系统。

"杂"是指易学中打乱64卦的排列顺序的"杂卦"变化系统。在《易传》中，专门有一篇是介绍"杂卦"的。

这四种卦的变化系统，将构成一个内涵相当"错综复杂"的更大系统。

实际这中间的"复卦"与"综卦"是有共同的意思的。"复"与"覆"是通假字。故"复卦"也有反过来看的意思——俯视与仰视是相反的观察方法。但是，"复卦"除了有"反卦"的意思之外，还有"重卦"和"复合卦"（四个爻、五个爻、六个爻……乃至数十个爻组成的卦）的意思。将三个爻的"基本卦"——"经卦"，两两重叠，组成八八六十四卦。形成一个比较复杂的六十四卦系统（11520"当万物之数""类万物之情"）。它所构成的是包含有一万一千五百二十个事物之间的矛盾关系系统。

我们可以从传统的"蓍草法"中得知，一个阳爻，它是由36根蓍草所确定的。也就是说，36根蓍草才能确定一个阳爻。即一个阳爻中，内含着36个事物的因素。

一个阴爻由24根蓍草所确定的。即一个阴爻中，内含着24个事物的因素。

换言之，也就是说，一个阳爻同时内含了36个事物，一个阴爻同时内含了 24 个事物。

六十四卦中，每卦六个爻，一共是 384 爻。

其中，阳爻占一半，阴爻占一半。各是 192 爻。

那么，64 卦中，

阳爻总共可以表示 36×192=6912 根蓍草（个事物）。

阴爻总共可以表示 24×192=4608 根蓍草（个事物）。

六十四卦所确定的总蓍草根数为：

阳爻的总蓍草数＋阴爻的总蓍草数＝6912+4608=11520 根蓍草（个事物）。

《易传》中讲"当万物之数""类万物之情"等语，都是根据 64 卦的这种情况所启示出来的结论。也就是说，从传统"儒家"所谓西周《周易》64 卦的"蓍草成卦法"中，可知当时 64 卦的整个体系中，一共包含（内涵）了 11520 个事物因素。即 64 卦整个系统，是包含了 11520 个事物的矛盾系统。这是说，64 卦中，一共含有这么多因素。这是指 64 卦各卦本身都无变化的情况下，内涵了这么多个因素。

假如，64 卦的每一个卦再加上它自身的"反卦""对卦""半对卦"（"上半对卦"和"下半对卦"）"交卦""连互"（"四爻连互""五爻连互"）"半象"等卦形变化状态（以上这些卦形，还可以再按以上规律继续进行以上的变化……）这个系统是不是内涵的内容（因素）非常之多。系统也非常之巨大。

那么，这个系统内含到底有多大呢？

经过我粗略的计算，大概其内含有最起码是 1200 亿个事物因素以上的系统。

大家回去可以试试、算算。找一个六爻卦，将其所有的"卦变""象变"变化之后，看看易卦系统，到底内涵了多少个事物因素？

那么，64卦根据"卦变""象变"的规律，全部变化之后，又能内涵多少事物的因素呢？

一般整个64卦系统，只少也得含有近10亿亿个事物的因素。我们的大脑细胞才有多少个亿？据现代医学科学认为，人的大脑细胞大概总共在10亿个左右。才是我们这个系统的亿分之一。所以，这也是为什么易学系统，到如今仍然在任何领域还都能通用的原因之一（巨大的内涵性、对应性、适应性、表述性）。

因为易学研究的这个系统，是非常非常大的"巨系统"。它从事物的各个范畴、各个层次、各个角度等各个方面观察、研究、分析、统计、归纳后，才总结出来的这么一整套规律。表面上看，就用那么简单的几个"画"来表述事物。好像系统内涵太少，是根本不可能表述复杂的任何事物的。但是它一个卦（这里仅指的是六个爻的卦）内涵的内容却是非常之多的。

表面上看只是六个爻。可是它是亿亿个事物以上系统归纳出的主要矛盾。在这六个爻的矛盾系统中，确定的那个"变爻"，又是主要矛盾的主要方面。矛盾的主要方面及主要矛盾一解决，其他矛盾就迎刃而解——将复杂问题简单化，找出其共同性的规律来。这是易学"易简"思想的最高最终的体现。这与西方某些眉毛胡子一把抓——把简单问题复杂化的模糊性思维方式——即个性、差异性的强调，形成了鲜明的对比。

易学所寻求的是一种相对稳定、相对平衡系统。是一种宏观、长远、整体看问题的顾大局的思想。而西方一般往往所寻求的却是不稳定地运动及运动过程——不容易平衡的局部及个体性思想的强调。

为什么说，用易学的思想指导我们的各种实践，是比较准确、比较其他的一些思维方式方法会更实用呢？

平时，为了使我的学生们能更深刻地体会到易学科学的真谛。经常在下课之后回家的路上，与学生们同行（主要是步行或者骑车）。一路上，根据随机看到的各种事物，给学生们讲解易学规律的随处不在。只不过是"百姓日用而不知"罢了。易学也决不是什么封建迷信。你算不算，事物都是符合易学的客观规律的。也不会因为你算的准与不准，事物的规律就随你的判断水平的如何而改变自己的规律。

比如：我同学生们一同走在大街上。看到前面有一辆什么颜色的汽车或什么类型的汽车一过来，大家马上来观察脚下的路面是什么情况；同时某些学生也观察周围的环境条件是什么样的状态。这些状态，马上都能与汽车的颜色、类型所对应的（环境、卦）场，一一对应起来。再过来一辆车，虽然在我们眼目中的环境条件可能已经发生了变化，可是周围事物依然能对应的反映出来易卦这些对应关系的存在。再过去一辆车，还是能对应反映出来。如果说，总是这样的"巧合"，一路上所观察到的各种现象总是这么的对应"巧合"的话，那一定有它的规律性。就一定是必然的规律，而不是"偶然"的"巧合"了。越是所谓的"巧合"和"偶然"的事情，越是客观必然的（不受人理性认识的状态和因素的影响）。

现代物理学，在研究高能物理和量子力学方面已经从哲学思想的高度上认识到：用同一个加速器，加速同一种粒子，达到同样的速度——具有同样的能量，去轰击同样状态性质的一个

"靶"。结果，每一位物理学家所获得的图象，有很大的差异。很难确定这些高能或高速的粒子，会在什么时刻在哪里出现。因此，在现代物理学的概念中，已经没有实体及实体的粒子概念了。有的只是粒子在什么地方出现的概率——"粒子"只是概率了。粒子出现的概率，也往往只能是表现为"靶"上的一种模糊的图象或某种轨迹了（这正与我们易学中"先天八卦"的规律中所描述的"只有像而无实体"的规律是一致的。"先天八卦"表述的是事物高维存在形式的规律）。所以，试验者（人）本身已经不能再从"高能"物理的试验中，被"抽象"地抽弃出去了。而是与试验共存于一个统一体（场）中。也就是说，没有任何一个能孤立存在的事物。事物总是互相对应、互相联系着的。所谓的"偶然""巧合"已经不复存在。"偶然""巧合"是客观事物的一种必然。越是"偶然"的，就越是客观必然的。

比如：在马路上，迎面看见一辆白色的汽车。你前面不是马上就要路过一个路口或交叉口；要么就是你脚底下就有白色的"斑马线"或白色污染的路面；要么路面是有裂痕或是坑坑洼洼毁坏的路基、路面等；要么就是前面有小女孩、穿白色衣服的人或是餐馆之类的——都是与兑（☱）卦有关且相对应的事物。

如果，连续几辆都是白色的汽车，或白色的汽车上拉着许多的白色物品。前面你将面临的是连续的多个路口；或连续不断的坏路面等。

比如：迎面遇到的是绿色的汽车。前面的路是弯曲的地方比较多的道路；路周围绿色植物或树木较多；同时也说明，对方车速较快，司机的脾气是急性子的人等——都是与震（☳）卦有关或相对应的事物。

等拐过弯来，首先看见的是一辆蓝色的汽车。那么，前面一定是一条笔直的马路——因为这是与巽（☴）卦有关或相对应的事物。"巽为绳直"之"直"嘛。

周围的环境状态都与你当时感知到的事物，既准确又对应地全都给你反映了出来。这个易学规律系统，考虑的真是我们想不到的那么完善！

我们一般的人是不太容易跳出这个"三界外"的思维方式的。因为许多事物本来就是存在于"三界"之外（高维存在形式）的事物。所以，许多事物不但保持了"三界"（三维）内的存在状态、形式和特点，而且就连"三界"之外（高维存在）的一些存在状态、形式和特点也包含在其内了。

这也就是说，易学不但能判断看得见、摸得着的事物的规律，而且也往往能判断我们一般人所看不见、摸不着的事物的规律（"神无方，而易无体""游魂为变"）。

比如：通过某些表象的表现，运用易学的分析方法，可以将你心中的某些想法给推断出来。别看你现在道貌岸然像没事似的，实际上你现在并不安心，想调动工作。正在蔫蔫地打主意。因为还没有找到合适的单位，所以现在你还没敢提出来。结果，对方说："是！"大家看，连他心里的想法都推导出来了。他还能隐瞒什么呢。连那些想像的、虚空的——不是实实在在存在的"实"体事物（包括所谓的"鬼使神差"的事物，《易》曰："知鬼神之情状"）。都能推导出来。假若，大家都普遍地掌握了易学的分析与判断表述方法，社会上谁还（敢）能顺利地进行说谎与欺诈呢？因此可以说，易学方法的普及，对全社会道德与价值观的净化及提升，将会起着重要乃至决定性的作用——是净化人类思想、道德、精神、价值观的不可或缺的必备性的知识和方法。

《易·系辞传》讲："形而上者谓之道"嘛。"精气为物，游魂为变。是故知鬼神之情状。"这些辞句足以说明易学思想所追求的是一种高维层次的世界观。所以，易学系统是既统一完整，又全面的巨大系统。不但包括了我们能看得见摸得着的三维世界的事物及规律，而且还包含着多维存在的高维世界的事物与规律。

为什么我认为易学是个相当好的学问呢？为什么用易学科学来指导我们的实践，是那么的和谐和准确呢？就是因为认识到它实在是太有意思了。运用起它的思想和规律来，发现我们周围的所有事物往往都不可能脱离易学系统的涵盖。因此，大家不要只看到易卦表面的这么几个爻。实际上这几个爻中内涵着极其丰富的内容。一般我们现代科学研究的系统，包括航天、宇航发射系统、计算机网络系统、网络的海量信息系统、天文学系统等。各领域、各科、各门所研究的内容及程序系统，往往还没有易学系统所内涵的信息量这么大。也没有易学综合信息系统所内涵的内容那么多（至少是几万万亿以上的事物之间的关系系统）。

在我的学生中间，有许多想到国外去留学的学生。他（她）们许多人都考虑到，到美国、到日本、到欧洲等国后，怎么才能立住脚的问题。到"易经班"来学习学习，丰富及充实一下自己的思维方式。将来到了国外之后，利用易学方法那么一指导，得到神奇的效果与成果。让外国人能看到中国老祖宗的方法这么厉害、这么灵。把外国人那么一镇住。自己在外国的国土上，腰杆子也可能就能挺起来了。他（她）不但能将中华民族最精粹的文化在国外进行传播，而且还可以挺着胸脯走路。也就不会被人看不起了。

现在咱们国家实行了改革开放的政策。许多人受到外国文化的影响，认为一切都是外国的好——什么都是"西方"的好。中国就没什么好东西了——都是些过时落后的东西。

可是，大家在咱们办的这个易学学习班上学习之后，就体会到中国的传统文化中，有那么多优于现代某些所谓的现代科学的思想和内容。易学是多么好的一种思维方式。它所考虑的方法是多么的全面。因此说，我们的传统中有许多好的东西是可以汲取和发扬的。特别是在哲学思想、世界观和方法论上，更有其独特的见地与系统。

据一些国外的学生回来讲，就是在美国华尔街上有相当数量的金融界的"操盘手"，都在用心的攻读中国的两本书。一本是《孙子兵法》，另一本是《周易》。他（她）们想从中吸取一些战略战术的思想方法和"知变""应变""适变""通变"的思想方法。使其能在瞬息千变万化残酷无情的金融市场中，捕捉到那怕是一点点的方向及可能性。除了金融界外，期货界、物理学界、信息界、网络界等，世界上许多国家都在花大力气在研究、琢磨易学及其内涵的思想方法。都想从其大内涵的整体、全面、准确的思维方法中，去寻找到那些能共通性使用的思想方法。从而使自己能抓住事物发展的主流与大方向。进而使自己能在宏观上与事物地发展变化达到和谐与稳定。

比如有位日本留学生，他对我说："我要学你们的《易经》。"我不是说让他录像，还是不让他录像，让他录音，还是不让录音的问题。这些方面并不重要。重要的是，咱们都是中国同胞，都是自家人。什么都好说，也都能说——都是有利于我们国家和人民的内容。这位日本留学生可就不一样了。在技术思想等方面，还应该是"内外有别"的。他非要参加我的易学学习班不可。我说："你想参加我的学习班，当然可以。"我又一想，日本人、外国人来学习，就得按一般市面上"传统"的易著方法来讲述了。可是这样做就对不起国内来的学员。因为他（她）们中间绝大多数人是请假出来学习的；甚至有的是准备结婚的。结果将自己的婚期推迟，把结婚用的钱拿来做学费用；有的学员把自己的奖金、"分红"等都不顾了，一个心眼地来参加咱们的学习班。后来我一想，日本人不是很爱学、也许很有钱吗。为了学习好东西，他应该是不惜血本的。于是我就说："学费为20万美元。"日本留学生说："怎么这么贵？！"我说："这么贵？这里面有多少内容是可以启示你获得专利的吗！也许看起来很随便的一句话，可能就值几百、几千万的价值。知识是随便能用钱来衡量的吗。"我心想，如果他真的来学，这20万美金也够咱们花销了。大伙陪着他学习20天。耗下来这20天，等他走了之后，大家各自的差旅费、奖金、补贴等都从20万美金中出。到了学习班开学时，到底他还是没敢来。可能还是嫌贵了。

为什么这么做呢？

因为有些人对这么做不太理解。由于国外的先进科学技术设备、手段，往往都比我们超前很多年。在技术方面，我们已经很落后了。他（她）们现在主要缺少的是什么？缺少的是一种指导思想，缺少的是某种整体、全面且统一的思维方法。如果让他（她）们轻易的掌握了易学中的某些思想方法，使其在超前我们数十年的科学技术设备、手段上得以发挥，不知我们又要落后多少年。那自然又要多受多少年的气了。我不希望像我们的"四大发明"被外国人用来对付我们的历史再发生。

　　既然大家都明白这个道理。那咱们就先弄明白了这些易学道理。将这些理论启示出来的思想，转化成各种技术，武装到我们自己的科技设备、产品与手段上。再"打"出去——占领世界市场。制造出一种既简单、捷速又准确，各行各业、各个领域都能通用的、"类万物之情，通神明之德"的"推理机"来。

　　据报导，法国前年年底和去年年初（1987 年底到 1988 初），向全世界推售了 3000 台推理机。这种推理机是 30 几种行业都可以通用的一种推理机。这种机型一经推出后，很快就被一抢而空。它才能 30 几种行业通用。我们易学的这种思想方法呢？"类万物之情，通神明之德"是什么行业和领域都能通用的一种方法。由于是在易学"易简"思想指导下，将复杂问题简单化。故我们的"推理机"构造及推理过程，是一般人想象不到的那么简单。如果大家学会并熟练地掌握了易学的各种推导方法，在今后大量的应用实践中，你就会发现它的推理方法及过程是特别的简单且准确。

第九节　补遗

除了以上所讲的"卦象"内容外，还有一些"象变"没有讲到。但这些"象变"的思想方法和规律，在今后学易、研易、用易过程中，都是很有用处的。

下面就一一给大家介绍介绍。

1. 半反之象

"半反之象"就像"半对之象"一样，包括"上半反"和"下半反"。除此之外，还包括一种"半对象"中所没有的"上下象同时反象"。

下面分别讲解一下。

a. 上半反象

也就是说，"上半反象"是说，一个六爻卦，上下两个（三个爻的）"经卦"中，其上面的这个"经卦"变成了自己的"反卦"。而下面的"经卦"不变。这样又组成的新的六爻卦体，就叫做原来那个六爻卦的"上半反象"。又叫"上半反卦""上半复卦"或"上半复象"。简称"上半反""上半复"。

例如：山天大畜（䷙）卦。

山天大畜（䷙）卦中，其上卦（三个爻）艮（☶）卦自身"反"（倒过来看）成（三个爻）震（☳）卦；而其"大畜"（䷙）

卦的下卦（三个爻）乾（☰）卦不变。这样上下组成了一个六个爻的新卦体。即雷天大壮（䷡）卦。

雷天大壮（䷡）卦就是山天大畜（䷙）卦的"上半反象"。

由于除了乾为天（☰）卦、坤为地（☷）卦、坎为水（☵）卦、离为火（☲）卦外，其他各种"半反象"都是相互成对出现的。所以，"上半反象"二卦之间，也是互为"上半反"的。因此，雷天大壮（䷡）卦的"上半反象"就是山天大畜（䷙）卦。

所以，"大畜"（䷙）卦辞曰："利贞"；

"大壮"（䷡）卦辞也曰："利贞"。

"大畜"（䷙）九二爻爻辞及其"象"辞都曰："舆说輹"；

"大壮"（䷡）卦九四爻爻辞曰："壮于大舆之輹"。

再例：风天小畜（䷈）卦。

风天小畜（䷈）卦中，其上卦（"经卦"）巽（☴）卦自己上下颠倒过来成了"经卦"兑（☱）卦。"小畜"（䷈）卦的下卦还是乾（☰）卦不变。这样上下组合成了一个泽天夬（䷪）卦新卦体。这个"夬"（䷪）卦就是风天小畜（䷈）卦的"上半反"卦。反之，风天小畜（䷈）卦也是泽天夬（䷪）卦的"上半反"卦。

故而，

"小畜"（䷈）卦六四爻爻辞和其"象"辞均曰："惕出"；

"夬"（䷪）卦九二爻爻辞曰："惕号"。

"小畜"（䷈）卦上九爻爻辞与其"象"辞都曰："既雨"；

"夬"（䷪）卦九三爻爻辞曰："遇雨"。

这"半反之象"的规律，实际是告诉我们，同一事物状态中的双方，一方自行（当时）变化到了自己的反向状态，而另一方还保持着原来的状态。这样就又形成了一种新的事物（组合）状态。根据这种状态与原来状态进行的比较及分析的结果，在保证原来共性特点和规律的基础上，借以确定我们的取舍。

由以上卦例卦爻辞中，我们也可明显地看到六爻卦内二四、三上两爻之间"呼应"关系的存在。

假如：我和你的合作状态是风雷益（☴☳）卦。

在"益"（☴☳）卦中，上卦巽（☴）卦表述的是你在这个合作过程中的状态；下卦震（☳）卦表示的是我在这个合作中的状态。当然，这个"益"（☴☳）卦的合作结果是很好的。因为它是一种合作双方同心同德［"益"（☴☳）卦中的上卦巽（☴）卦与下卦震（☳）卦都是属于"木"性的场。木木相"比合"，说明其志相同］、坐收渔利的状态。

可是，现在我要看看你［上卦巽（☴）卦］状态的反面或者是你背后还隐藏着什么时，我［下卦震（☳）卦］仍想保持我在合作中原先的状态和地位，看看我俩的合作又会是一种什么状态？一看，你上卦巽（☴）反（目）过来的状况是兑（☱）卦所反映的状态。这样咱俩的合作就成为了泽雷随（☱☳）卦的状态。因为兑（☱）为"金"性，说明你克制着我这个震（☳）"木"。我由相合平等的地位，变成了受制约于你的被动地位。什么事都是你主动、你做主、你说了算，我只有听喝和跑腿的能力了。我虽然在合作中处于被动的地位，可是我想不干，想走［震（☳）为动、为走］，但是你说了算，你又不允许我离开［兑（☱）"金"克震（☳）"木"］。为了维持这个合作，也只能是"顺其自然"了。因为"随"（☱☳）卦场的状态就要求合作状态是"随遇而安"和"顺其自然"——不能强求、"适""应"其变化的状态。我们俩已无坐收渔利的可能了。也只能是顺其自然有赚就赚，没赚就算了。

b. 下半反象

"下半反象"就是指一个六个爻的卦，其卦体中，上卦（三个爻）保持原来卦形不变，而下卦（三个爻的"经卦"）变成了自身上下颠倒过来的"反卦"。这样上下两个"经卦"所组成的新的六个爻的新卦体，就叫做原来（六个爻）卦的"下半反象"。又叫："下半反卦""下半反之象""下半覆卦"。简称"下半反""下半覆"。

例如：水雷屯（☵☳）卦。

水雷屯（☵☳）卦中，其下卦震（☳）卦变成自己上下反过来的"反卦"艮（☶）卦；而上卦的坎（☵）卦仍保持自己的坎"水"状态。这样就形成了一个新卦体——水山蹇（☵☶）卦。这水山蹇（☵☶）卦就是水雷屯（☵☳）卦的"下半反象"。当然，水山蹇（☵☶）卦的"下半反象"也是水雷屯（☵☳）卦。

所以《周易》卦意中，"蹇"（☵☶）卦所表述的意思是"难也"。

"屯"（☵☳）卦的卦意也有"难也"的意思。

再如：天雷无妄（☰☳）卦。

天雷无妄（☰☳）卦中，其外卦（上卦）是乾（☰）卦，其内卦（下卦）是震（☳）卦。现在是外卦乾（☰）卦仍保持其卦形不变；而内卦震（☳）卦则变为与自己的卦形上下颠倒过来的"反卦"——艮（☶）卦。此内外两卦上下组成了一个新的六爻卦体。即天山遁（☰☶）卦。那么，这个天山遁（☰☶）卦就叫做原来天雷无妄（☰☳）卦的"下半反象"。反之，天雷无妄（☰☳）卦也是天山遁（☰☶）卦的"下半反象"。

因此，"无妄"（☲）卦九五爻爻辞曰："无妄之疾"；

"遁"卦（☶）九三爻爻辞与其"象"辞都曰："有疾"。

"无妄"（☲）卦六三爻爻辞与其"象"辞曰："或系之牛，行人之得。"与"行人得牛"；"遁"（☶）卦六二爻爻辞与其"象"辞都曰："用黄牛"。

又如：地山谦（☷）卦。

地山谦（☷）卦，其上卦是"经卦"坤（☷）卦，下卦是"经卦"艮（☶）卦。现在是其上卦还是"经卦"坤（☷）卦，下卦"经卦"艮（☶）卦却变成了自己的"反卦"——"经卦"震（☳）卦。这样上下两个"经卦"就又重叠成了一个六个爻的新卦体。即地雷复（☷）卦。地雷复（☷）卦就叫做地山谦（☷）卦的"下半反象"。反之，"谦"（☷）卦也是"复"（☷）卦的"下半反象"。

故而，"谦"（☷）卦六五爻爻辞和其"象"辞都曰："利用征（有的版本为'侵'）伐。"

而"谦"（☷）卦上六爻爻辞与其"象"辞都曰："行师，征邑国。"

"复"（☷）卦上六爻爻辞曰："用行师……十年不可征。"

假如：我们还用上面那个你我合作的风雷益（☴）卦为例子。

风雷益（☴）卦有同心同德、收益与坐收渔利之意。

在风雷益（☴）卦中，上卦巽（☴）卦仍然表述你的状态；下卦震（☳）卦依然表述我的状态。

现在不是你，而是我走向了自己的反面状态去。也就是说，你还是保持着原来合作时的巽（☴）卦状态；可是我呢，现在却走向了自己的反面状态。即由勇往直前的震（☳）卦状态变成了停止不前甚至倒退的艮（☶）卦的状态。因此，咱俩的合作就变成（形成）了风山渐（䷴）卦的状态。

风山渐（䷴）卦有按部就班、扎扎实实、一步一个脚印、逐渐和不着急之意。按风雷益（䷩）卦之意，就是说，原来咱们俩合作是同心同德的"比合"与"坐收渔利"的收益状态。由于我背信弃义地变化，使我俩变成了一种"渐"（䷴）卦的必须扎扎实实、一步一个脚印、不着急的一种状态。在这种状态中，固执［艮（☶）为顽固］的我，更不愿意受你［巽（☴）卦］这个不能当机立断、忧虑不决［巽（☴）为进退不果］的人摆布［你这巽（☴）"木"正克制着我这个艮（☶）"土"］。因此，我就什么也不想干了［艮（☶）为止、为坐］，只是坐在那里受你指挥和听你的呵斥［巽（☴）为号令、指挥、"教命"］。由于我［艮（☶）卦］缺少了积极性，咱们俩无论一起要干什么事，都得商量着来，不能着急。把事情都落实在实处，这样才能防止万一的损失。

当然，处于这种［风山渐（䷴）卦］状态对我来说，真是太不利了。同时，对你我二者的合作也不如原先状态好（有利）。因此，我通盘考虑后，也就不打算改变你我原先的那种合作状态［风雷益（䷩）卦］。而且，为了维护你我双方的共同利益，也只能维持咱们双方原先的那种合作状态。

通过对以上"下半反象"中的这种利弊分析，给我们分析起事物来，又提供出了一个思考问题和事物的思路。

c.上下反象

"上下反象"指的是，在一个六爻卦体中，其自身的上下两个"经卦"都同时转变成了各自的"反卦"(上下颠倒过来的卦)。由上下这两个"反卦"又从新上下重叠组成的六爻卦体,就叫做原来六爻卦体的"上下反象"。又叫做"上下反卦""上下反易卦"。简称"上下反"。

例如:山雷颐(䷚)卦。

山雷颐(䷚)卦中,上卦是艮(☶)卦;下卦是震(☳)卦。现在是,上卦的艮(☶)卦与下卦的震(☳)卦同时都变成了自身的"反卦"。即变成上卦为震(☳)卦;下卦是艮(☶)卦。上下二卦重叠组成雷山小过(䷽)卦。雷山小过(䷽)卦就叫做山雷颐(䷚)卦的"上下反象"。同理,山雷颐(䷚)卦也是雷山小过(䷽)卦的"上下反易卦"。

所以,"颐"(䷚)卦六三爻的"象"辞曰:"道大悖也"。

"悖"字的籀文是上面一个"或"字与下面一个上下倒过来的一个"或"字组成的。其具体字形是"甇"。即一正一反两个"或"字组成。以表示上下两者相互抗拒而"悖"("悖"乃违背、违反、背离之意)。

如果,还是以上面你我合作的风雷益(䷩)卦状态为例。

在风雷益(䷩)卦中,代表你的上卦是巽(☴)卦;代表我的是下卦震(☳)卦。现在是你我双方都同时改变到自己的反面("反卦")去了。这样风雷益(䷩)卦的上卦巽(☴)变成了兑(☱)卦;下卦震(☳)卦则变成了艮(☶)卦。这兑(☱)、艮(☶)二卦上下重叠组成了泽山咸(䷞)卦。

在"咸"(䷞)卦中,表示你的上卦是兑(☱)"金";而表示我的下卦却是艮(☶)"土"。假如,我是合作的主体("体卦"),你是合作的辅助方面("用卦")的话,这样我俩就形成了

"体生用"［艮（☶）"土"生兑"金"］的关系。也就是说，有权势的我要主动地去拍你这个助手的马屁。顺从且服从你的领导。这还能不产生矛盾吗。再说，我这个总指挥（"主体"），在咱俩的合作中，总是处于很被动的状态下，那我只能是不愿意干了［艮（☶）为止、为阻］。由于我俩原先关系不错［巽（☴）"木"与震（☳）"木""比合"］，现在我也不好意思撕破脸皮。那只能是在工作中瞎对付（没有任何积极性），事情能成就成，不成就算了——不管干什么，都不上心（"咸"是无"心"之"感"嘛）。由于我的情绪不好，自然也会影响到你的工作情绪和积极性。故而，使我们双方的合作，形成了一种应付工作的状态。这就不只是对我不利了。咱们俩的利益都受到了影响。

　　根据上面对我们双方"上下反象"利弊进行地深入分析和研究，咱们就自然会放弃双方都背信弃义的做法了。

　　这是不是又给我们分析、研究事物提供了一个新的思路。

　　下面我们综合概括一下"反象""半反象"与"对象""半对象"在具体表述意义上思路的差异。

　　根据前面"反象""半反象"（包括上、下和上下同时"反"）我们可以总结出这样一种规律性：即所谓各种"反象"都是指一个事物从总体（六个爻的"重卦"）反面或其局部上（上、下、上下"反象"），变化到与自己状态相反状态去的一种变化（"卦变"）规律。它只是表述了同一个事物总体或局部变化到了自己的相反方面去了——这些变化之间还存有原来状态的共同内容。还保留了某些与原事物共性的状态（指"反卦"与原卦内，还有位置及性质相同的公共爻和共用爻）——只是同一个事物（卦）、同一种场的不同结构状态。这与"对卦"（包括总体上六个爻及局部上、下"半对之象")所表述的内容及规律，是大有区别的。

"对卦"是指从事物的总体（六爻"重卦"）或其局部上（包括上、下"对卦之象"）都发展变化成与自己相对应但又完全与自己的状态不一样的一种（"卦变"）变化规律。它是指"本卦""变卦"两卦之间从总体或局部上，没有任何一个相对应的位置上，有共性及共性特点或共同的状态——完全变成了与自己没有任何（共同之处）共性的另一种结构（互补）状态（事物、场、卦等）。

2. 之卦之象

"之卦之象"在传统的一些易学者看来，它是与我们前面所讲到过的"爻象"中的"正"的意义有相同之处。往往这些人就把"之卦之象"完全当做了"当位""不当位"的"爻象"规律来对待了。

《系辞传》中说："辞也者，各指其所之之往也。由此往彼也。"

《春秋传》中，蔡墨说："坤之乾，亦乾之坤。"

由于八卦阴阳相交，奇偶相异。因此，古易大家虞翻专门论述了"之卦"的意义。认为这应该是"正"的意思。即"不当位"之爻或（变为）"当位"之爻。

比如：

乾为天（䷀）卦，其二、四、上爻"不当位"。但是"之"（前面我们讲到过，"之"是"变"的意思）在坤为地（䷁）卦的初、三、五爻上，就成了"当位"的爻。

坤为地（☷）卦的初、三、五爻是"不当位"的。可是如果（"之"）变到乾为天（☰）卦的二、四、上爻位置上，它们就成了"当位"的爻了。

以上这个例子说明，虽然这些易学者们把这叫做"之正"，其实就是"之（变）而得其正"（变化后才能取得"当位""不当位"）的概念。

即：

乾为天（☰）卦二、四、上爻"之"坤，乾为天（☰）卦就成了水火既济（䷾）卦。

坤为地（☷）卦初、三、五爻"之"乾，坤为地（☷）卦就变成了水火既济（䷾）卦。

这只是"乾""坤"两卦的"之正"过程及结果。其他卦可以以此方法类推。

以上这是某些易学家们"之卦之象"的概念。

可是，我们一般人都知道，这个"之卦"的概念应该是"变化""变爻"或"变卦"的意思。这个概念是从上面的"之"的概念发挥到应用（占筮）中去的"卦变"意义。"之"已经不是指一个爻的变化。而可以是指一个、两个……乃至六个爻同时都变化的状态。这些卦爻所引起的卦的变化结果，就是"之卦"。换句话说，"之"就指的是变化后的"变卦"或"变爻"。

比如：

我们经常能见到的"乾之坤""家人之解""中孚之复"等，以及一卦变成六十四卦（"易林"之法）；还有前面"六十四卦生成"一节中，我们所提及和没提及到的各种"六十四卦变化图"等等，这些卦所变化的结果，就是所谓的"之"卦。这种

"之"的概念已不限于是爻的"正""不正"位的概念了。

这是"之卦之象"的又一些概念。

3. 包卦之象

"包卦之象"是宋朝时期林栗等一些易学者们的易学卦象概念——简称其为"包卦"。

"包卦之象"是指在一个六爻卦体中，用上下三个画（爻）中间包住中间三个画（与其上下三个爻性质相反的三个爻）。这种卦形（体）就可称之为"包卦之象"。又名"包卦"。它也是由"互卦"的规律推衍而来的。

比如：

泽山咸（䷞）卦、雷风恒（䷟）卦，都是坤（☷）"包"乾（☰）。

即泽山咸（䷞）卦的上面的上六爻与其下面的六二爻及初六爻三个阴爻组成的"经卦"坤（☷）卦，把九三爻、九四爻和九五爻三个阳爻所组成的"经卦"乾（☰）卦，包围在其中间。

雷风恒（䷟）卦中上面的上六爻、六五爻与其最下面的初六爻这三个阴爻组成的"经卦"坤（☷）卦，将九二爻、九三爻和九四爻三个阳爻所组成的"经卦"乾（☰）卦包围在其中间。

又如：上例两卦的各自的"反卦"山泽损（䷨）卦、风雷益（䷩）卦，可都是乾（☰）"包"坤（☷）。

即山泽损（䷨）卦中，上面的上九爻和下面的九二爻、初九爻三个阳爻组成的"经卦"乾（☰）卦，把由其六三、六四、六五爻三个阴爻所组成的"经卦"坤（☷）卦，给包在了中间。

而风雷益（☲）卦中，其上面的上九爻、九五爻与其最下面的初九爻三个爻所组成的"经卦"乾（☰）卦，把以六二爻、六三爻和六四爻三个阴爻所组成的"经卦"坤（☷）卦给包在了中间。

"包卦"这个名称是由林黄中首先提出来并使用的。其规律，是把一个六爻卦先分成两个三爻卦；再由这两个卦各自再分成两个卦。即一正一反两个卦，此两卦又分而得到了四个卦。它是按"易传""系辞"中所说的"易有太极，是生两仪，两仪生四象，四象生八卦"的（思想）规律来分的。可是这种方法却遭到了朱熹的极力反对和驳斥。因而，在儒家一般正统的易学学者们中间，这种学说得不到推行。但是，后来的儒家易学者纪大奎等人，却颇为采用这种"包卦"的学说。

下面略举几个例子来说明。

我们前面已经知到了：

"咸"（☶）、"恒"（☳）两卦都是坤"包"乾；

"损"（☲）、"益"（☲）两卦都是乾"包"坤。

可是我们也可以通过"互卦"的概念，

将泽山咸（☶）卦，看做是坎（☵）"包"巽（☴）；

将雷风恒（☳）卦，看做是坎（☵）"包"兑（☱）。

把山泽损（☲）卦，看做是离（☲）"包"震（☳）；

把风雷益（☲）卦，看做是离（☲）"包"艮（☶）。

由以上的例子我们可以总结出，被"包"的卦及卦象组合，是由（取决于）二至四爻或三至五爻所组成的三个爻的"经卦"所决定的。

六十四卦中，其他卦的"包卦"情况都可以照此类推。虽然，六十四卦各自上下相杂，各有不同的结构状态，但是从其阴阳、内外来讲，是没有任何一卦是没有"包卦之象"的。

由于"咸"（☶☷）、"恒"（☳☴）、"损"（☶☱）、"益"（☳☴）四卦，为乾（☰）坤（☷）两卦互交、互"包"，同时又像"大坎""大离"之象，所以，"咸""恒"两卦的卦序，像"乾"（☰）"坤"（☷）两卦排在上经之首一样，排在了继"坎""离"两卦之后的"下经"之首。而"损""益"两卦，则排在其后——即"下经"的第 11 和第 12 卦序上。正好与"泰""否"两卦排在"乾""坤"两卦之后的第 11 和第 12 卦的位置相对应。由此，可看出"包卦"与"互卦"在"易经"易卦排序上的对应关系及规律。

"包卦之象"同样给我们学习和分析"卦象"与事物，又提供了一种思路。

4. 命卦之象

"命卦之象"是由青田端木国瑚《周易指》，根据"周易大传"中"系辞上"的"圣人设卦观象，系辞焉……刚柔相推而生变化"与"系辞下"中的"系辞焉而命之，动在其中矣"的思想原则启发而命名的。其简称"命卦"。

上面引文的内容，它说的是，古代的易学家（圣贤）们，创造设计了用"八卦"或将"八卦"相因重叠成八八六十四卦等易卦的方法，来表述一切事物及其规律。他们运用这种表述方法在反复地观察分析了每个卦的卦象、爻象之后，在每个卦（指六十四卦的每个卦）或每个爻（共三百八十四爻加“用九”“用六”两爻）象的下面撰系上了文辞，借以表明其“吉”“凶”“悔”“吝”等征兆。也就是说，卦是由“阳刚”和“阴柔”两种性质完全不同的两种爻画的推演和处于不同位置的种种搭配形式而形成的。“刚”爻表示“阳”性事物，“柔”爻表示“阴”性事物。这样“阳刚”和“阴柔”就成了立卦的根本。因此，卦爻的“变动不居”，也就成为我们权衡进退、利弊与取舍不可缺少的征兆（“先兆”）了。

前面我们曾提及到，卦也是有“阳卦”和“阴卦”之分的。不论卦中的爻是“刚”性还是“柔”性的，爻本身性质是不带有卦的名字的。而“命卦”却是在其爻所系之辞中，带有卦名的这种形式的卦。这样形式的卦就是“命卦”。

因此，“命卦”的原卦自身的阴阳性质，决定着“命卦”中爻的阴阳性质。

其原卦为“阳”卦，其中含卦名的那个爻，以“阳”爻论（当作是阳爻）；

原卦是“阴”卦，那么，其含有卦名的爻，按“阴”爻论（当作是阴爻）。

如：乾为天（☰）卦。

由于乾为天（☰）卦它是排在六十四卦中的首位。故它是一个“阳”卦。

但它只有九三爻一个爻的爻辞中含有“乾”卦的卦名“乾”。

其爻辞中含（带）有“君子终日乾乾”之“乾”。

这样九三爻就以“阳”爻（看待）论，其他五个爻就以“阴”爻论。

这样就构成了地山谦（☷）卦。

地山谦（☷☶）卦就是乾为天（☰）卦的"命卦之象"。或简称其为"命谦"。

再如：坤为地（☷）卦。

坤为地（☷）卦排在六十四卦的第 2 个卦的位置上。"2"为"阴数"。故它是一个"阴"卦。

它的六个爻的爻辞，没有一个爻的爻辞中提及到"坤"（☷）卦的卦名"坤"。

因为"坤"（☷）卦是"阴"卦。这样，这六个爻都按"阴"爻论。

其"命卦"仍然是坤为地（☷）卦。

又如：水雷屯（☵☳）卦。

水雷屯（☵☳）卦按易学"阴卦多阳，阳卦多阴"的规律，由于它有四个阴爻、两个阳爻。再加上，水雷屯（☵☳）卦在六十四卦中排行是第 3 位。"3"为"阳数"。所以水雷屯（☵☳）卦是个"阳卦"。

其六二爻爻辞一开头就曰："屯如"。其含有"屯"（☵☳）卦的卦名"屯"字。

且九五爻的爻辞也是一开头就曰："屯其膏"。其辞中也含有"屯"（☵☳）卦的卦名"屯"字。

因为水雷屯（☵☳）卦中，只有这两个爻的爻辞中含有"屯"（☵☳）卦的卦名"屯"字。

因此，此两爻被看做是"阳"爻（不管原来是阳爻还是阴爻，一律看做是"阳"爻）。其他的四个爻被看成是"阴"爻［不管其在"屯"（☵☳）卦中原来是阴爻还是阳爻，现在都看做是"阴"爻］。

所以，水雷屯（䷂）卦的"命卦"就是坎为水（☵）卦。

还如：山水蒙（䷃）卦。

山水蒙（䷃）卦中，其在六十四卦中排序为第 4 卦。"4"为"阴数"，故为"阴"卦。

其中，

初六爻爻辞曰："发蒙"；

九二爻爻辞曰："包蒙"；

六四爻爻辞曰："困蒙"；

六五爻爻辞曰："童蒙"；

上九爻爻辞曰："击蒙"。

这五个爻的爻辞中，都有"蒙"（䷃）卦的卦名"蒙"。

由于山水蒙（䷃）卦为"阴"卦，那么这五个爻就按"阴"爻论。也就是说，不管它们原来在"蒙"（䷃）卦中是什么阴阳性质的爻，现在都以"阴"爻来看待。这是因为"蒙"（䷃）卦是"阴卦"所确定的"阴"性性质。

"蒙"（䷃）卦，只有六三爻的爻辞中不含有"蒙"（䷃）卦的卦名"蒙"。所以，不管它原来在"蒙"（䷃）卦中是什么阴阳性质的爻，现在一律按"阳"爻来看待。

这样六个爻的"蒙"（䷃）卦按爻序就排列成了一个地山谦（䷎）卦。

地山谦（䷎）卦就是山水蒙（䷃）卦的"命卦"。

再如：震为雷（䷲）卦。

震为雷（䷲）卦在六十四卦的卦序中，排列在第 51 位。51 位是"阳数"位。故"震"（䷲）卦是"阳卦"。"阳卦多阴"吗。震为雷（䷲）卦中，有 4 个阴爻和两个阳爻。故其为"阳"卦。

其中,

初九爻曰:"震来虩虩";

六二爻曰:"震来厉";

六三爻曰:"震苏苏";

九四爻曰:"震遂泥";

六五爻曰:"震往来厉";

上六爻曰:"震索索"。

震为雷(☳)卦其六个爻的爻辞都含有"震"(☳)卦的卦名"震"。

所以,"震"(☳)卦的六个爻,不管它在原来"震"(☳)卦中是什么阴阳性质的爻,现在都当做"阳"爻来看待。这是因为"震"(☳)卦是"阳卦"所决定的"阳"性性质。

这样六个"阳"爻就组成了一个六个爻都是阳爻的乾为天(☰)卦。

乾为天(☰)卦就称作是震为雷(☳)卦的"命卦"。

其他各卦的"命卦",都以此类推就行了。

5. 声应之象

"声应之象",又名"声应卦"。它是由易"文言传"中"同声相应"的思想原则总结出来的易学规律。

特别是在孔子之后的各卦的卦、爻"象辞"中,这个规律体现的最明显。由于这些《象传》中的辞语,都有其对应的阴阳区别的声韵。因此,我们可以以"平"声为"阳"性之音;以"仄"声为"阴"性之音。我们再将"阳"性之音,做为"阳爻"来看待，而把"阴"性之音，做为"阴爻"看待。这样又组成的新卦体就称其为原卦的"声应之象"。

如乾为天（☰）卦各爻的"象辞"由初爻到上爻依次序曰：

初曰："阳在下也。"

二曰："德施普也。"

三曰："反复道也。"

四曰："进无咎也。"

五曰："大人造也。"

上曰："盈不可久也。"

声韵都是"仄"音。

由于六个"象辞"的声音全是"阴"声。所以，其声音所组成的"声应卦"是坤为地（☷）卦。

"用九""文言传"又以次曰：

初曰："下也"；

二曰："时舍也"；

三曰："行事也"；

四曰："自试也"；

五曰："上治也"；

上曰："穷之灾也"。

六句中，除了"下也"为"平"声之外，其他各语辞都是"仄"声。

"平"声为"阳"爻，"仄"声为"阴"爻。

上下组成了一个"声应卦"——山地剥（☶）卦。

接下来"用九"的"文言传"又依次曰：

初曰："阳气潜藏"；

二曰："天下文明"；

三曰："与时偕行"；

四曰："乾道乃革"；

五曰："位乎天德"；

上曰："与时偕极"。

这六句中，前三个语辞是"平"声。所以按"阳"爻论。后三句为"仄"声。按"阴"爻来看待。

这样上三个阳爻和下三个阴爻就组成了一个"声应卦"，即地天泰（䷊）卦。

又如坤为地（䷁）卦各爻的"象辞"以初至上爻按次序曰：

初曰："至坚冰也。"

二曰："地道光也。"

三曰："知光大也。"

四曰："慎不害也。"

五曰："文在中也。"

上曰："以大终也。"

此六句中，除三、四两句是"仄"声外，其他（上下）的四句都是"平"声。

"平"声者被看做"阳"爻；"仄"被看做是"阴"爻。

这样按次序组成了一个六个爻的"声应卦"——风泽中孚（䷼）卦。

由以上的部分"声应卦"的启发，我们又寻找到了一种运用声调的不同而得到（起卦）卦的方法。《梅花易数》数术中的"声应起卦法"，有可能就是根据这种易学规律的启示所创造的。

由此易学规律启示，我们就能理解用"声音起卦"及"声音外应"等与声响有关的得卦方法的学术及应用价值。

6. 消息之象

"消息之象"是指六爻卦体中,"阳长阴消,阴长阳息"的阴阳爻的一种渐序更替变化规律。

即阳爻由坤为地(☷☷)卦的初爻依次连续变化到上爻成为乾为天(☰☰)卦;"乾"(☰☰)卦"阳极生阴",随继阴爻又由乾为天(☰☰)卦的下爻向上爻连续地取代阳爻,最后变化成坤为地(☷☷)卦。

这样连续变化就形成了 12 个卦。

它们依次为:

地雷复(☷☳)卦;

地泽临(☷☱)卦;

地天泰(☷☰)卦;

雷天大壮(☳☰)卦;

泽天夬(☱☰)卦;

乾为天(☰☰)卦;

天风姤(☰☴)卦;

天山遁(☰☶)卦;

天地否(☰☷)卦;

风地观(☴☷)卦;

山地剥(☶☷)卦;

坤为地(☷☷)卦。

在此变化过程中,先是阳爻逐渐取代阴爻及其位置,然后,又是阴爻逐渐取代阳爻及其位置。因此，这种卦的变化方法，可以表述"一阴一阳之谓道"的任何互相关连与对应事物之间的转化及取代变化的过程和各个变化阶段的状态。

这种分 12 种阶段的变化状态，一般人们称其为"十二消息卦"。也有人称其为"十二辟卦""十二月卦"。按前后书写顺序它们分别简称为"消息卦""辟卦""月卦"。

是什么原因使人们想到将易卦构成"乾"（☰）"坤"（☷）的"消息"呢？

这就要提及到"时令""节"序和气候的变化了。又因为这"十二辟卦"在阴阳"消息"的变化中，在对应于"卦气"的变化上，表述的是最真切的。

这也是由于我国古代传统的历法方法，是将一年的四季，分为 12"节"，24"气"，72"候"。每 5 天为一"候"。3"候"，共 15 天，为一"气"。两"气"，共 30 日，为一"节"。一"节"30 天，就相当是一个月。一年 12 个月，就对应于"十二辟卦"。每个"辟卦"所表述的是与其对应的那一"节"的气候状态以及在此气候状态下事物所对应表现的状态。

传统的阴历将一年 12 个月定为：

11 月，由"大雪"节气到"冬至"节气。正是一年开头的"一阳初生"之时（即"天运初回"）。故与其对应的卦是地雷复（☷☳）卦。

12 月，由"小寒"节气到"大寒"节气。"阳气渐舒"，各种事物都开始"生机振作"。故用地泽临（☷☱）卦来对应表示。

正月（即阴历 1 月），从"立春"到"雨水"节气。阴阳之气协和，事物欣欣向荣，充满生机。所以，用地天泰（☷☰）卦对应表示。

2月，由"惊蛰"节气至"春分"节气。"阳德普施"，物物都已健壮结实。故而，以雷天大壮（䷡）卦与其对应。

3月，自"清明"到"谷雨"。阳气亢胜，过于猛烈，事物的精华尽泄而分。故用泽天夬（䷪）卦相应之。

4月，从"立夏"节气至"小暑"节气。阳气运行到这个月，已经达到了极盛时期。故其对应卦是乾为天（䷀）卦。

5月，从"芒种"到"夏至"。阳极开始生"阴"。事物的生机开始逐渐的收敛。所以，以天风姤（䷫）卦与其对应。

6月，由"小暑"节气到"大暑"节气。阴气开始上长，阳气也已随着阴气的上长而退藏。故而，用天山遁（䷠）卦与其对应。

7月，由"立秋"到"处暑"。阴阳二气"乖逆"，万物生长受阻，相应开始凋零。所以，就用天地否（䷋）卦来对应表示。

8月，从"白露"节气到"秋分"。万物已经结果而内部空虚，只表现为其体魄。因此，就用风地观（䷓）卦来与其对应表述。

9月，自"寒露"到"霜降"。阴过于亢盛，而万物生机衰退枝叶开始剥落。因而，用山地剥（䷖）卦与其状态相对应。

10月，自"立冬"节气到"小雪"节气。阴气上升已达到了盛极之时。因此，阴气要开始消亡并向自己的反面（"阳"气）转化。所以，用坤为地（䷁）卦与其对应来表示。

在传统阴历的这12个月中，"乾"（䷀）"坤"（䷁）两卦所表述的阴阳状态，在这12个月中，不断地相应与以"消""息"。

自头年的11月到第二年的4月。这半年（6个月）之中，

"乾"（☰）阳逐渐在（休）"息"。

从5月到10月，也是半年（6个月）时间。"坤"（☷）阴逐渐在"消"（亡）。

这种"消息卦"的表述方法，不只是用来表述气候与物种的对应变化规律。在我国古代的中医及养生学、道学、天文学等领域，都有所运用。

中医、养生和道学中，将我们的脊椎（颈椎、胸椎、腰椎共24节）每一节都相应的对应于一个"节"气。也就是说，人体气血，每个节气运行到一个相应的椎节上。每个椎节都与人体内相应的脏腑器官相联系。因此，就能知道人体脏腑器官在一年之中，不同时间、季节时期的正常、差异及状况。

在道家修炼中，将此"十二消息卦"与每日、每月、每年的12"辰"（12"地支"）以及每个修炼阶段相联系。把不同的修炼过程中的气血运行及其变化的盛衰，分成了12种状态。使修炼之人，了解、知道和掌握修炼中不同阶段时期的状态和"火候"。

中医学的"难经"中，将12"辟卦"与脉诊方法及主要的12经络相匹配、相对应。借以通过脉象上的变化，达到对人体各脏腑器官的了解。

道学"丹经之王"——《周易参同契》中，将此"12消息卦"与天体在"地平"之上的高低位置，用12"地支"相配。从而可了解到各天体在不同时间内阴阳盛衰的变化。从而了解、掌握和选择相应的修炼时间、阶段、方法和"火候"等。

由此看来，易学不只是儒家独有的学问。中医学有中医学的易学理论（《内经·素问》《难经》《类经图翼》等）；道学有道学的易学理论（"丹经之王"的《周易参同契》《道藏》《云笈七笺》等）；养生学有养生学的易学（各种"气功"养生学）；兵家又有兵家的易学理论（《三十六计》《孙子兵法》《孙膑兵法》"八卦阵"等）；武术有武术的易学理论（包括"太极""阴阳""八卦"等武术理论与技术）；藏医有藏医的易学、太极理论；环境生物、生理、心理学也有其相应的易学理论（"宅经""风水""坎舆"城市、建筑造型、规化与装饰装潢等）等等。因此，易学的研究与发展是不能仅仅依靠儒学中的《周易》来进行的。应该是各行各业、各个领域中的易学理论、思想、方法，共同研发才是最好的路子。通过各种易学思想理论的研究，更容易找到各种事物的共性和共通性的规律。这样就会将事物间的各种矛盾及其规律，简化到最小、最少的状态之下。使我们更快、更容易、更准确地抓住事物间的主要矛盾及其变化的主流和大方向。进而促使我们的失误减少到最小最小的地步，而成功率则将大大地提高。这也是各行业、各领域共同研发易学的最根本的目的。

这里就不多谈了。有兴趣者，下面大家可以找书看看。

总之，以上最前面我们讲的是研学易学时，所必须掌握的基础知识和专用术语。比如："承""乘""比""应""据""中""正"等。它们所反映的思想方法，是事物处在不同的位置上、不同的时空环境条件下，与周围事物应该如何对应与呼应；我们应该怎样去分析、归纳事物，应该得出什么样的结论来。讲的是这些思维方式和思想方法。当然，其中还包含了一些"爻象"之间的规律。

还有后面讲到的这些："八卦之象""六画之象""爻位之象"（"上下""左右""内外""前后""往来""远近""南北""贞

悔"等象，以及"互象""连互之象""四爻连互""五爻连
互""半象""连半象""类象"等）"方位之象""反对之象"
["反象""上半反""下半反""上下（同时）反象""对象""上
半对""下半对"既反又对的"反对之象"]"交易之象""像形
之象""先天八卦方位之象""后天八卦方位之象"。还包括"大
象""广象""类卦之象""包卦之象""参象""像卦之象""命
卦之象""声应之象""辟卦之象"（即"月卦之象""消息之
象"）等主要且经常用得到的"象"变方法。在这些象法中，还
包括了许多我们在保持原来表述意义的基础上，延伸及发展出
来的象法、象变与象义。

以上这些易学方法，就类似是我们现在数学、物理、化学等
学科中的定理、定义、定域、公理、公式、定律之类。都是一些
思想方法和变换公式。但其最基础的概念是"一阴一阳之谓道"
的"不易"的思想。"一阴一阳"的对应关系是任意、随机、可
大可小的。具体讲，其对应状态、形式、物类等是没有固定的格
式与模式的。

下面还有一些易学中的概念给大家讲一下。

太极的某些概念

当系统的内部找不到头绪的时候（处于"无极"状态），就跳出到此系统外——到更大的系统中去进行研究和寻找规律。

第五课　太极的某些概念

本来《易·系辞》中曰："易有太极，是生两仪，两仪生四象，四象生八卦。"这是儒家以"有"为基础的思想方法。研究的是事物从"有"到"无"的发展过程。

由于道家"道学"的发挥，此句就成了"无极生太极，太极生两仪，两仪生四象，四象生八卦。"这是因为道家是以"无"为基础的思想方法。研究的是事物从"无"到"有"的发展过程。

中国古代历史中，凡是儒家与道家思想同时都得以较充分发扬的朝代，都是科学技术与政治、军事、经济等较发达和发展速度较快的时代。

以上可以看出，在儒家必读的易学著作中，是没有"无极"状态这种概念和说法的。但是根据现代科学的研究，认为物质世界中，的确存在着"无极"状态。即所谓的"混沌状态"和"模糊状态（包括模糊数学所研究的状态）"。

下面首先我讲讲我所理解的"无极"概念。

1. 无　极

"无极"按一般多数传统文化研究者较一致的意见，认为其应该是"宇宙最原始的无形无象的本体"。

当然，这里讲的又是一种世界观和方法论了。

所谓的"无极"状态，就是我们平时经常提到的"混沌时期"、"混沌状态"。即迷迷噔噔、模模糊糊的那么一种状态。按现代的说法就是，当我们的注意力还没有处于在观察、分析、研究某事物的时候；当我们还没有注意观察某事物之时；当我们的注意力还没有认真地去思考、调查、分析某事物之前——我们大脑中什么想法也没有的时候。这种大脑中的朦胧状态就是属于"无极"状态之一。

也就是大脑在确定观察、研究、考虑、分析事物之前茫无目的的状态。这也是我们大脑在思考、分析某事物时，首要所应该处于的一种状态（无意识的客观状态）。这时脑子里没有任何的想法；注意力也没有想注意到什么；也没有想考虑什么或想做什么……是"易儒"所说的"感而遂通"之前的"易无思也，无为也，寂然不动"时的状态。这个时候，也是道家、道学所说的"无妄（望）无助，无中生有"之时的"无妄（望）"状态。这自然也是一种"无极"的客观状态。

还有一种情况，就是在我们处于研究分析事物的某个系统中，当我们从"无极"、无意识的状态中，脱离出来，准备有意识地研究系统中的事物后，我们首先要做的就是确定这个坐标系

（确定系统）及其坐标原点（太极）。下面就按"太极生两仪。两仪生四象。四象生八卦……"方式研究下去。当研究到最后，系统内的事物及其关系相当复杂的时候，我们已经无法看清且更无法找到事物的共性与主流规律的时候（也是无法将这些事物相互的关系考虑及联系在一起的时候）——即系统内部复杂到找不到头绪的时候。此时，易学所提供的方法是：干脆，这整个的系统的内部状态我就不管了！因为在其内部什么也闹不清楚了。这也叫做是一种"无极"状态。

当系统的内部找不到头绪的时候（处于"无极"状态），就跳出到此系统外——到更大的系统中去进行研究和寻找规律。也就是说，将原来的整个系统看做是一个新的起始点（坐标原点——太极），建立一个新的更大的研究系统或体系。原来系统及系统内的规律及概念等也就不复存在了（对原来的系统采取了一种"否定"的态度）。思想方法类似于西方物理学中的"黑箱理论"——不管你箱子里具体是怎么会事，只将整个箱子的总体状态与规律作为一个新的起始点。因为在原系统内，事物太复杂了，什么规律也看不清楚，故而，从其内部再也找不到得不出什么结论来了。那只好放弃。这也是一种"无极"的（思维）状态。

还有一种"无极"状态。那就是当事物都是完全一模一样、没有区别、没有差异的时候，即没有什么区分——什么也分辨不出来了。那可不就是没有什么概念了吗。这种状态也叫"无极"状态。在传统思想中，这种"无极"状态往往被称为"空""无"的状态。

在广阔的宇宙中，"无极""空""无"表示的就是"黑洞"

状态;"宇宙大爆炸"后,初始状态——"烟云缭绕"的"混沌"时期;或者是室女座、英仙座、牧夫座中的所谓"真空"(现代物理学认为没有真正的实体物质和真正的"真空"状态。"真空"中充满了物质)——"巨洞"状态。在小的方面,就是到了构成物质的同一层次中,相对"最基本的粒子"(现代物理学认为所谓的"基本粒子"都是复合性存在,还没有发现能单独存在的最最基本的粒子)状态时,由于辨别不出差异或者说没有任何的区别,故而也应是"空""无"的"无极"状态。

在现代的高能物理学的高能粒子规律实验中,已发现并不存在有真正的实体物质存在,都是以其出现的概率(电子云、粒子云)图象及能量的形式存在。已经看不清楚粒子的具体形态了。这种情况是不是也是一种无法清楚定形、定位的模糊的"无极"状态。

当然,"无极"的概念在过去有许多的著作中都有论述。有的叫"太易";有的称其为"太素";还有的称其为"元极";又有的叫"黄极"等等,说法真是太多太玄了。往往使人无法去正确地理解其真实的含意。我认为,不管"无极"叫什么名字。这些名字,无非都是反映了人们对"无极"状态的某种认识。我们只有把"无极"做为是一种状态、一种思想方法来研究,而不只是做为某个具体概念或某种技术状态来理解的时候,才能真正来理解"无极"的真实含意。

比如:"宇宙"这两个字。

"宇宙"到底是个什么意思呢?

"宇"字在前(或左)面,"宙"字在后(或右)面。

按易学规则:左为上,右为下。

这是说，左面的事物定为上卦，右面的事物定为下卦。

那么，"宇"字是8画。

"8"数对应于"先天八卦"序数的"经卦"坤（☷）卦。并将其定为上卦。

什么叫"宇"呢？

按过去一般传统的说法，是"上下四方，为之宇"。

"宙"字是10画。

10÷8，余2。

"2"数对应于"先天八卦"序数的"经卦"兑（☱）卦。再将其定为下卦。

什么叫"宙"呢？

按过去一般传统的说法，是"古往今来，为之宙"。

"宇宙"二字，上下组成地泽临（䷒）卦。

"临"（䷒）卦有给予、无私奉献之意。

我们向宇宙去索取。宇宙无私地在给予和奉献各种能量和事物的生存条件。这是我们面临需要时，所处在一种决断、一种状态情况下，才会使用这个辞予以表达的。不知道、不了解的事物，开始知道、了解一点了。开始知道宇宙万物中间一点点的内容。这是个很好的开头（起始点）。按"消息卦"的发展变化规律，逐渐地由"临"（䷒）卦变为地天泰（䷊）卦；由"泰"（䷊）卦变为雷天大壮（䷡）卦；"大壮"（䷡）卦变为泽天夬（䷪）卦；"夬"（䷪）卦变为乾为天（䷀）卦，逐渐地又把"天"上的事情都认识到了。

实际上，按照地泽临（䷒）卦来讲，其下面这两爻（初、二两爻）表示"地"。人们对地和地球上的事情比较清楚了。可是，人本身的情况和天地之间的情况，还是不清楚的（三至上爻均为阴爻。阴爻为虚、为暗、为不明）。

需要怎么来研究呢？

按照我们的卦的生成及发展规律（由下往上发展与生成），或按照"天人地"三才来讲，应该再研究清楚人的情况。等把人与地的情况都研究清楚之后，那么天的情况自然就清楚了。事物就是这么一点一点的变化、前进与（往上）发展。一个卦（无论卦爻的多少），实际表述了一个事物发展的全部过程及其全部与全部规律性。

所以，人们才称："二十一世纪，是生命和生物的世纪。"我认为这种提法很好。人类由于疯狂地从地球和大自然中去索取，造至"人类从自身以外去寻求生存，已经走到了极限！"（见1987年的"温哥华宣言"）。无可奈何，人类只有转到挖掘与开发人自身的能力上来——从生命体本身上来找生存的出路来了。这种发展思路是符合易学思想的认识论的。

因此，研究宇宙时，首先得从地球上的各种事物进行研究。当把地球上的各种事物研究透彻之后，又要从生命体、生物的本质去进行研究。当把生命和生物的本质研究清楚之后，再在这个基础上，把大自然中的其他一些事物也研究清楚。最后才有可能将整个的宇宙（包括天体）情况研究清楚（这将是最难最难的）。

说到"无极"状态的时候，我们很自然地会想到"零"的概念。

"无极"乃是老子所认识到的"道"的根本本质内涵与状态。"道"既包括有"不存在""没有"的"零"的概念，也包括有"无极"存在的"无所不包"的概念。否则，在什么都没有的存在状态中，怎么会产生出"有"的事物来的呢？只有我们知道了"零"在数理中的全部内涵规律后，才能对老子的（无）"道"的深刻内涵，做到全面准确地理解与把握。在老子"道"与"无"思想出现后不久，传统的《墨经》中首先发现并表述了"零"的概念。这说明中国古代学术对"无"的认识是与对"零"的内涵数理的认识，是分不开的——在春秋末与战国初期几乎是同步进行的。

可是在中国的传统文化及数学、数理中，"零"一般不是仅作为"不存在"、"没有"的概念。而是作为另一个层次或坐标系统较小的存在。比如："一千零五十"之中的"五十"、"六百零一"中的"一"、"三十八"中的"八"等。因此，可以看到，中国古代的数学及数理所研究的主要的应该是指存在的事物及其规律。最初其认为，看不见、摸不着的事物的规律，往往是靠"体感应"和"悟性"来"意识（认识）"的。一般是无法用什么固定的数学公式或语言文字（"书不尽言，言不尽意"嘛）来直接表述清楚的。就是表述了，一般没有亲身感受与体会者，也是无法理解并认可的。因此，他们不花精力去研究那些不存在的事物。研究"不存在"，就是研究到了底，最后还是无法准确地予以表达。无法准确性地予以表达，那么人们将如何去认识、理解与交流这些状态和概念呢？还是跟没有研究一样。这不是白浪费人生吗？

如同现代的物理学概念一样，我们认为世间一切事物都是在运动、在发展变化着的。没有任何一个一成不变而又能脱离其他事物的存在与联系而独立存在的事物一没有任何一个固定不变的事物孤立存在。可是物理学家们，又想寻找到一个固定的什么

（数理、几何、物理等）数理公式，来完全表述表达、描述世间一切事物的总体规律。我们认为，如果不在头脑中的哲学思想、方法上根本性地解决问题，可能是很难或无法根本做到的。而易学的各种哲理思想和方法，会给他们提供一些简洁、准确、针对性极强的思路和思考方法。

以上是些"无极"的概念。

下面讲讲"太极"的概念。

2. 太　极

"太极"概念的认识，在各种著作中及学术界争议是比较大的。

《易·系辞》中讲："易有太极，是生两仪……"

任何事物都是由一个本质（本源）基础发展而来的。由其辞语表面上看，其先分成了两个方面。即"一阴一阳之谓道"所表述的内容。也就是说，这"一阴一阳"合在一起，其二者共性所反映的就是其事物的本质、本源、本体之根本大道理。

《易》曰："乾之大始。"也就是说，由于研究的需要不一样，同一事物其起始状态（始）或其整个状态（大）都可以被看做是"太极"状态。即从不同的侧面或角度看同一事物，其因或果两个方面，就其各自生成的"因"来说，都可以看做是"太极"。也可以说，"太极"是相对来说的一种概念，它的大小、内涵等不是固定不变的，所以才有"无处不太极"、"无极而太极"、"太极道之极"、"无极生太极"（"无极"也是无可限量的概念）、"太极一也"等理论与概念。从数学数理上来说，就是"任何数的0

次方，都等于 1"。即成为一个起始点或对称、对比中心及计算的起始位置等。

这种"太极"学说，是以"太极"为基础的一种"创成说"。

有些书中说它是："天地未分之前，元气混而为一时。即太初、太乙。"

"太极"从大的方面讲，应该是"天地未分"还是一体时。是天地将要产生区分但还没有区分开时的最早、最初的那个状态与阶段。是事物将要产生区分或分化时，刚刚开始的那第一步，或是刚刚开始的一刹那。我想是这么个意思。当然喽，事物刚刚要产生还没产生的那个时候，这个概念实在也是有些太抽象了点。

什么是"太极"呀？

到了宋朝时期。

易学大家邵康节讲："心为太极。"

这又是对"太极"的一种认识。

我想，这是因为在人身体中，中医讲"心主神明"。将"心"做为一身之主宰的缘故。按现在中医学"经络实质"的科研成果来讲，人身生物电的分布与调整，完全是靠心电来调值的。"经络"是人身生物电低电阻和高电压、高电流的通道。各"经络"、"穴位"的平衡、分布与传递，完全由心电的频率及分布特性来决定和调值的。这也是大多数心电图机将主要电极放在"穴位"周围的原因之一。因为在"穴位"上或"穴位"附近所取得的心电图结果，会更精确、更细致、更清晰。

在南宋时期。

易学家朱熹认为"综天地万物之理，便是太极"。

意思就是说，将天地间各种事物的道理综合出来的最根本的那个道理就是"太极"。

我认为朱熹的这种说法是有一定道理的。因为按现代科学的认识，"太极"应该是宇宙万物最本质的最基础的那一点。也就是，在一定体系中的一切事物最根本、最本质的东西。就如同"宇宙大爆炸"前的那一瞬间——即"宇宙爆炸"时的起始点（"白洞"造成爆炸前的那一刹那），或者是产生任何事物的最最基础的"基础粒子"（而不仅仅是"基本粒子"）。从物理学的角度来讲，就类似于生成万物不同层次上的最基本的"粒子"及其概念、规律和理论。

由于我们人类科学在观察分析事物时，往往是以"眼见为实"——靠眼睛或眼睛的延伸来认识事物的。可是，因为我们一般人的眼睛的视力有限。往往也只能感觉到电磁波广阔长河中，从红到紫的这一段频谱之内的事物。而且都是一些比较起来，相对大一些的事物。即有形、有状、相对"实"一点的事物（即使是人眼感知不到的事物，也要将其转化成我们人眼能看得见的信息才好进行观察与研究）。因为这类事物，当电磁波经过它们的时候，才会从它们的表面被反射出去，而被眼睛的细胞所感觉到。相对小一些的事物，不是说此物它不能反射电磁波，而是由于其反射或放射出来的电磁波频率太高或波长、体积太小，而我们眼睛的感觉细胞是有一定限度感知范围的（小到只能感觉到氢原子核直径十分之一以上大小的事物），故无法感应得到而已。

表面上看我们都是一个完整的"人"。都是由心、肝、脾、肺、肾等五脏六腑，再加上眼、耳、鼻、舌、身、骨头、肌肉、皮肤、毛发等器官和部分所构成的一个复杂的机体。这些形态我们的眼睛是可以看到的。当再往人各部分结构的细微方面研究时，我们认识到了，人是由细胞组成的；继而发现，细胞是由细胞质、细胞核组成的；细胞核是由核酸组成的；核酸是由分子元素组成的；元素是由原子组成的；原子是由原子核和电子组成的；原子核是由中子和质子组成的：中子、质子是由更基本的粒子组成（κ介子、π介子、μ介子、夸克、亚夸克、色夸克等）……其组成直至"最基本"的"亚粒子"以下的最基础的层次结构状态。

人是这样的构成。空气、电扇、黑板、屋子，甚至户外的那些火车、汽车、树木花草、动物、植物、天体、大地等等等等，都是由这些基础的物理学"物质"及"粒子"们组成的。无一例外。在这种同一层次中的"基础粒子"的状态下，任何事物这时的状态、规律（道理）等都是同样的，是没有任何差别的。那么在这个"基础粒子"基础上的这些基本的道理，也可以把它们叫做"太极"。也就是说，构成事物的最基础的"粒子"及其状态、构成、最基本的道理、最本质的内容等，也可以叫做"太极"。即从各种理论的出发点来讲，它们也可称作为"太极"。

按现代科学的研究方法来讲，研究任何事物或系统时，参照系（坐标系）中确定的坐标原点或对称、比较中心，就是我们所说的"太极"。

为什么在我国传统的各种修炼的过程中，往往都要强调"意守丹田"呢？

主要就是为了寻找人体自身的重心——对称平衡中心的位置。从而促使且达到人身经络气血运行的平衡及心理状态的协调和稳定。这也就类似是我们人"身、心"的坐标原点。以它为基点，向四周进行对比、感受、体会和分析，从而达到对人身心的优化和健康。这人身的重心位置和对称中心的位置——"下丹田"的位置，就是我们人体的"太极"（生命产生的基础）。

"太极"在不同的信仰修炼中的叫法也是不同的。

佛家叫"清净归一"。

道家叫"守中抱一"。

儒家叫"执中贯一"。

天主教叫"祷告默一"。

……等等。

这里所谓的"一"，都是指去寻找大自然的"本源性"。要回到事物的"本来"状态。即回到事物刚刚开始产生时的那个最根本的状态和道理上去。大家都不能违背这个最基本最基本的道理。都不能背离这个最基本的起始点和对称平衡中心。因为易学所研究的是"相对稳定和相对平衡的系统"。因此，你只有寻找到各种事物的对称（平衡）中心，才能保证其平衡稳定的健全发展。否则，就必须去寻找其"互补"因素做为补充才行。

这就是"太极"的某些概念。"太极"就是唯物辩证法中讲的"对立统一"和我们所讲的"对应统一"规律中，"统一"的那个"一"。大家都要统一到最基本、最共同的那个道理（或目的）上去。

事物只是"对立"不行。"对立"是组成一个事物的两个方面。所强调的是各自个性的突出。大家都强调个体的利益与特点，那还能不争斗、不"对立"吗。由于构成同一事物的双方，都是有它的片面性的。无论偏向哪一方，都不可能达到统一稳定的效果。只有双方都能共同结合、共同能接受的部分，才是这一事物的本质的所在。这也就是"对立"（称"对应"更确切）双方的共性部分（"求同存异"的前题是"求同"）。也就是咱们所讲的最基本的粒子、最基本的道理、最基础的规律、最基本的状态等。在易学中，也是指"互卦""反卦"及卦中的那些"共用爻"部分以及"太极图"中间的那条 S 形曲线（"波动性"）。因此，也可以说，"波动"状态是事物间的本质与共性特征部分。

3. 两　仪

除了"无极""太极"的概念外，还有"两仪"的概念。这里咱们就不多讲了。

"一阴一阳之谓道"说的就是"两仪"的概念及特点。说的是，任何一个事物无论其大小或将要分成二者的比例量的大小及多少（不一定二者都是等级、等量的），都可以把它分成（"阴""阳"）两个相对应的部分。

"阴""阳"在这里指的就是两个对应的差异性部分。从表面及各自的整体状况比对来看，是完全不一样的两个方面。

但是，任何一个"阴"或"阳"方面，其本身又可以分成"一阴""一阳"两个方面。那么，这样就形成了"四象"。

"道生一，一生二，二生三，三生万物。"

这是道家对事物的一种立体坐标和变化层次、状态的认识。也是对一切事物发展全过程的一种描述。

因为是"一阴一阳之谓道"。因此事物应该是用以 2 为底数的几何级数状态来进行表述的。

比如：

2 的零次方等于 1。即 $2^0=1$。任何自然数的零次方，都等于一。

这就形成了一个坐标原点。

2 的一次方等于 2，即 $2^1=2$。

这表示的是一维空间——两点确定一条直线。

2 的二次方等于 4，即 $2^2=4$。

一条线段，沿垂直方向平移，形成二维的平面，有 4 个顶点。

2 的三次方等于 8，即 $2^3=8$。

四方形的平面，沿垂直方向平移，形成三维的立方体，有 8 个顶点。

2 的四次方等于 16，即 $2^4=16$。

四维空间，以上该"立方体"演变形成的新的组合状态，有 16 个顶点。

2 的五次方等于 32，即 $2^5=32$。

五维空间，以上同一"立方体"在五维空间中的组合状态，有 32 个顶点。

2 的六次方等于 64，即 $2^6=64$。

六维空间，以上同一"立方体"在六维空间中的组合状态，有 64 个顶点。

如下图：

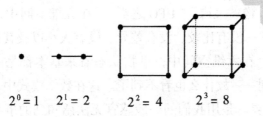

$$2^0 = 1 \quad 2^1 = 2 \quad 2^2 = 4 \quad 2^3 = 8$$

这其中，从坐标原点的确定；到一维空间的直线；二维空间的平面；再到三维空间的立体结构等状态，都包含在里面了。这也就是"道生一，一生二，二生三，三生万物"思想在现代数学（含几何）中的体现。它所表述的是三维的"实数"世界。这是对我们看得见，摸得着的时空的一种表述。这也是易学"卦变"中，由一个爻，变为两个爻，再变为三个爻的卦形所内涵的实际意义。由爻画多少的不同，来表述时空结构的不同。这也说明了，为什么三个爻的"经卦"是整个六十四卦的"基础卦"的原因——可以表述三维时空中的任何事物。

四维空间、五维空间、六维空间中，上面所讲的同一状态下的"立方体"的顶点数，将随着空间的维数的增加而增加。即由16 个顶点变成 32 个顶点，最后再由 32 个顶点变成 64 个顶点。顶点数的增加，说明同一事物变的更复杂难辨了。因为我们处于三维时空中的人，利用我们那些只能感知三维时空事物的感觉器官，现在是无法将四维时空以上的空间认识清楚的。所以在四维时空中，我们只能看到其事物之"象"（像），而看不到其"实体"的（四维空间的物体，需要有八个投影面才能完全准确地表达清楚。而在三维空间中，却只能见到三个投影面，故永远只能描述同一物体像个什么，但永远不能准确的表述清楚此事物的状态。比如，像"飞碟"、UFO 之类）。在五维空间中，只有其事物的本身——没有比较、没有差异、没有大小以及其他的事物的什么概念。在六维空间中，事物状态看来基本都是一样的，没有任何差别——故什么也看不到了。这在数学模式中，我称其为"虚数"世界。是用我们的一般感官无法感知到的事物的存在形式与状态。

从易学中的某一个三个爻的单卦（"经卦"）来讲，

其最下面的初（一）爻，表示"地"；

中间的二爻，表示"人"；

上面的上（三）爻，表示"天"。

同样以一个小小的三爻卦，就将"天人地"全部的系统及内容包括进去了。

这种易学"其大无外，其小无内"的表述方式及适用范围（界限），在这里也仍然是不变的。

人们一般往往喜欢用含有"阴阳鱼"统而为一的"太极图"来表示"太极"的思想。由此又生成了一"阴"一"阳"的概念。继而生成了阴阳"爻"，乃至形成了"卦"。由卦的各种变化反回来，我们又进一步理解了"太极"思想。

根据易学中，"经卦"乾（☰）卦的内涵——"乾主大始"。我们可以知道，乾（☰）卦可以表示一维的初始点——"太极"；又可以表示二维的一个圆；还可以表示三维的一个球体。这是在不同的参照系中，乾（☰）卦有不同的概念。就是在同一个系统中，乾（☰）卦既能表示最小的点，又能表示整个系统的全部。这也就是说，乾（☰）所表示的这个"太极"概念要根据参照系统的不同，其内涵可大可小。也就是说"太极"的这个坐标原点、对称中心可以随着需要及参照系统的不同，是有所变化的。但是，它是做为一个最基本的根据存在的。

在不同的系统中，"太极"这个基本"原点"的内涵概念，是不同的。

比如：

问我在这个屋子里的什么位置上？

那么就以屋子的中心为坐标原点。

问我在天安门的什么方位上？

那就以整个天安门为坐标原点。

问我在美国的什么方向上？

就以整个美国国土为坐标原点。

问美国在我的什么方向上？

就以整个我这个人为坐标原点。

……

看到没有，坐标原点内涵内容的体积、面积、容积以及其量化的大小的确定，是根据研究事物需求的不同，来具体针对性地选择与确定的。不一定该坐标原点的内涵，就比你所要比较的那个事物的内涵（体积、尺度、量化等）小。事物的存在，都是相互联系并对应的，不会因为其各种量化概念的大小、多少、量级等的不同或相同，而不能联系及不可对应（"一阴一阳之谓道"的"对应统一"吗）。对应事物的双方是任何状态下都能对应的，即任何事物之间，在易学看来，都能相互"对应"，并且还能对应性地组成卦。

现代易经讲课实录

易 学 杂 谈

　　虽然，在这些衍变过程中，会出现同样的卦。但是，它们各自反映的都是各自的不同状态下的整体关系与各自内部的具体关系。还不能说，卦象都一样了，就没有分析的价值不再去变化分析了。这要根据你所要研究分析的需要、范围、环境、要求和条件等来确定要分析（演变）到哪一步。

第六课 易学杂谈

到底一个卦通过"连互"可以演生出来多少个卦呢？

这个问题大家应该好好地仔细地想一想。

下面我们随便举个例子来分析分析。

例如：火风鼎（䷱）卦。

先从"连互"中看一看。

首先是"鼎"（䷱）卦的"四爻连互"。

初至四爻"互"姤（䷫）卦。"四爻连互"得天风姤（䷫）卦。

二至五爻"互"夬（䷪）卦。"四爻连互"得泽天夬（䷪）卦。

三至上爻"互"睽（䷥）卦。"四爻连互"得火泽睽（䷥）卦。

再将"鼎"（䷱）卦"四爻连互"的结果，再进行"连互"。

首先是天风姤（䷫）卦的"四爻连互"：

现代易经讲课实录

初至四爻"互"姤（☰）卦。"四爻连互"得天风姤（☰）卦。

二至五爻"互"乾（☰）卦。"四爻连互"得乾为天（☰）卦。

三至上爻"互"乾（☰）卦。"四爻连互"得乾为天（☰）卦。

再进行天风姤（☰）卦的"五爻连互"：

初至五爻"互"姤（☰）卦。"五爻连互"得天风姤（☰）卦。

二至上爻"互"乾（☰）卦。"五爻连互"得乾为天（☰）卦。

其次是泽天夬（☰）卦的"四爻连互"：

初至四爻"互"乾（☰）卦。"四爻连互"得乾为天（☰）卦。

二至五爻"互"乾（☰）卦。"四爻连互"得乾为天（☰）卦。

三至上爻"互"夬（☰）卦。"四爻连互"得泽天夬（☰）卦。

再进行泽天夬（☰）卦的"五爻连互"：

初至五爻"互"乾（☰）卦。"五爻连互"得乾为天（☰）卦。

二至上爻"互"夬（☰）卦。"五爻连互"得泽天夬（☰）卦。

最后是火泽睽（☰）卦的"四爻连互"：

初至四爻"互"睽（☰）卦。"四爻连互"得火泽睽

（䷀）卦。

　　二至五爻"互"既济（䷾）卦。"四爻连互"得水火既济（䷾）卦。

　　三至上爻"互"未济（䷿）卦。"四爻连互"得火水未济（䷿）卦。

　　再进行火泽睽（䷥）卦的"五爻连互"：

　　初至五爻"互"节（䷻）卦。"五爻连互"得水泽节（䷻）卦。

　　二至上爻"互"离（䷝）卦。"五爻连互"得离为火（䷝）卦。

　　既而，再将火泽睽（䷥）卦的"五爻连互"卦象再进行"四爻连互"：

　　先进行水泽节（䷻）卦的"四爻连互"：

　　初至四爻"互"归妹（䷵）卦。"四爻连互"得雷泽归妹（䷵）卦。

　　二至五爻"互"颐（䷚）卦。"四爻连互"得山雷颐（䷚）卦。

　　三至上爻"互"蹇（䷦）卦。"四爻连互"得水山蹇（䷦）卦。

　　再进行水泽节（䷻）卦的"五爻连互"：

　　初至五爻"互"损（䷨）卦。"五爻连互"得山泽损（䷨）卦。

　　二至上爻"互"屯（䷂）卦。"五爻连互"得水雷屯（䷂）卦。

　　先进行离为火（䷝）卦的"四爻连互"：

初至四爻"互"家人（☲）卦。"四爻连互"得风火家人（☲）卦。

二至五爻"互"大过（☱）卦。"四爻连互"得泽风大过（☱）卦。

三至上爻"互"睽（☲）卦。"四爻连互"得火泽睽（☲）卦。

再进行离为火（☲）卦的"五爻连互"：

初至五爻"互"革（☲）卦。"五爻连互"得泽火革（☲）卦。

二至上爻"互"鼎（☲）卦。"五爻连互"得火风鼎（☲）卦。

然后，再将水泽节（☵）卦"四爻连互"所得的

雷泽归妹（☳）卦、

山雷颐（☶）卦、

水山蹇（☵）卦

和水泽节（☵）卦的"五爻连互"所得的

山泽损（☶）卦、

水雷屯（☵）卦

以及离为火（☲）卦"四爻连互"所得的

风火家人（☴）卦、

泽风大过（☱）卦、

火泽睽（☲）卦

乃至离为火（☲）卦"五爻连互"所得的

泽火革（☱）卦、

火风鼎（☲）卦

再继续进行"四爻连互"和"五爻连互",看看一共能得多少个卦?下面自己去"连互""连互"看。到这里我就不再"连互"下去了。

其次,再进行火风鼎(☲☴)卦的"五爻连互":

初至五爻"互"大过(☱☴)卦。"五爻连互"得泽风大过(☱☴)卦。

二至上爻"互"大有(☲☰)卦。"五爻连互"得火天大有(☲☰)卦。

再将火风鼎(☲☴)卦"五爻连互"的卦象再进行"四爻连互":

先进行泽风大过(☱☴)卦的"四爻连互":

初至四爻"互"姤(☰☴)卦。"四爻连互"得天风姤(☰☴)卦。

二至五爻"互"乾(☰☰)卦。"四爻连互"得乾为天(☰☰)卦。

三至上爻"互"夬(☱☰)卦。"四爻连互"得泽天夬(☱☰)卦。

再进行泽风大过(☱☴)卦的"五爻连互":

初至五爻"互"姤(☰☴)卦。"五爻连互"得天风姤(☰☴)卦。

二至上爻"互"夬(☱☰)卦。"五爻连互"得泽天夬(☱☰)卦。

再"连互"下去基本就是"姤"(☰☴)卦、"乾"(☰☰)卦和"夬"(☱☰)卦这三种情况。已经没有必要再"连互"下去了。

再将火风鼎(☲☴)卦"五爻连互"所得的火天大有(☲☰)卦

进行"四爻连互":

初至四爻"互"乾（☰）卦。"四爻连互"得乾为天（☰）卦。

二至五爻"互"夬（☱）卦。"四爻连互"得泽天夬（☱）卦。

三至上爻"互"睽（☲）卦。"四爻连互"得火泽睽（☲）卦。

再将火天大有（☲）卦进行"五爻连互":

初至五爻"互"夬（☱）卦。"五爻连互"得泽天夬（☱）卦。

二至上爻"互"大有（☲）卦。"五爻连互"得火天大有（☲）卦。

以上"连互"出来的结果，有很多卦已与前面重复。如果继续"连互"下去，按过去传统易学"连互"中的概念认为意义就不大了。可是我认为，"连互"后的卦形的结构状态虽然一样，但有可能它所表述的是不同的事物或内容。如果有兴趣的话，根据需要还可以"连互"下去。

传统易学中的"连互"认为只要到了:

乾为天（☰）卦、

坤为地（☷）卦、

水火既济（☵）卦、

火水未济（☲）卦

这四种基本卦或总是重复（特别是"连互"三次以上者）出现同一个这样的六爻卦时，再"连互"也无任何意义了。就不要再"连互"下去了。因为他们认为卦形都一样，都回归到表述天地间最本质的四种存在形式上了——没有其他什么意义了。

一个火风鼎（䷱）卦，经过"四爻连互"和"五爻连互"就可以揭示出这么多的卦象。推演出来这些卦之后，这些卦各自还有自己的"反卦"、上下"半反卦"、"对卦"、上下"半错卦"、"交易卦"等。这些卦各自还可以进行"四爻连互"和"五爻连互"。"连互"出的卦有可能还有自己的"反卦"、上下"半反卦"、"对卦"、"半对卦"、"交卦"等，再加上其他的一些卦象及卦象变化规律，你说这个系统大不大。所以说，这个易卦系统是个相当相当大的"巨"系统。也可以说，是个相当大的"海量信息系统"。

如果，还是火风鼎（䷱）卦。

其"反卦"为泽火革（䷰）卦。

其"对卦"为水雷屯（䷂）卦。

其"上半对"为水风井（䷯）卦。

其"下半对"为火雷噬嗑（䷔）卦。

其"交卦"为风火家人（䷤）卦。

这些卦还可以进行"四爻连互"和"五爻连互"。

当然，在每次卦的变化过程中，还应该有各自的"上半反""下半反""上下反"等卦象变化。自然，这些变化后的卦，也有其各自的"四爻连互""五爻连互""反象（包括'上半反''下半反''上下反'和'整体反'）""对象（包括'整体对'和上、下'半对之象'）"等等卦象的变化。这些变化出来卦，仍然可以进行以上各种卦象变化。这就是易学易卦的逻辑演绎方法和过程，谁说易学中没有演绎逻辑及其哲学思想。由于篇幅有限，大家可以下去自己继续变变看。

　　虽然，在这些衍变过程中，会出现同样的卦。但是，它们各自反映的都是各自的不同状态下的整体关系与各自内部的具体关系。还不能说，卦象都一样了，就没有分析的价值不再去变化分析了。这要根据你所要研究分析的需要、范围、环境、要求和条件等来确定要分析（演变）到哪一步。当然，一般情况下，出现我们前面已经讲过的乾为天（☰）卦、坤为地（☷）卦、水火既济（䷾）卦、火水未济（䷿）卦这四种情况时，除外。

　　咱们由于平时所研究、考虑的事情往往都比较简单，一般情况下，"连互"一次就够用了。最多再把各个卦之间的"反卦""半反卦""上下反卦""对卦""半对卦""交卦"等再运用一次，基本就够用了。因此，不要贪图所谓的"细致"，将自己的思路搞乱了。使自己抓不住重点和主要矛盾而使自己失去了大方向。

　　易学中的这个"易卦系统"包含了事物及事物各个方面的内容。这也就是为什么至今为止，一般事物各方面的情况，它都较其他的一些方法判断的还要准确的原因。因为其系统内含极大，基本我们现在所研究的事物还没能跳出这个系统的内涵及量化规律。因此，无论从哪个角度、哪个层次、哪个方面等去联系、研究它，都能给你启迪一些思路（即指导思想）出来。

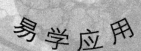

易 学 应 用

    在使用笔画数得卦时，无论笔
画的长短大小，只要方向有变化，
就算是一画。因为易学是研究场效
应的，只要场力（笔画、矢量）方
向一变，就算是一画（一个因素）。

第七课 易学应用

现在讲讲易学应用方面的问题。

应用是通过易学中的各种判断方法来指导实现的。

因为中国的汉字是"象形文字"。又由于文字的出现比"卦"的出现要晚几乎三千年左右的时间。也就是说，伏羲"创卦表意"比"汉文字表意"要早。过去汉文字，一般人认为是由事物的形象所创造的。我认为，这只说对了一部分。"象形文字"中的"汉文字"应该是先按易学中卦象（场）的类型分类后，再加上事物的具体或抽象形象创造出来的。因此，文字所表达的内涵意义，往往都包含在易卦里面了。无论从字面意义、内涵意义、发声意义，还是笔划及笔划数意义等方面，都能通过易卦来对应表述。

例如："艾（愛）滋病"三个字。

人们一听"艾（愛）滋病"三个字，往往就如

"谈虎色变"一样。觉得挺吓人的。不得了啦！是"整体免疫低下"！更有甚者认为"21 世纪，弄不好，人类将会被它所毁灭！"我看也不见得如此可怕。"艾（爱）滋病"的产生和发展是有它一定的条件、一定的环境、一定的场合的。只要不具备艾滋病病毒生存所必要的那些条件，艾滋病毒也无法生存更无法传播。

下面通过与其对应易卦的卦场，进行分析。

由于易学较完整的文字应用体系，是宋朝时期完善的。因此，只要不是对方自己的手迹，就要以宋朝的繁体字结构笔画为据为好。

在推导过程中，为什么不提倡使用简化汉字呢？

因为我们研究一个系统时，必须尽量把系统内的每一个因素都考虑到。这样我们所分析出来的结论才有充分的代表性。可是简化汉字在简化的过程中，往往丢掉了许多因素。故而往往不能完全真实地表达创字时原来繁体字本身的内涵意义了。由于在研究任何一个系统的内部规律时，不能因为其内部的事物小而被忽略。事物再小，它也表示是一个与其他事物有差异的事物。那么它自然也是一个因素。再大的事物都是由小发展来的。再小的事物都要发展广大。小的更具生命力。大的极易走向消亡。

所以，在使用笔画数得卦时，无论笔画的长短大小，只要方向有变化，就算是一画。因为易学是研究场效应的，只要场力（笔画、矢量）方向一变，就算是一画（一个因素）。

以上就是我创立且由我的学生、同道们常年大量实践，所得出来符合我国汉文字规律的一种笔划起卦方法。

再根据易学科学"极其数，遂定天下之象（卦）"的原则，将数与卦象、卦象与场、场与数之间的各种关系，通过"卦象"

的变化，反映出来。

下面就通过汉文字的笔划数与卦、场之间的对应关系，来剖析一下"艾（愛）滋病"。

"愛"字繁体是 17 画。

17÷8，余 1。

"1"对应于"先天八卦"序数的乾（☰）卦之场。

将乾（☰）卦定为上卦。

"滋"字 16 画、"病"字 12 画。

两字笔画数相加：16+12=28。

28÷8，余 4。

"4"对应于"先天八卦"序数的震（☳）卦。

将震（☳）卦定为下卦。

这样上下卦重叠，组成天雷无妄（☰☳）卦。

天雷无妄（☰☳）卦之意，有不要有妄（狂）想、不要干超出自己力所能及的事情、没有什么希望、没有什么标准乃至高标准等。

由以上"无妄"之意可知，虽然其爻意有"无妄之疾，勿药而愈"之辞，可是"艾（愛）滋病"就现在来说，还是一种没有什么希望、没什么办法的疾病。就是进行治疗，也没有什么有希望的好方法。这种现象的出现，不正是给我们现代的医学科学出了个大难题。很自然的这种疾病的规律状态，就符合了易学中"无妄"（☰☳）卦中所讲的这个规律。

根据易学"同声相应，同气相求"的场效应共振原理：

凡是某地区、地域、地名、环境等所形成的卦为"无妄"（☰☳）卦，此地区将存在发生及流行"艾（愛）滋病"的环境及

现代易经讲课实录

条件。

或是人名、生辰、住所的街道、门牌号码等得到的卦为"无妄"（☲）卦时，此人此地就存有较容易感染"艾（愛）滋病"的环境和条件。

再就是某事物本身所形成的卦与"无妄"（☲）卦相同，这也是"艾（愛）滋病"毒容易生存繁衍的环境和条件。

这就是易学场效应规律的体现。事物之间发生共振，其能量增加或者产生谐振，使事物自身的存在环境优化。因而就更容易巩固和产生这类事物。

这也就是我们现代科学所说的"环境生物学"、"环境生理学"、"环境心理学"所研究的内容。

通过天雷无妄（☲）卦的卦象内涵，很容易就能找出易发病的地区，环境、条件、季节、人群、特点等规律。

从整个"无妄"（☲）卦来看。上卦（外卦）为乾（☰）卦。"乾为寒"。说明外部受了寒凉侵袭。是什么寒凉呢？三至上爻"互"姤（☴）卦。乾（☰）卦之下"互"巽（☴）卦。"巽为风"。说明外面受的是"风寒"。上卦为因。说明得"艾（愛）滋病"的外因是由姤（☴）卦所反映的交媾所致。

下焦［初至四爻"互"颐（☷）卦。颐（☷）为"大离"之象。"离中虚"］虚。

同时，肝［初至三爻为"经卦"震（☳）卦。"震为肝"］胃［二至四爻为艮（☶）卦。"艮为胃"］不和——胃痛［震（☳）为痛］、胃反酸［震（☳）为酸］。

与头部［四至上爻为乾（☰）卦。"乾为头"］、骨、关节［四至上爻为乾（☰）卦。乾主骨、为圆］、神经［三至五爻为巽

（☴）卦。巽为绳直、为神经〕或肝〔初至三爻为震（☳）卦。"震为肝"〕、胃〔二至四爻为艮（☶）卦。"艮为胃"〕、胆〔三至五爻为巽（☴）卦。"巽为胆"〕等器官及器官间的功能失调（失衡）有关。

那么，"艾（愛）滋病"现在是处在一种什么情况下呢？

根据易学"六爻相杂，唯其时物也"之观点，寻找所处现在这一时间的空间结构。从现在的空间结构中，寻找它的发展规律。即加上现在的时间量，确定事物〔这里的事物就是"艾（愛）滋病"〕现在的位置（卦中爻的位置不同,说明所处的状态不同）。从而判定事物现在的状态。

即:（上卦数十下卦数十时辰数）÷6。余数来确定变爻位置。现在是第 6 个时辰。

（1+4+6）÷6=11÷6，余 5。确定是五爻变。

天雷无妄（☲☳）卦的五爻变，变成火雷噬嗑（☲☳）卦。

现在火雷噬嗑（☲☳）卦中的上卦离（☲）卦就是表示"艾（愛）滋病"的主体。

下卦震（☳）卦就是表示与"艾（愛）滋病"有关的其他客体。

这两年，由于"纳音五行"正处于"木运"年。所以"木"〔震（☳）卦之客体〕生"火"〔离（☲）卦之主体〕。所以，"艾（愛）滋病"发展蔓延的较快。也较受各界重视。

由于离（☲）为夏季。所以，到夏季时，发展较快。震（☳）为春天，为木旺时节。木能生火。所以也是发展较快的时期。坤（☷）为立秋时节。坤为土。因此，它是离（☲）火生坤（☷）土的时节。火被泄。故属于病情较稳定的时期。坎（☵）为冬至。坎为水。是水克火时节。由于水来灭火，故冬季属于此病的好转时期。

另外离（☲）为热、为南。所以，在我国处于气温较高，在南部与潮湿的区域发病率较高。北部与西北部的发病率相对较低。东部、东南部相对发病率稍低一点。东北、西南部发病率也低。

从火雷噬嗑（☲☳）卦本身来看。

四至上爻"互"未济（☵☲）卦。其下卦"经卦"坎（☵）为肾、为水、为液。上卦"经卦"离（☲）为"中虚"、为血、为红。二者"互"为肾（气）虚。血虚。肾主骨。骨生白细胞。说明血液中的免疫（抵御）能力下降与不足。

二至五爻"互"蹇（☵☶）卦。其上卦"经卦"坎（☵）为寒水。下卦"经卦"艮（☶）卦为胃、为山、为石、为硬。二者"互"为胃寒、皮肤易肿胀、生疮、过敏等症。

初至四爻"互"颐（☶☳）卦。其上卦"经卦"艮（☶）为止、为阻、为山、为高、为胃、为立春时节。下卦"经卦"震（☳）为肝、主痛、为足、为躁、为酸、为春分时节。二者"互""大离"之象。说明体内酸性过高，才导致的免疫能力下降。人正常的血液应该是弱碱性才好。因为"互"颐（☶☳）紧接在"互"未济（☵☲）的下面。按易学思想应是基础、基本原因。又由于艮（☶）震（☳）互为"反卦"，二者"互"，有来回反复胃痛、为"长春"——"春情"（性欲）过旺造成下焦空虚（"大离"之象），肾上腺等激素水平降低。

由以上分析可以看出，其致病的主要原因是人体的整体免疫能力下降所造成的。再根据卦象就知道，其体质为过敏性体质。

全身内外都容易起水肿性的疙瘩。即康巴斯肉瘤［二至五爻"互"蹇（☵）卦。"蹇"为有分泌及液体渗出之破溃性肿瘤。］之类。这与当前现代的医学认识相符。

比如：现在检验"康巴斯肉瘤"的方法，多数都在使用"玫瑰花试验"。将"玫瑰花试验"几个字变成卦，得雷泽归妹（☳）卦。"归妹"（☳）卦的意思就是找归宿、找出路之意。正合"玫瑰花试验"的目的——为康巴斯肉瘤的确诊寻找确认的证据（出路）。这个试验的最终结果应是其"旁通卦"所反映的状况。即风山渐（☴）卦所反映的内容。这正好与"康巴斯肉瘤"的卦象——风山渐（☴）卦状态一致。风山渐（☴）卦说明"康巴斯肉瘤"是逐渐生成的（不是突发性的疾患）。其卦中，初至四爻"互"蹇（☵）卦。"蹇"（☵）为困难、别扭、不好治的有渗出液的瘤子。

"康巴斯肉瘤"所形成的卦——风山渐（☴）卦，其对应互补的卦就是其"对卦"。即"旁通卦"雷泽归妹（☳）卦。正与"玫瑰花试验"的卦一致。说明"康巴斯肉瘤"也要靠"玫瑰花试验"去寻找确诊的出路的。

不管现代科学叫它什么名字，只要将其名字排成对应的卦去分析，一定能找到它的来龙去脉以及解决的方法和方案。

下面再看与其病有关的其他"客体"规律。

比如说，"淋巴"与"免疫淋巴 T 细胞"。

"淋"字 13 画。除 8。余 5。"5"对应于"经卦"巽（☴）卦。

"巴"字 7 画。"7"对应于"经卦"艮（☶）卦。

"淋巴"二字前后也组成了风山渐（☴）卦。

这说明这种病与淋巴系统有关系。

现在西医又发现"艾（爱）滋病"的产生与人体内的免疫淋巴T细胞有关的一种试验。将"免疫淋巴T细胞"排成卦〔"免疫"二字为25画。除以8。余1。为"经卦"乾（☰）卦。"淋巴T细胞"共52画。除以8。余4。为"经卦"震（☳）卦。前后组成卦。为天雷无妄（☰☳）卦〕，正好与"艾（爱）滋病"形成的天雷无妄（☰☳）卦一致。根据"同声相应，同气相求"的原则，二者将产生共振效应。因此，免疫淋巴T细胞的调整和变化，将对"艾（爱）滋病"的治疗产生很重要的作用。

所以说，当你熟练的掌握了易学的研究分析方法后，无论是搞生理研究，还是搞病理、机制、药物、药理等研究，就能把握其大方向，达到事半功倍的效果。"艾（爱）滋病"可怕不可怕？我认为没什么可怕的。只要将其发展规律掌握了，不给它制造或改变其病毒的生存环境及条件，就可以抑制其发展。

就如我们前面所得的卦象所反映出的一样：

现在"艾（爱）滋病"是火雷噬嗑（☲☳）卦。表面上看，它总还是有些原因搞清楚了，好像是有些方法治疗的。可是内部总是磕磕绊绊的——其效果总无法使人明了和满意。

那么，它将来发展的趋势是什么状态呢？

这就是"噬嗑"（☲☳）卦的"对卦"水风井（☵☴）卦所反映的状态。

"井"（☵☴）卦有求援、借光、占便宜和"改邑不改井"——即换汤不换药的固定模式。"艾（爱）滋病"现在是不是正处于一种借助其他科学手段，求助于其他领域的发展状况下。正是在找新的出路的时候。就是"艾（爱）滋病"的研究发展到了今天，也没能跑出易学规律的内涵范畴。

原来它处于"无妄"（☴）的研究状态。将来它处于"井"（☵）卦的求助状态。"井"（☵）卦的上卦为"经卦"坎（☵）卦。其"九五"爻是阳爻，"当位"。说明现在"艾（愛）滋病"正受社会关注并放到了重要的位置上。"井"（☵）卦的初至五爻"互"鼎（☲）卦。其中下卦巽（☴）"木"生着上卦离（☲）"火"。说明基础研究，已有点希望了。现代医学正通过对血液［"井"（☵）卦的四至上爻"互"既济（☵）卦。其中，上卦"经卦"坎（☵）为"血卦"、为液。下卦"经卦"离（☲）为红、为血、为见］和"基因工程"地研究，寻找出路。

现在对"艾（愛）滋病"的研究正处在火雷噬嗑（☲）卦的状态。还是处在"硌牙"——不顺利的时期。就是在将来——发展到"井"（☵）卦时期，光从血液、基因方面去找原因，还是不够的。还要往哪儿找呢？要往呼吸器官［"井"（☵）卦初至四爻"互"大过（☱）卦。其中，上卦兑（☱）为气管、为肺、主皮毛。下卦巽（☴）为进退、为气］和小肠功能［初至四爻"互"大过（☱）卦。其中，上卦兑（☱）为小，为损。下卦巽（☴）为绳直、为肠］。实际"艾（愛）滋病"发展到后期，往往都在呼吸器官上产生疾病。"肺主皮毛"。所以在皮肤上会产生各种过敏性疾患（肉瘤、皮疹等）。现在正在对身体表面的疾患进行攻关，体内的各脏腑器官的病变，还研究的不够深入。

慢慢来。不要着急。我想马上就会研究到呼吸器官疾病和皮肤及异性蛋白过敏上来了。最主要的还是中间二至上爻"互"的节（☵）卦（是将来的发展趋势）。"节"（☵）卦为节制、控制、调节、节省之意。在人体内就是指生命节率及各种生理、机理的调节系统出现失常状态；还会出现皮下出血的现象［"节"（☵☱）卦中，二至上爻"互"既济类的屯（☵☳）卦。为血卦。初至三爻为兑（☱）卦。兑为皮毛、为破损］；小肠消化吸收不好。容易胀气［"井"（☵☴）卦初至四爻"互"大过（☱☴）卦。其上卦兑（☱）为小。下卦巽（☴）为肠、为气］；咽喉容易产生疾病［"井"（☵☴）卦二至五爻"互"睽（☲☱）卦。其中，上卦离（☲）为红、为热、为充血状。下卦兑（☱）为口、为舌、为咽喉、破损。二者合参，定为咽炎和咽喉疾患］；"互""节"（☵☱）卦中，说明患者白血球低、贫血、血压低、各器官缺血（供血不足）。这是因为其上面的五个爻"互"屯（☵☳）卦——为血。上卦坎（☵）为血液、为血球。下卦颐、离类卦（☲）为血、为红。二者相合，可看做是血液、血球。再与"节"（☵☱）卦的下卦兑（☱）卦相合，由于兑（☱）为白、为低、为缺少、缺损等意。故得到我们前面的结论……会出现很多的症状。

从现在看来，我想这都是符合现代医学科学对"艾（爱）滋病"的认识的。可是，我们的易卦表述系统却是数千年前确立的。而至今才发现研究的"艾（爱）滋病"，其研究的某些途径和方式、方法，往往又能符合易卦所表述出来的规律，在一步一步的向前发展。

如果将水泽节（☵☱）卦的状态"交"（"交卦""交易之象"）过来看时，就会形成泽水困（☱☵）卦。

"困"（☱☵）卦之意有困难、围困、寸步难行、纠葛不断等意思。

从这卦可以看出，"艾（爱）滋病"的问题，还真不是一件容易解决的问题。

从卦的发展来看，将来只要是有水泽节（☵☱）卦出现的环境、条件，"艾（愛）滋病"都较容易发生及传染。

比如：纽约。

"纽"字14画。除8。余6。

"6"对应于"先天八卦"序数的"经卦"坎（☵）卦。

"约"字13画。除以8。余5。

"5"对应于"先天八卦"序数的巽（☴）卦。

"纽约"二字，前后生成的卦是水风井（☵☴）卦，其二至六爻互节（☵☱）卦。

按照易学场效应共振原理，这个地区应该是美国"艾（愛）滋病"发病较高、较容易的地区之一（当前占美国发病率第二位的地区）。

任何生物的生存，都有其相适应的环境和条件的。"艾（愛）滋病"毒也不例外。也有其相适应的生存环境和条件的。如果这些生存环境、条件变了，不适合其生了，它也就消亡了。可是，生命体是有它自己选择生存环境的能力的。这里不适合了，通过自身及借助于其他事物的变化和运动，来达到寻找和转移自己的适应性生存环境及条件。如果，人类能做到从地球的整个生态环境、人体及生物的本身状态等，都能创造与制造不适合"艾（愛）滋病"毒生存的环境与条件，那才能从根本上消灭"艾（愛）滋病"毒。这是"上工治未病""以预防为主"的思维方式。当然，现在人类还没能力和水平达到这个目的。也只能是在人受"艾（愛）滋病"毒侵害后，想办法将其体内的"艾（愛）滋病"毒杀死。这是"中工治已病"的一种被动的思维治疗方式。如果人体内不能从根本上改变"艾（愛）滋病"毒生存的环境和条件，那依然存在受感染的机会和可能性。

我国传统以"整体免疫"为基础的中医诊疗思想，就能从根本上解决各种疾病的控制与消亡问题。因为中医首先是以预防为主，不给疾病的细菌、病毒、病患细胞等病原体以生存环境和条件。其次是，当患上或感染上疾病以后，在杀死病菌、病毒和疾患细胞的同时，主要目的是培植人自身的整体免疫能力。也就是说，人的命是靠自身的免疫能力维持的——而不象现代的西方医学，往往是靠药物维持的。你吃这种药，病情就能好转。不吃这种药了，可能就只有死路一条了。人这么被动的活着，还有什么意思——精神上太紧张、太痛苦了。这也就是为什么那些疑难杂症患者情绪不好的重要原因之一。可能有些患者，就是由于医疗治疗上的被动及悲观情绪的影响，给"吓"死了。

为什么这么说？

根据历届西医世界性的癌症会议上的报导，中晚期的癌症，西医至今为止还没有一例完全治愈的报导。只以成活的年限，为其水平高低的区分标志。但是，有少者百分之六，多者百分之十四的报导，中晚期癌症，不经过任何治疗而自愈的患者。经过某些西医的治疗，还不如不治疗的治愈率高。这些自愈者，据报导，他（她）们有个共同的精神情绪特点。即什么也不在乎。反正是一死了。到处去玩，去旅游——全身心的去干自己愿意干的事情。心情状况一好，心理平衡。心理平衡，生理就平衡。生理平衡，自然百病自愈（不侵）。因此，生理、心理的平衡与否，是根本上解决身体健康的主要因素。这也就是以预防为主的中国传统文化及医学中，都要进行修炼的原因——通过调整心理平衡，提高自身的抗干扰能力，既而达到身心健康及对事物真切的客观认识。

我们人类的现代科学，往往是些局部性的个体科学。分枝、分科又多又细，而且还互不联系。因而对事物长远、大局、整体上的认识，摸不着头绪。所以，更无法去理解和掌握事物发展变化的大方向。我们现在生存的生态环境，疯狂急速地被破坏，不都是所谓的现代科学及现代科学技术的价值追求所造成的吗！所以，我认为从人类生存的需要上看，这就不能称其为科学。违背自然发展规律的学科怎么能说是科学的呢！

比如：实际上，有很多细菌、病毒及生物的变异，是由于所谓的现代科学、生物工程、基因工程、航天工程、信息工程等所造成的。别的不多说，就只从航天事业的发展上看，宇航器穿过臭氧层时，将臭氧层穿出了许多"洞"。宇宙中的各种射线可以透过这些"洞"，穿入大气层。由于这些射线的照射，造成了某些细菌、病毒或生物的变异。这有可能就是我们当前还无法对付的某些细菌、病毒的来源之一。或者是宇航器在宇航飞行中，带回来的某些尘埃或其他的别的什么物质，与地球上的什么东西结合形成的一种新物质。也有可能是地球上人类造成的各种化学或电磁等的污染所形成的结果……

这也充分说明了，任何事物的科学与不科学，任何事物的好坏，都是有一定的环境、条件和状态为前提的。没有绝对的科学和好坏。"一阴一阳之谓道"嘛！《易传》"系辞"曰："善不积不足以成名，恶不积不足以灭身。小人以小善为无益而弗为也，以小恶为无伤而弗去也。故恶极而不可掩，罪大而不可解。""是故君子安而不忘危，存而不忘亡，治而不忘乱。是以身安而国家可保也。"

只有我们全面整体地掌握了易学的辩证思维模式，才能够做到长远、宏观、整体、全面、统一地去看待事物。进而才可能正确地决定我们如何地去取舍。

我们学这么多的易学知识干什么？

"学习的目的全在于应用。"因为"实践是检验真理的唯一标准"。在当今以经济意识和发展经济为基础的社会中，没有实用价值的理论和知识，是不受人们喜欢的。咱们从"易理"上讲了易学的很多道理。讲了易学最最基础的"一阴一阳之谓道。"的道理；讲了"变易""易简""不易"的思想；还讲了易学的世界观、方法论；又讲了易学的各种"象"及"象"的变化。通过运用"象"的方法及其具体和抽象的形象，来反映大自然中各种事物及其规律。这些形象也好、任何事物及其规律也好，把它们抽象、归纳、提高到较高的层次的时候，使其带有较普遍的适应与指导意义，一般往往是先归结到数学模式上去。因为任何事物都是在"数"的。没有一个事物是不存在在于数之中的。几个人、几张桌子、多少个星体、多少什么粒子、多少钱、多少企业等等，都离不开"数"的概念与变化。

下面大家来了解一下传统推断中古老的"龟卜""骨卜""蓍草"等方法。

咱们这里讲"龟卜"，是因为通过"龟卜"可以使我们领会到事物发展的"先（前）兆"。通过"先兆"预示的好坏，来判定事物的规律及归宿。所以，我国古代才出现了以龟甲和"骨卜"为代表的由龟甲或骨头上烧灼的不同裂纹的形象来判定事物发展规律及状态的方法。

具体方法："龟卜"和"骨卜"烧灼出来的是"象"（纹络）；

由"象"来对应卦；由卦来对应事物进行判解。

后来出现的"蓍草法""摇钱法"等判定方法，由于是通过蓍草的数目的差异或演化成钱的不同组合状态来确定爻；由爻再确定卦。所以，"蓍草法"先得到的是"数"；由数来定卦；由卦来定象；由象来定"意"。

"象""数"一结合就形成了《周易》及对应的 64 卦。并在其卦、爻上，对应地写上了"题""辞""爻辞"。

至于这些卦、象、象、爻辞是怎么产生的？已无从考证了。"舆尸凶"这句爻辞是如何而来的？当时的实际情况是什么？不知道。那么，我们只能通过它现有的卦、象、象、爻辞之间以及"爻位""爻象""爻数"等之间的辩证关系来分析它大概是一种怎样的逻辑，大概是什么逻辑思想——要靠全面地分析它们的逻辑思想，才能有所理解与确定。

同时，《周易大传》中记述了数千年来易学家学易、研易、用易的深刻地感受和体会。这也是我们研学易学所必须了解和掌握的基础知识。从中可以使我们能加深对易学科学思想的认识与理解。

易学是不是我们少数人来"玩"味的东西呢？

《易传》曰"动则观其变而玩其占""居则观其象而玩其辞"。这虽然表面上看是让我们"玩"易。实际上，它是想通过这种"玩"味的客观过程，使我们尽量少在主观意识的趋导下，来认识易学这种客观唯物主义的思想方法。

因此，古人给"卦"下了个定义是：

"挂者，挂也。言玄挂物象，以示于人。"

意思是说，人们所研究的易卦（这里所说的"挂"起来的挂，就是易"卦"之卦），不是少数人平头品足的消遣内容。应把每次得到的卦象"玄挂"起来，让大家都看得见。而且都能对你所得出来的结果，进行评议。否则，弄不好易学研究者就成了研究室里、图书馆里、教室里、学校里的易学了。只是训诂、考证、想象……诸如此类的，那么这种易学就没什么研究意义了。易学思想及方法的意义的体现，关键是你能把它所表述的规律拿出来（挂起来），让大家都能看得见、摸得着，知道和了解易学的内涵——它应该是大众的易学。

"继之者善也，成之者性也。"

"仁者见之为之仁，智者见之为之智，百姓日用而不知，故君子之道鲜矣。"

不同的人由于其所研究的环境、条件、状态、范畴及知识结构等的不同，那么他（她）们对易学思想地理解和体会是大不相同的。由于数千年传统的影响，百姓自主不自主地在运用着易学的道理来指导着实践。但这只是一种盲目的行为。而"圣人"则是主动有意的在运用易学的道理（理论）来指导自己的实践。这就是老百姓和"圣人"之间的差别。

"玄挂物象以示于人"就是为了传播和发展易学的思想。解决"百姓日用而不知"的盲目状况。

表面上看，只是"挂"出了这么这几个阴爻（－－）和阳爻（－）爻画组成的一个卦。实际其中内涵着极丰富的内容。

有一次，我妹妹的女儿，她们初一年级的老师，让她们这些学生自己随便画一些自己知道或理解的抽象的图形。由于我妹妹与我合作，一起印制我校易经函授班的教材。因为她女儿也参与了一些资料录入工作。所以她女儿知道这些易卦的一些形象与结构。她想到我是搞这方面研究的。于是就打电话给我说："大舅，你给我出个主意。老师让我们画抽象的图象。你看我，这六十四卦里头，我选哪个好呀？"这说明她对易卦的巨大内涵感兴趣了。她想了解了解易卦这种抽象的表述方法它能表述些什么内容。而且她也想用几个简单的划，就能表示一种丰富的内容。我回答说："你想干什么？"她说："我想表达的意思越多越好。"我说："好吧，你就来个'丰'卦吧。"雷火丰（䷶）卦里的内容是很丰富的。由于其是"多变故也"，变化复杂不定，故其内涵就更丰富了。于是她就在易学书籍中查找到了"丰"卦。然后，她自己设计画出了"丰"卦的卦形及内容。

这个事实说明了什么？

说明了，无论得出什么样构造的卦形，都得有它的代表意义。使人们能了解它，并对它能感兴趣。

虽然，是简单的抽象出来的几个画组成的雷火丰（䷶）卦，但是它内涵的内容却是"通神明之德，类万物之情"的。咱们前面不止一次地讲过，一个卦里含着非常非常多的内容。各种卦象、爻象以及各种卦变、象变、爻变的性质总合起来，可以表述许多许多的事物及其规律、状态等。于是抽象的卦拿出来，放（"玄挂"）到这个地方。它各种变化的哲理思想被我们掌握了以后，我们要把它拿出来。把它拿出来干什么？就是为了通过它来指导我们大家的各种实践。

过去圣人在《易传》中说研究易学，分"理、象、数、占"四个方面。这里最后的这个"占"字，指的就是卜筮算卦实践。也是指易学的实践过程。到底掌握没掌握易学的理论、象数等思想？学会没学会马列主义、唯物辩证法？学会没学会某学科领域的知识等，都要通过实践来检验。

有的所谓的"易学专家"，如果让他说起易书中的字辞句章来，真是倒背如流——毫不含糊。一说到实践，他就说："那是算卦的！是封建迷信。是骗人的。没什么用。"既然如此，你还研究易学干什么。那你那"易学专家"的头衔是怎么来的。是为了研究封建迷信而来的吗！结果查了好长时间的"易学发展史"才知道，易学是由"占""卜""筮"而发展来的。都是从那些"跳大神"的、"巫婆""神汉""太卜官"那儿发展来的。"易学史"里也承认易学是由最初的算卦方法发展来的一门学问。可以说，它是由算卦中"算"出来的。

所谓"算卦"，就是说是中国古代时期，传统推理判定的一种计算及推理方法而已。它是通过卦中"象数"之间的变化进行推导的。西方也是通过计算进行推导的。只不过他们的数学公式、物理公式、管理公式、经济公式等与我们传统的易学"公式"与模式不一样而已。不能简单的就断定，他们的是对的、是科学的，而我们的就是不对的、迷信的。不说有没有民族自尊，也太不公平了吧。

用我国传统的天文思维方法，能准确地算出月亮现在在天空的什么位置上。同样，用西方的一些天文学的道理，也能算出来月亮现在在天空的什么位置上。大家都能准确地算出来。怎么就是人家是科学的方法，而我们自己的就是迷信呢！应该说，大家都是科学的。只不过大家的思维方式和表达模式及方式不同罢了。

我国古代天文学早在汉朝时，就知道一个地球年是三百六十五又四分之一天了。这比西方天文学对此的认识，要早数百年。

也是在汉朝时期，我们的天文记录中，就已经有"木卫二"（木星的第二个卫星）的记载。这比西方伽利略发明望远镜后，才看到"木卫二"，要早六百多年。

这都是铁的例证。只要有一双正常的眼睛和正确的心理，这是大家都能看得到的事实。

所以说，对一门学科的科学性如何的鉴别，不能以历史年头的远近来确定。年头长的就一定是过时的、不科学的、唯心的、"老化的"、迷信的等，年头较近或当今现代的，就是科学的、唯物的、先进的等等。

人生下来就要吃东西才能生存。从人类产生的数十万年前是如此，现在还是如此。难道因为这种规律年头已很长了，人要靠吃东西才能生长、发展和生存就是过时和不科学的（行为）吗（当然，机器人除外）！

现代的天文学认为，"天空"（实际天并不"空"）的构造，是由各个天体不同时间发出和反射出来却同时到达我们眼目中的光的位置所确定的。难道说140亿光年前的光，到达我们地球就不科学、不是事实了吗。你说，只有多少时间到达地球的光，才科学、才可信、才是实在的？

早在春秋战国时期，孔子已将《易经》这一种算卦手段，上升到《周易大传》中所表述的世界观、方法论等理论上来认识了。这是孔子及其"儒家"学派，对中国传统文化的最大贡献。其远远超过《诗经》《周礼》《尚书》等著作的贡献。"易卦"的表述方法已不简单的只是推算人的吉凶祸福的具体方法了。它已被延伸成为有普遍性指导意义的世界观、方法论了。《系辞》中讲"天地莫大乎日月""仰则观象于天，俯则观法于地，观鸟兽之纹与地之宜，近取诸身，远取诸物，于是始作八卦。以通神明之德，以类万物之情"。它已不是只管人及人事的变化了，大自然中一切事物的变化，都包含到易学系统中去了。

所以，易学随着时代地不断发展，其所能表述的具体事物就越来越多了。易学既然是一门内涵巨大的科学，那么，它自然会引起全世界发达或较发达国家的科技专家，对咱们的易学文化及其思想、方法等极感兴趣的关注。

比如：在日本有个《周易》研究所。有五层大楼，雇用许多高级科技人才。专门研究易学问题。就如同 19 世纪末，20 世纪初，日本花大力气研究中国古代各门工艺技术的代表作——《天工开物》一样的做法。就《天工开物》这么一部书，"二次世界大战"前后，日本就集中了 3000 多名高级科技人员，专门研究、开发、利用这本书里的技术。因此，可以说，日本在发展科学技术中，从中国的传统文化里吸取了很多的技术成果和思想。然后，再结合其他的现代科学技术发挥出来。因而日本就拿到了"一步炼钢法"的世界性专利。现在他们又创立了《周易》研究所。

1989 年初，我去日本讲学时，发现在日本各种大小的书店中的书架上，都有各种各样版本的易学书籍。而且在易学实际应用方面的书，比我们国内出的还多，而且写作的水平，也比我们现在要好的多——又在吸取中国传统文化的精华。

我有一个北京钢铁学院的朋友。是个经济管理学的教授。他是专门研究企业管理的。他到日本去搞调研（通过中日双方协商后，"公派"出去的）。在日本，专门到"本田""丰田""三洋""松下"等这类大公司里去调研。专门去研究这些公司的管理方法方面的课题。他在日本足足的待了三个月。他不但深入到公司、工厂、车间里去考查其实际管理状态，而且还到这些大企业的总裁、经理家中去做客。他发现在这些公司最上层的人士家里的书架上，往往都摆着中国的《百子全书》及其各门各派的力著。不但摆着《周易》，还有的摆着"四书五经"。除了这些古代传统的书之外，还有《毛泽东选集》《周恩来文选》《邓小平文选》《陈云文选》等。咱们这位教授就差异地问他们："你们也研究这些思想？研究这些著作干什么用？"他们说："你们中国这些理论知识用处可太大啦！""你们中国这些各门各派的思想，对我们日本各方面的发展，都有很大的启发。"还说："自古以来，基本上你们中国有啥，我们只要能搞到，我们就学啥。只有三样我们没学。一个是太监的阉割制度；再一个是妇女裹小脚的制度；（还一个我记不清了）。除了这三点，你们中国的所有的东西我们都学！"这说明了什么？说明他们认为追根溯源，在文化体系上来说，他们跟我们有点渊源关系。再一个，就是说明我们传统科学、技术、文化等（也包括管理与管理方法），都存有其科学的部分及内容。

咱们一般往往把这些文化叫做"玄学"。因为不容易理解它的内涵。觉得其表述的既简单、深奥又准确。真是难以致信。不可理解，不可思意。所以，才将其称为"玄学"。老子《道德经》中曰："玄之又玄，众妙之门。"因为大家将这些最简单最基本的道理，弄的是越弄越玄。越玄人们越认为是"众妙之门"。表面上从字辞句章中看，好象是搞不清楚。实际上，它有它实际的具体内容。而这些内容的内涵都不是"玄"的东西。只有科学技术发达到了如今这种历史阶段，人们的思想境界和对各种事物的认识程度，达到如此深刻的时候，人们这才会发现：我们研究了很长时间才搞清楚的问题，都没跑出中国易学在数千年前就确定的哲理规律——"一阴一阳之谓道"的对应、对称、互补、统一的规律。

现今汉森堡、玻尔，还有杨振宁、李政道等的最新的物理学成果，他们往往自称是根据《易经》、"八卦"里的道理启示，推导出来的。

为什么全世界科学技术相对发达的一些国家，都会花大的力量在研究《易经》呢？

正因为现代科学技术及手段的发达，使人们的眼界开阔、知识面加宽。因此，对客观事物的规律认识也相应的就深刻了。这才对"通神明之德，类万物之情"内涵性巨大的易学逐渐有了一定地认识。随即才掀起了研学易学的高潮。易学是咱们传统文化中最精粹的部分。咱们要是再不启用，被别人再用了去对付我们。那又要重演运用"四大发明"技术来奴役我们的历史悲剧。这些易学的逻辑思想被人家掌握了之后，最起码也会引起计算机、网络及基因与基因工程系统的革命。这种推理方法是既简单又迅速。其进制方法、逻辑构造等都用不着像现在的计算机那么复杂，抗干扰、抗攻击能力那么差。所以，这才要求我们必须将这些易卦的规律性，运用到实践中去。

现在世界上及一些发达的国家差不多都有人在研究《周易》，而且更有甚者，几乎是全力研究《易经》的规律性。这也充分说明了易学思想方法的科学性，在当今非常实际的社会中已被接受。由于一切理论、技术都要求其对我们的工作及各个行业、领域的实践活动有指导意义才行。也就是说，必须在我们实践中间，能收到政治、经济、军事及其他各个方面的效益才行。各方面的效益，这就是实践的成果。"实践是检验真理的唯一标准。"易学在古往今来的大量实践中，早已得以验证它是一门非常实用且最据调查统计学意义的学问。因此，一直流传至今，被社会不断地接受、汲取、延用而不衰。

如果是真正地掌握了唯物辩证的思想方法，那他也一定能用这些方法来指导具体实践。而不只是停留在高谈阔论的空头理论上。

比如说，有一次，我与一位哲学教授谈起有关《易经》的问题。他对我爱护地说："延生，你是北航毕业的大学生。是搞自然科学的。怎么你也搞起封建迷信来了？"我说："我这不是搞封建迷信。我是在开发和发扬祖国传统文化的优秀部分。就像你坚信唯物辩证法一样。你说马列主义的唯物辩证法及'对立统一规律'，是不是放至四海而皆准的？"他回答说："那当然是了。"我心想，既然你"对立统一"规律理解掌握的很深刻。那我来考考你。于是我问他说："你给我'对立统一'一下，看我爱人现在有什么病？""你看看我爱人的工作情况怎么样？"他问我说："你爱人来了没有？"我说："没来。在她们单位上班呢？"他有些恼火地说："他没来你叫我怎么说！看不到人我什么也不能了解，你叫我怎么说。你看，说着说着你就搞起唯心主义来了。"我说："您先别急。我用易学的唯物辩证法及'对应统一'规律，就能知道你爱人的身体及工作的某些情况。不信你可以试一试。"他说："我可不给你一块儿搞封建迷信！"

当然，如果他是个心理学家通过对我的心理分析，可能也能

现代易经讲课实录

蒙上三两件事的。但这不是概率问题。就算是概率的话，那概率也太低了。如果说上十件事情，有七八件事情都对、都贴谱才行呢。这才是规律性的东西。同时，也说明你掌握了带有普遍性指导意义的规律。

是不是真正掌握了易学的道理，只有到实践中去检验，才能判定你对易学的理解是不是正确的。于是就会有人说："你理解的对。"有的说："你怎么跟人家理解的不一样啊？"还有甚者说："你理解的根本就不是那么一会事。简直是胡说八道！"等等。学术上产生了争议。有争议是不可避免的。因为人们在观察、研究、分析同一件或不同的事物的时候，由于各自所处的环境、条件、角度、层次、范畴等以及其知识的结构及经验状况的不一样，所以得出来的结论也往往不一样。是你对，还是别人对，还是你们都不对，或者都对了一部分，要么你们都对等，这都要通过实践的长期检验这么一种方法来解决。光在学术上争议，是很难达到统一认识的。况且，易学讲的又是一种"唯其时物""与时偕行""不可为典要，唯变所适"的"知变""应变""适变"的变化性规律。

你如果要实践的话，你得怎么做才对呢？

只有具体问题具体分析、具体实践才行。这就能防止秦汉以后特别是当今所谓的某些"义理派"的空谈学风与作风。

只能口头上侃侃而谈的空理论，也是一种唯心思维的逻辑模式。

否则，一天到晚，逻辑来逻辑去的——逻辑了半天，社会、自然中，没有任何效益和改变。那有什么用！只能"斗斗嘴"、"争口气"，图个嘴上痛快。

　　我运用你的逻辑反复地去指导实践，都行不通。那就证明你原来的逻辑认识有可能是错误的。

　　由于通过实践的反复印证，那么，对易学中各种规律地认识，就会更加深刻。我认为，对中国古代哲学特点的理解，不只是在于你看过多少易学著作和能不能将其内容倒背如流。只会背诵，不是我们的目的。为什么？当你还没有运用时，你根本不可能知道你掌握没掌握易学的真谛。那只是你的想象而已。这个想象的结果，到底是不是符合客观的实际？你是不知道的。必须在客观实践中去对照、去实用，才能认识到。实践对了——成功的经验里面同时还能给你启发出别的新的思路及认识来。

　　实际与理论之间是相辅相成、互相印证、互相促进、互相提高的。所以，中国传统中的许多文化内涵是讲求"悟性"的。叫"悟性"，而不是叫"认识"。不只是睁着眼睛去瞧、去认识，而且还要闭上眼睛去体会、去感受。往往"闭"上眼睛"瞧"（感受、体会）比睁着眼睛看，会认识的更深刻。因此，才说："顺为人，逆为仙。只在其中颠倒颠。"就是说，对事物的有些深刻地认识与突破，往往都是有些"违背"常理的。闭上眼睛的"感悟"，基本是不受片面感观——眼睛的欺骗的。只能通过场与场之间作用的客观感受，来认识客观的事物。

　　闭上眼后，什么具体的事物也看不见、摸不着——没有自身的任何主观依据了。

　　用眼睛看到某个事物，就可以以此事物作为某种根据。闭上眼了，看不到这种"根据"了。那只能全凭自身所"感而遂通"的客观根据了。

　　这种"悟性"也要靠实践——理论——再实践的反复修正来

确立。事物相互之间的各种关系及状态等，易学都通过"象数"之间的变化把它们联系起来。形成了一个完整的认识体系与过程。借以达到思想认识（境界）的提高。

《易经》是古代先人在研易、运用易的过程中，将自己的推导与实践的结果，总结或记录下来的一些"记实录"。所谓的"算卦"，实际就是认识事物规律的某种推理、推算、推导方法而已，它具有非常深刻的统计学意义。咱们中国旧话叫"算卦"。现在科技或他国叫"计算""处理""推理""推导""运算"等。大家只是说法不一样罢了。

就是我们现在口头上流传的许多术语，往往也都能通过运用中国"易经""八卦"的方法进行推导和数学处理后，就能得以印证。中国传统的数学思维方式，是相当棒的！比如说，我们讲一个系统要完整统"一"、要"九九归一"——一切事物总是要存在于一个更新更完整的系统中。

是不是这样呢？

比如：

一个圆周，是多少度呢？

360度。

其 3+6+0=9。

$9 \div 8$，余 1。

圆的一半是

180度。

1+8+0=9。

$9 \div 8$，余 1。

再分一半为

90 度。

9+0=9。

9÷8，余 1。

再分一半为

45 度。

4+5=9。

9÷8，余 1。

又再分一半为

22.5 度。

2+2+5=9。

9÷8，余 1。

如再分一半为

11.25 度。

1+1+2+5=9。

9÷8，余 1。

……

只要不断地对半分下去，其度数的各位数相加后总是等于"9"。

"9"去"8"余下的总是一个新的开始 1。

即"9"是"九进制"最大的一个进制数；

是"十进制"最大的一个奇（阳）数；

是"八进制"中，更大一个层次里最小（也是更大系统）的一个起始数。

"1"对应于"先天八卦"序数的乾（☰）卦。所以，《易》才曰："乾之大始。"

任何一个完整统一的事物，总取其半时，它都会符合这个本质的大道理。本质的大道理总是不会改变的。"天不变，道亦不变。"因此，才说易学的适用范围及规律是"其大无外，其小无内"的。

又如：每当出现带"9"的日子、月份与年头，往往都是历史大变革或转折时期。

看看多有意思。当然不同的数其对应的是不同类型的大事情。有空大家可以回忆回忆、统计统计。大自然事物中，有很多很有规律特点的事物。只不过是我们没有注意了解、调查、研究和分析罢了。有意识运用易学的知识与规律（特别是"易数"规律）去调查、了解、统计一下，就会发现，用我们现有的科技手段很难寻找和发现的许多规律性相当强的规律。

任何一个事物连续不断地分一半下去——"太极生两仪"。由于"无极生太极"，这新的一半，又可以看做是一个新的"太极"。又可以"太极生两仪"的分下去。分后的更新的这半个事物，又可以做为新的"太极"，继续分一半下去……将新分割的事物永远都可以看做是一个新的"太极"。因此，这又说明了"太极"的具体意义及概念，是需要看我们所要取舍的那个系统的大小和需要来确定了。

中国传统易学文化中的"数、卦、场、象、信息"的统一系统，是非常有意思的。如果注意的话，有心去分析一下，往往都与"九九归一"的哲学思想有关——都要回归到一个新的起始点上来。

事实的确是如此发展的。越是大事，易学的判断方式做出的判断越准确。可这些卦爻之辞，却是数千年前人们社会实践的一个记实总结。

中国传统的数学特点和表达方式与西方某些数学特点和表达方式等，往往也不一样。

比如：咱们前面曾讲过的"8.1"南昌起义的这个"8.1"。它并不是表示捌拾壹。也不只是表示8月1日。这个"8"和"1"是表示两个不同层次上的同一件事物。按现代数理特点进行分析。要么谈这个个位数"1"。要么谈这个高位数"8"。个位数有个位数的特点及内涵，高位数有高位数的特点及内涵。

按我的理解，从中国古代传统数理的特性来看，如果想了解这个"8.1"所对应事物的构成及规律、状态，就不把这两个数当做高位或低位数来分别看待了。把它们都看成是同一个层次的数值。只要将"8"和"1"相加后，得出与其相对应的卦（场），就是这件事物的总体状态及特性。

如果将此两个数分着谈（表示各自局部的特点）的时候，就分别是高位数值8和个数位数值1各自的特性——各谈各的。说明各自的层次是不一样的。既然层次不一样了，那么它们所表示的意义也就不一样了。那么，这里所说的这个"8"与"1"表示的内容和意义是完全不一样的了。这个"8"表示的是80或8月。而这个"1"呢？却表示的是个位的1数或1日。"8"在这里已经不是单个个位数8的概念了。

中国传统做法中，往往不是把数值分开来分析——将事物个性化——复杂化（以容易找出其中的差异、特性。即个性和局部性的突出），而是把事物或事物群体各个层次的特性加（归纳）在一起，形成一个新的统一系统——将事物统一化——简单化（以容易找出其中共通性的规律。即整体和顾大局的思想），从而抓住事物的主要矛盾和大方向。也就是说，将你那个系统（高位数系统）中的 8 个因素与我这个系统（个位数系统）只有的 1 个因素，合在一起，那么就形成了有 9 个因素的新的大系统。在这个系统中，只要有 9 个因素就足够了。实际咱们现在这里的数理意义应是 9×9 的意义。它中间含有 81 个 1 的个体因素。但是通过传统数理技术压缩（归纳）之后，就只有这 9 个主要因素了——即（8+1）=9。

这种数学方式是不是与西方的数学表达方式大不相同的。这里面也可以看到一个真理——不一定量变就得质变。因为我们传统数值的概念，不只是一种量和量化的概念。而除了是量和量化的概念外，其主要概念就是场态（卦）的概念——数已不是一般概念的"数"了（其中，除了含有量化的意义外，还包含着构造信息等）。

当然，易学的数理及其关系，也是一门专门的科学。这里咱们暂时还是不专门研究这些规律。因为这又是一门专门的学科问题。我们这里没有那么多篇幅来论述（另有《易理数理》一书详细论述）。但是我可以断定，这门科学的学问，它将可以推动数学和计算机的革命，使其有新的突破和大的发展。64 卦中内涵的是多种逻辑形式的混合体。不仅是"二进制""十进制"，而是多进制的混合体。人们的思维（特别是感性思维）往往也都是些多进制的跳跃性思维——如同物理"粒子"们的跃迁转化过程。

比如：对 64 这数值的判断。我的一般地判断方式是：要么就是 1。要么就是 64。"一阴一阳之谓道。"只要不是 1，就一定是 64；是 64，就一定不是 1。

可是，现在我们的一般思维方式，往往就不是这样的。需要从 1、2、3、4……一直判断到 64 才能确定。这中间的推导过程是多少呢？从现在"二进制"的逻辑过程来说，它有 63 个逻辑推导过程。这种推导方式复杂不复杂？太复杂啦！在推导过程中，如果中间有一个过程出了错，整个推导的结果就无法保证是完全正确的。因此说，这种推导方法的抗干扰能力太差（有 63！的阶乘个干扰或出错的可能性存在）。这种逻辑思维方式是一种非常笨拙的思维方式。也是一种非常不保险的思维方式。推导过程及其程序，实在是太复杂、太长、太费事、太费时间了。

而我们所理解的传统思维方式的精华，往往是那些所谓的"灵感"思维所感悟到的。好像中间没有任何根据、没有任何推导过程似的。一"想"，就来了——要么是 1，要么是 64。中间好像没有过程（即使有过程也跟没过程一样的对待）、没有推导一样。乍一看来，这么做，人们会觉得这是不符合逻辑的。是的！我要是符合你所需要符合的那种逻辑，我们的逻辑方法，就不会判断的那么迅速、那么准确了。用我的对应性逻辑，一下子就推出 64 来了。可你推呀推的，经过了 63 个判断过程。也能把 64 这个结果推断出来。哪个快呀？当然，是我们这种方法快，只有一个过程，要么正确，要么错误。就这么简单。按你的方法如果推导错了，到底是哪一步哪一个环节上出了错？还要来回地查找。相当复杂，非常费事。这种分析方式是一种既笨拙，抗干扰能力又差的思维方法。它要求在整个推导过程中，千万不能出现任何差错与失误。

中国传统的思维方法就是这样：

为了防止分析推导过程中间出现各种逻辑错误。通过易学"易理"中"易卦"的"象数"表述方法的"类化""极化""合和""以变"等"归纳法",干脆中间的推导过程尽量地都不要了,只留一个过程,要么是(开始),要么不是(结束)。"易传"中曰:"本末也。"要么是"初"(基础),要么是"上"(终结),一个事物的两个(极端)方面。也就是毛泽东先生所倡导的"抓两头,带中间"的方法。

第一节　用数码起卦

中国的易学数学的方法与特点是：

比如：随便一个电话的号码（这是课堂上学员随意提供的）。4012233。

这个电话现在咱们也不知道它在哪里。也不知道是什么地方的电话。

按照易学的道理：

左为上，右为下；

奇（单）数为阳数，偶（双）数为阴数；

上为阳，下为阴；

前为上，后为下，

这些道理。把前面三个数字按易学数理处理方法相加起来。即 4+0+1=5。

"5"对应于"先天八卦"序数的"经卦"巽（☴）卦。

将巽（☴）卦做为上卦。

然后，再把后面的四个数字加起来。即 2+2+3+3=10。

10÷8，余 2。

"2"对应于"先天八卦"序数的"经卦"兑（☱）卦。

将兑（☱）卦做为下卦。

上卦巽（☴）卦与下卦兑（☱）卦，上下两卦组成风泽中孚（䷼）卦。

如果想了解与这个电话号码有关的情况，那么这个风泽中孚（☱☴）卦中就都含有了。

由于易学讲"唯其时物也"。就是处在同一环境条件下的事物，也会随着对应的时空的时间变化而改变自己的状态及规律。所以，如果需要判断事物当时的情况和状态等，就必须加上当时对应的时间变量，才能准确地得到完全与时间对应的空间中的各事物的分布及其状态与规律。

现在是第五个时辰（上午 8 点 45 分）。即得

（上卦数＋下卦数＋时辰数）÷6，

以余数定变爻的位置。

（5+2+5）÷6。

正好整除。

所以，是上（六）爻变。则风泽中孚（☱☴）卦上爻变。其变成了水泽节（☵☴）卦。

风泽中孚（☱☴）卦说明具有这个电话的单位或个人，是讲信用、守信誉、讲诚信的。只要其讲诚信就好。假若，不讲诚信就不好。就会成为一天到晚说大话、吹牛皮，不干实事的单位和个人。这我们就不能与他们打交道了。否则白花力气，达不到目的。

"中孚"（☱☴）卦从总体上来看，还是属于一种"大离"之"离"象。假定，咱们就把这电话当做是一个单位的电话。

那么有这个电话的单位，现在正处在一个什么状态下呢？

因为易学讲的是一定时间条件下的具体事物及其规律。我国古代的记时标准，是以一天 12 个时辰为单位的记时原则。它最大的数就是 12（子、丑、寅、卯、辰、巳、午、未、申、酉、

戌、亥"十二支"。一"支"代表一个时辰——即现在的两个小时。其排序是几，就是第几个时辰。)。"子"时表示的是 23 点到次日凌晨 1 点（含 1 点）。其他时间对应关系，顺次类推。按现在的时间标准是两个小时，对应一个时辰，基本差不多。因为各个地区之间的时差不同。在北京与标准时间大概差个 10 几分钟。从总体的意义上来看差不了多少。

现在是北京时间上午 7 点多点（夏令时 8 点多不到 9 点）。大自然几点钟对应的天体、星球的分布位置等情况，不会因为我们人类随便搞什么"夏令时"，就会随便改变自己的对应状态、关系和位置的（想"改天"，那是不可能的！那可是真正的唯心主义的思想）。咱们还是搞唯物主义。还是按照客观的国际统一记时标准 7 点多钟来判断——尊重大自然的规律性。在什么时区内，就按当时时区对应的时间来判断。一般也用不着考虑时差问题。我们北京现在是上午 7 到 9 点之间（不含 7 点整含 9 点整）。是传统计时法的第 5 个时辰。

因为，无论六十四卦中，其各卦是什么样的总体结构和状态，都是由六个爻的位置组成。由于时间的变化，其卦的内部也随着时间的变迁，其对应状态也发生变化。又因为我们现在所对应的人类的各种节率，不是孤立存在的。也是对应存在于一定的时空中的。在一个"时辰"中，系统总体上不会产生太大地变化（这是在以一个"时辰"为计时标准单位的系统中是如此）。所以定为变化一个数，就对应变化一个爻的变化规则。因此由卦的初爻顺次往上变。变到上爻之后，又会返回到初爻继续往上再顺次变化。一般，"余数定变爻"时，余数是几，就变在第几爻上。除尽的情况下，自然是变在上（六）爻上啦。

前面我们已经通过第 5 个时辰，确定了风泽中孚（䷼）卦的上（六）爻变。其变成水泽节（䷻）卦。其上卦现在是坎（☵）卦，下卦是兑（☱）卦。

从"节"（䷻）卦的整体意义上来看，有节制、克制、节约、调理、控制之意。说明有这个电话的单位，"口福"不错——经常有人请吃饭。电话机应该是放在单位北边［坎（☵）为北方］什么地方。具体点，是北边略偏东北方向上［四至上爻"互"蹇（䷦）卦。其中坎（☵）为北。艮（☶）为东北。上卦为主，下卦为辅。故曰］。从位置上讲，也是处于比较高的位置上［楼上，或者是在一个坡上比较高的位置上。艮（☶）为山，山自然高］等等。

从卦的"体用"关系来分析就更有依据了。

那么，到底怎么才能确定"体用"呢?

在确定"体用"的关系时，首先要确定的是谁是主体（"体"）。有了主体，与主体相对应的就是客体（"用"）。

我通过我和我一些学生大量的实践与统计，以反《梅花易数》传统的"体用"关系确定方法。自定为"变爻"在上下卦的哪一卦中，那个（三爻）卦就是"体"卦（类似于"世"）。与此卦对应的另一个（三爻）卦，就是"用"卦（类似于"应"）。也就是说，"变爻"在哪个（三爻的）卦中，哪个（三爻的）卦就是"体"卦。

"体"卦就是判断的主体事物或事物的主体。

"用"卦就是与主体事物或事物的主体相对应（有关）的其他事物。

讲电话号码嘛，当然"体"就是这个号码的电话啦。因为

"变爻"是在水泽节（☵）卦上卦三爻中的上爻。"变爻"不管在上卦三爻中的哪一爻位上，上卦都是为"体"卦。要是"变爻"处在下卦三爻中的任何一个位置上，下卦就为"体"卦。既然，我们这里的这个"变爻"是在上卦里，所以这个上卦坎（☵）卦就是"体"卦。自然与其相应的下卦兑（☱）卦，就是"用"卦了。由于电话是我们谈话的主体，即"体"卦坎（☵）卦就被看做是电话本身。而下卦兑（☱）卦就是使用电话的人，或跟这个号码的电话有关的其他的事物。

人们为了能更好的进行交流，往往在谈话时，都要确定一个中心议题。也就是说，以什么为主体，我们就主要谈论什么。这个谈论的中心，就是我们的"体"（卦）。与这个谈论的中心有关的其他任何事物，就是我们的"用"（卦）。

如何来判断事物的好坏与成败呢？

这首先要根据判断事物的要求及"体用"之间的关系来判断事物的好坏与成败。

假如是"体克用""用生体""体用比合"这三种状态，都是好的、吉的、成功的、可以的、允许的等。

为什么呢？

假若，我是主"体"。

"体克用"的意思就是说，我"体"方能克制、控制住对方和局势。我要干啥，他就得干啥。他"用"方心里不愿意干，可是还得干。我能指挥和控制住对方和局势。我说不行就不行；我想整他就整他——他一点办法也没有。一切主动权都取决于我。这种情形对我来说还能不好吗。"老子天下第一"！当然对我来说，是大大的好机会了。我的主动性极大，一切都取决于我自己。那事情还能不好办吗。

"用生体"。当然就更好了。我呆在这里。我要办什么事，我自己根本就甭去干。"拍马屁"的都会主动的为我着想，积极的为我办妥。那我多自在、多清闲。根本就不需要我劳神操心。同时也能说明，我是有一定的政治、经济、社会等地位的——就是没任职，也是有权威（地位）的。因此，我的状况才能达到如此好的地步与状态。有人主动为我操心、主动帮助和支持我，给我占便宜，这事还能不好办吗。

"体用比合"。

什么叫"比合"呢？

"比合"在易卦判断过程中，指其上下两卦（三爻的"经卦"）都是同一个卦或是"五行"属性都是相同属性的卦。即要么上下卦都是同一个"经卦"；要么上下卦的"经卦"虽不相同，但这两个"经卦"的"五行"属性，都是属"金"、属"木"、属"水"、属"火"、属"土"之中的同一种属性。

"比"咱们前面讲过，易学所讲的"比"是有一种相亲、相亲近、亲密的关系的。

比如说，兑为泽（☱）卦。其上下两卦都是"经卦"兑（☱）卦。它们上下两卦都是"五行"属性为"金"性的卦。这就叫做"比合"。

再比如说，天泽履（☰）卦。上卦是"经卦"乾（☰）卦，下卦是"经卦"兑（☱）卦。虽然这两个"经卦"结构、名称不同，但是它们两个"经卦"从"五行"属性上来讲，都属"金"性。"金金相合"——"同声相应，同气相求"产生共振效应。这种状态也叫做"比合"。

　　这种"比合"状态，就类似于我们合作的双方，都有同一种想法与志向和同样的意项及作为。我们二者互待平等，一拍即合，心往一处想，劲往一处使——同心同德、共同努力。众人捧柴火焰高。还能有办不成的事吗。这当然是一个有利的好局面啦。

　　什么样的状态就不利了呢？

　　"用克体"或"体生用"的"体用"关系就表示不行、不可以、不成功、不吉利、不应该、不能等。即本末倒置了。

　　那么什么是"用克体"呢？

　　"用克体"也得首先确定谁是主体。假若，我是这个事情的主要负责人（主"体"）。本来应该是我这个负责人来指挥，应该是我有主动权，我说了算才对。可是，现在我这位主要负责人（主"体"），却没有了实权。一切事情都是下面或他人说了算。他们想怎么干，我就无条件的也只有顺着他们的想法怎么去干。那么，我这个负责人还有啥用。肯定我是倒霉了。大家要么投石下井，要么想怎么挤兑我就怎么挤兑我。我完全处于被动的局面之中，一点主动权都没有。这种情况对我来说，是非常不利的。这是一种以次要的"用"为主"体"所形成的状态。是对"主体"不利的一种局面。

　　"体生用"。其意思是，本来我是局长（主"体"），他是下面的普通工作人员（"用"）。应该是他主动来支持我的工作。现在却成了我这个局长得主动给他一个普通的职员去"拍马屁"——我得协助他去工作。这说明他可能有什么后台，我犯了点什么事，正好把柄握在他后台的手里。我还得求助于他去给摆平。所以，我只有低三下四地去拍他的马屁。这对我这个主"体"人物来说，当然是一种很被动的状况了。你想想，我这个当头的得拿着点心盒子、拿着好酒，或者下面得给他一个普通员工去塞点"页子"（钱）之类的。这样干，说明我是在赔本，是吃亏的。这是不是形势对我是太不利了。所以说，出现了这种情形对我是很不利的状态。

现在回到我们所得到的水泽节（☵☱）卦的分析上来说。

上卦坎（☵）"水"被下卦兑（☱）"金"来促生着。从整体来看，有这个电话号码的单位，一定很受重视。[兑（☱）"金"促生坎（☵）"水"嘛]。但是，单位内部人员的关系处理的不好。有些指挥不动下面。[三至上爻"互"蹇（☶☵）卦。上卦坎（☵）为"水"、为上面。下卦艮（☶）为"土"、为阻、为下面。其中艮（☶）"土"克制着坎（☵）"水"]。人员之间的关系挺别扭，工作环境很艰难（"蹇者，难也"）。

虽然，内部既别扭又困难，那外部情况可就另当别论了。

为什么？

因为从全卦的整体来看，是下卦（"用"）兑（☱）"金"在促生着上卦（"体"）坎（☵）"水"。说明这个单位外部条件很好。很受"哥们儿"（"兑为友"）和各个方面的主动支持。还说明本单位的上级，有个副头[兑（☱）为二，为副]对这个单位很关心。对这个单位格外的照顾。甚至，有时竟达到无原则支持的地步。但这个单位的事情，搞好搞坏，全部都在单位内部自己的原因[二至五爻"互"颐（☶☳）卦。"颐"有自求口食，自己找饭吃之意。其中，下卦震（☳）"木"克制着上卦的艮（☶）"土"。有些指挥不动之意]。

不管干什么事，无论能成功与否，都要找原因——找其主要矛盾。主要矛盾一解决，其他的矛盾就迎刃而解了。这就是易学"易简"思想的最高体现。

一般一个六爻卦得到以后，首先所得到的应该是这个卦所对应事物的过去的情况。因此将这个卦定为"本卦"。"本卦"之意就是事物本来、原来、原本对应的卦（状态）。

事物原来所对应的是"本卦"状态。可是，为了研究了解这个事物现在的状况，就要加上时间变量，确定其现在时间条件下的状态——得到与现时对应的卦。这个卦一般我们就叫它是"变卦"。易学传统中一般又叫它为"之卦"。表示事物当前或现在的状态。

我们经常会遇到说话不算数的人。这时往往我们会气愤地说："这人怎么变卦了？"这里所说的"变卦"与我们"变卦"的概念是一致的。即表示现在状态的"变卦"与原先的"本卦"状态，已经不一样了。

但是，按易学思想，任何事物总是要走向自己的反面的。"变卦"也是如此。它也要走向自己的反面。即"变卦"的"对卦"，就是"变卦"的反面（最终结果）。其表示的是事物将来的发展及最终的趋势和状态。

综上所述，我们可知：

"本卦"反映和表示的是事物过去的状态和过去的事物。

"变卦"反映和表示的是事物现在的状态和现在的事物。

"对卦"反映和表示的是事物将来的状态及趋势和将来的事物与趋势。

那么它们三者之间及内部的"体""用"关系是怎么来确定的？

首先确定"变卦"中的"体用"关系。

在我们前面的电话号码的例子中,其"变卦"是水泽节(䷻)卦。变爻在上卦。所以其上卦坎(☵)卦就是"体"。而与其对应的下卦兑(☱)卦就是"用"。这二者之间的"体用"关系确定后,"体用"关系就不应该再变化了。

那么,与其相对应的"本卦"风泽中孚(䷼)卦的上卦巽(☴)卦,也就是"体"了。而其下卦兑(☱)卦就是"用"了。

到了其"对卦"火山旅(䷷)卦中,与其"变卦"相对应的上卦离(☲)卦,就是"体"。而其下卦艮(☶)卦就是"用"了。

这样,不但一个事物的过去、现在、将来的总体状态都清楚了,而且连过去、现在、将来内部的关系、状态也搞清楚了——一个事物长远地变化状况都有了。这样,也就能较全面地分析有此电话号码的单位及位置附近的情况。同时,连与这个号码的电话有关的周围的人员,或电话主要的使用人的特点情况等,也就有了(卦是"类万物之情"的)。

比如:说使用该电话之人的身体情况如何?

过去:通过"本卦"风泽中孚(䷼)卦来看。

其上卦为巽(☴)卦。巽为风、为气、为左肩。其巽(☴)卦之下"互"着一个艮(☶)卦。艮为胃。两卦"互"为四个爻的渐(䷴)卦。说明该人胃的功能不太好。胃里容易胀气。左肩受风,容易酸痛。其二至四爻为震(☳)卦。震为肝、主痛。说明胃中不但胀气,还会胃痛。是由于肝"木"[震(☳)卦]克胃[艮(☶)卦]"土"造成的胃痛和胃功能失调。震(☳)为足。兑(☱)为毁折。腿部的下部分[兑(☱)为下卦]过去曾经受过伤。巽（☴）为左肩。说明左肩或左侧脖子［艮（☶）为颈部］附近，经常酸痛。又因为巽（☴）为风。说明是"受风"所致等。

现在身体情况怎么样了？

现在通过"变卦"水泽节（䷻）卦来看。

现在身体的整个情况来看，还是不太好。胃部情况更不如以前了。稍微多吃点凉［坎（☵）为寒水、为酒］、喝点凉的胃就难受。下卦兑（☱）卦为肺、为蛋白、主皮毛。皮肤的表面上鼓起了包［三至上爻"互"蹇（䷦）卦。其中坎（☵）为液。艮（☶）为突起］。说明皮肤容易过敏，起些疙瘩之类的湿［坎（☵）为水］疹［艮（☶）为疹］。由下卦兑（☱）卦得知，此过敏为异性蛋白过敏所至。由于坎（☵）主肾、主腰、主骨、为六。所以说，该人颈椎第六椎突出［下"互"艮（☶）卦］，颈椎活动不方便（别扭）［三至五爻"互"蹇（䷦）卦。蹇者，难也］。腰部有伤［兑（☱）为伤］。由于整体是节（䷻）卦。说明身体的自我调节机能差——内分泌失调。也说明，此电话机周围的工作环境很受限制，不自由。虽然，该工作人员很能控制和克制自己——能忍。可是他还是喜欢自由的。由于周围工作环境不好，因此，他容易生闷气。有事闷在心里，不愿意往外说。时间长了就造成了十二［下四爻"互"归妹（䷵）卦。震（☳）为长子、为一。兑（☱）为少小、为二］指肠球部［坎（☵）为弓轮、为球］溃疡［艮（☶）为肿胀。坎（☵）为流水］。这不就是溃疡——肠壁破了［初至五爻"互"损（䷨）卦］吗。有时还要疼痛［初至四爻"互"归妹（䷵）卦。其中，震（☳）为痛］等等。全都反映在卦象里了。易学"其大无外，其小无内"的适应规律。你谈吧。你谈与其有关的任何事情都可以。

如果，此时要谈该电话机旁的这个人是什么样的长相？

按风泽中孚（☴☱）卦和水泽节（☵☱）卦所反映的状态，可知：

此人原来应该是个长的比较秀气［"本卦"上卦巽（☴）为秀气］的人。鼻梁骨直直的［巽（☴）为细直］，鼻头大一些［三至上爻"互"渐（☴☶）卦。其中巽（☴）为细直。艮（☶）为山，为鼓大］。嘴小［下卦兑（☱）为口、为小］。眉毛修长［巽（☴）为秀、为细长］。上嘴唇薄而宽［巽（☴）为上卦、为细长］，下嘴唇短小［下卦兑（☱）为短、为小］。额头较宽［上卦巽（☴）为宽］，下巴尖小［下卦兑（☱）为小］。中间眼睛与面部略有点塌陷。其由眉骨到鼻子下端的距离较短［中间二至四爻"互"颐（☶☳）卦。"颐"为"大离"的"中虚"之象。其中，下卦震（☳）为长、为向上发展的趋势。可是上卦艮（☶）为阻、为止。使震无法向上伸长］。人的皮肤细腻［巽（☴）为细腻］而白［兑（☱）为白］。头发细长而软［巽（☴）为修长、为细］。（下面）脚比较小一些［下卦兑（☱）为小］。臂长［巽（☴）为长］手小［下卦兑（☱）为小］。肩宽［上卦巽（☴）为宽］臀小［下卦兑（☱）为小］……其他方面我不议了，大家自已进一步去分析分析。

现在［"变卦""节"（☵☱）卦］看，此人的长相就有所变化了。人已不像原来那么白净［巽（☴）为白净］，皮肤［下卦兑（☱）为肺、为皮］已变黑了［"体"卦为坎（☵）卦。坎（☵）为黑］。眉棱骨高［三至上爻"互"蹇（☵☶）卦。其中上卦坎（☵）为眉毛。艮（☶）为山，为高、为鼓起来］。眉毛也浓黑了

［上卦坎（☵）为眉、为浓黑］。人的体格变的也健壮了［坎（☵）为"体"、为健壮］。眼睛圆而黑且漂亮［坎（☵）为弓轮、为黑、为漂亮］。头发也变的浓黑了［上卦坎（☵）为浓黑］。上嘴唇也变得厚实了［上卦坎（☵）为壮美］……其他也不多议了。自己去琢磨琢磨。

"其大无外，其小无内"的照着说就是了。套用到哪儿，就说哪儿（哪方面）的事。

那么，将来他的身体状况将变成怎么个样子呢？

这就是其"对卦"火山旅（☲☶）卦所反映的状态了。

从"旅"（☲☶）卦中可以看出，嗓子里［三至五爻为兑（☱）卦。兑为咽喉］有些充血发红［四至上爻为离（☲）卦。离为血、为红］。说明经常［离（☲）为"体"］会有咽炎发生（慢性咽喉炎）。兑（☱）为右、为毁损。离（☲）为目、为见、为视。二者"互"，说明右眼视力差（《易》曰："眇能视"）。下卦（内卦）艮（☶）为胃。上卦（外卦）离（☲）为炎。二者合观之，为浅表性胃炎。又二至四爻巽（☴）为气。所以说，胃中像过去一样，还是容易胀气。经常会感到气喘、气短。因为二至五爻"互"大过（☱）卦。其中，兑（☱）为口、为短小、为呼吸道（气管、肺、胸）。巽（☴）为气、为进退。二者合观，为胸部不断地起伏。说明气短而喘息。一般会上个二楼的楼梯都会感到气不够用似的。

比如：再从现在"变卦"来看，人事关系上又是如何呢？

现在是"变卦"水泽节（☵☱）卦状态。其中，上卦坎（☵）卦为"体"。下卦兑（☱）卦为"用"。这说明有个副头［下卦兑（☱）为二、为副］对他特别好［"用"，兑（☱）"金"生着"体"

坎（☵）"水"〕。二至四爻为震（☳）卦。震（☳）为一把手。有此电话的人，其单位的上级有个特点：就是一把手〔震（☳）"木"〕处理一般事物，基本都按二把手〔兑（☱）"金"〕的意见去办〔兑（☱）"金"克震（☳）"木"〕。二把手怎么说，一把手基本就怎么办。

总起来看，这个二把手对有此电话的人特别好〔兑（☱）"金"生坎（☵）"水"〕。兑（☱）又为口、为吃；坎（☵）为酒、为喝、为油脂、油腻。二者合观，此人"口福"很好。兑（☱）为朋友、为讲习、聊天、聚会。说明该人经常有朋友请吃请喝。这二把手（兑为二、为副），也经常主动的请他吃饭喝酒。二人的关系就像哥们儿〔兑（☱）为悦、为朋友〕一样亲密。而且这些吃喝往往都是晚上进行的〔兑（☱）为下午5至7点。坎（☵）为半夜子时〕。

也说明，有此电话的人是喜欢自由的人。但是他周围的工作环境却不允许他自由，工作条件很受限制。

"节"（☵）卦有节制、控制、节约等意。说明此单位〔坎（☵）卦〕可能是执法机关〔艮（☶）为讼狱〕、安全保卫部门〔坎（☵）为安全、警卫〕等。也是个财物制度非常严格的单位。绝不让随便乱花一分钱的"抠门"单位。或者是情报〔初至四爻"互"归妹（☱）卦〕、安全〔坎（☵）卦〕等纪律制度非常严格的部门。一定是个人想随便自由，但又不允许个人随便自由的（环境）单位。

为什么呢？

因为其将来的趋势及状态是火山旅（☲）卦。"旅"有旅行、游玩、到处跑，不安定之意。一天到晚地在忙，也不知道在忙些什么。既使是回到家里或节假日，也呆不住。还在替别人忙活［离（☲）"火"生艮（☶）"土"］。但是不管替别人怎个忙法，人家总是不满意（费力不讨好）——因为"旅不亲也"。

但是从"对卦"火山旅（䷷）卦来看，有这个电话号码的单位、家庭，其内部人员的关系不太好。意见总是不一致的，相处的都很别扭［三至上爻"互"睽（☲）卦。睽为各个人想的、说的都特别好。就是不干实事。意见不统一］。说明一把手［离（☲）为"体"、为火］和二把手［三至五爻为兑（☱）卦。兑为二、为说、为金］之间在想法上［离（☲）为想］和说法上［兑（☱）为说］意见总是不一致［离（☲）"火"克兑（☱）"金"］。虽然如此，此单位（部门）对外的公共关系很好［兑（☱）为朋友。离（☲）者丽也。说明什么样的朋友都有］。说明单位内的人员普遍的口才都比较好［离（☲）者丽也、美也；兑（☱）者悦也、说也。说的都挺美的］。

单位的这个一把手［离（☲）卦］对上级的领导特别好［离（☲）"火"生着下卦艮（☶）"土"］。经常要主动积极地去支持上级的工作。

可是，上级这个领导［下卦艮（☶）卦］对下面这个单位［三至上爻"互"睽（☲）卦］中的二把手［兑（☱）卦］特别赏识［艮（☶）"土"生"兑"（☱）金］。主动的去支持和提拔这个二把手。

……

当然，其中还有很多很多的内容。由于篇幅有限，下面大家可以根据卦的结构状态自己去联想联想试试。

由此看来，起卦容易，分析卦难。因为卦一出来，就全凭分析卦象来针对性判断了。卦象及其变化规律熟练掌握的程度和"体用"之间各种生克关系掌握的熟练程度如何，是取决于能否判断迅速与准确的主要因素。

"生"着你，你就好，"克"着你，你就不好。

你"生"着人家，你就不好；人家"生"着你，你就好。

你"克"着人家，你就好；人家"克"着你，你就不好。

你与人家"比合"，双方就都好。

风泽中孚（䷼）卦。从全卦的整体结构来看，实际就是"大离"之象。即是"经卦"离（☲）卦"离中虚"的"连互"变种。

从以上总过程分析可知：这个电话由东南［"本卦""体"卦巽（☴）卦为东南］迁到现在北边［"变卦""体"卦坎（☵）卦为北方］偏点东北［"体"卦"互卦"为艮（☶）卦。艮为东北］这个地方［三至上爻"互"蹇（䷦）卦］。将来这个电话将要迁至南边［"对卦""体"卦离（☲）卦为南］偏一点西［"体"卦"互卦"为兑（☱）卦。兑为西］的方向上去［三至上爻"互"睽（䷥）卦］。

第二节　用数字起卦

我们利用数字起卦时的基本原则如下。

假若：

1. 数字的数位数是单位数（奇数个数位）时，

将其数位从中间分成前（左）后（右）两部分。

前（左）面的数位是单数（奇数个数位）。将其数位之各数值加起来，定上卦；

后（右）面的数位是双数（偶数个数位）。将其数位之各数值加起来，定下卦。

也就是说，其前面数位的个数永远比后面的数位少一个数位。

前（左）面数位的数值总和除以 8，余数定上卦。

后（右）面数位的数值总和除以 8，余数定下卦。

上下卦重叠，组成六爻卦体。

我定数位个数的原则也是：

前（左）为阳（单数为阳数），

后（右）为阴（双数为阴数）。

假若：

2. 数字的数位数是双位数（偶数个位数）时，

将其数位，从中间对半（等分）分成前（左）后（右）两部分。

不管前（左）后（右）两部分的数位数是单（奇）数个还是双（偶）数个位数。

前（左）面数位的数值总和除以 8，余数定上卦。

后（右）面数位的数值总和除以 8，余数定下卦。

上下卦重叠，组成六爻卦体。

我定数位个数的原则是：

前（左）为阳（单数为阳数），则

后（右）也为阳（单数为阳数）。

前（左）为阴（双数为阴数），则

后（右）也为阴（双数为阴数）。

下面举例说明以上起卦的原则。

例如：数 2273。

这是一个四位数。是偶数个数位。

则按偶数个数位的原则起卦。即：

前（左）两位数相加除以 8，定上卦。

后（右）两位数相加除以 8，定下卦。

即：2+2=4。定上卦。

7+3=10。10÷8，余 2。定下卦。

上卦总数为 4。不够 8 除。故小于 8 数之数，直接对应成卦即可。不必再除 8。

"4"对应于"先天八卦"序数的"经卦"震（☳）卦。

下卦总数为 10。除以 8。余 2。

"2"对应于"先天八卦"序数的"经卦"兑（☱）卦。

上下卦重叠，组成雷泽归妹（䷵）卦。

"归妹"（䷵）卦之意是找出路、找归宿、找办法等。

这样就可以再加上现在（当时）的时间（时辰），确定变爻。

由"变爻"在六爻卦体中的位置，再确定卦的"体"和"用"。

然后，进入具体的分析。

这样，此数码对应的事物的结构、状态、性质、特点、规律等，就都全内涵在卦象里面了。如果是对应某个人来说，那么这个人的脾气禀性、长相、身体状况、工作、生活等等内容，都含在卦里了。

有人会说："这个数码的得到，完全是一种偶然的机遇（机会）。"正因为是"偶然"的，不受主观控制的，因此，才是客观必然的。这是因为中国古代老祖宗，长期运用易学知识，不断地指导归纳自己的实践的结果。最终认识到，数字已不仅是简单的量化符号，而是各种事物场态信息的表述。数已是场（卦）的统一内容的不可分割的组成部分。正因为你是那么一种场态信息，这种场正好与这个数码所构成的场态信息一样。所以才"同声相应，同气相求"地被你得到了这个数。

如果你说这种情况是偶然的。你凭什么说它是偶然的？

你已经得到了这个数。这个数就是这一个数。你得到了，别人就无法得到。这个数在此时间条件下，也只能有一个相应的人得到。这明明是一种必然的结果。怎能说是偶然的呢！包括学生证号码、工作证号码、汽车驾驶证号码、自行车证号码、护照号、存单号……一切各种号码，只要你得到了这个号码，那么这些号码也只能与你有关系。别人无法再使用这些号码。别人没得到这些号码，就你得到了。说明这些号码只与你有关系。是你各方面的代号及各种数理模式的缩写。这也正说明了，只有你的场态信息才适合这些数码所组成（反映）的场态信息。否则，这数码场态信息与你的场态信息无关，你也没有与其场态信息相应（共振）而得到这个数码的机会。

你又会说，假若，我得不到这个号码呢？我得到的是别的什么号呢？

不可能！只有你是这个号。别的号是别人的。你如果用别人的号，那么说明你不是小偷也是个骗子。因为这些号与你对不上号，与别人对得上号。你开自己的汽车却是人家汽车的号码牌行吗？如果行的话，这社会上的汽车管理将如何进行呢？你的车丢了，应该算是谁丢的车呢？你的电话号码别人来用行吗？谁来交这个电话的电话费。你用别人的驾照交给交警来验证是你的驾照行吗？所以说，有些事我们稍稍用心想一想，就能明白许多真正的道理。不要轻易地就人云亦云。

有学生问："这要是变卦的话，是使用证件领取时的时间吗？"

不是。是你看见证件号时，所对应的那个时辰（时间）。

这是为了判断具有此号码证件的人，现在所处的是什么状态。

当然，看他发证时的情况也可以。以他拿到证件的时刻为准。就知道他拿到这个证件后，将往哪儿或怎么去做、去发展。因为卦中有过去、现在、将来状态的反映。就看哪个阶段、哪个部分是怎么回事了。要抓主要的、重点的事物来分析。

系统如果是既多又复杂的，说明其主要矛盾不明显、不突出。

比如：像一个人的名字一样。家族的共性是主要的。首先要断定他（她）是谁家的人。比如：叫"小虎子"。首先要判定是谁家的"小虎子"。因为叫"小虎子"的人太多了。不同家族、不同姓氏的"小虎子",其特点往往是大不一样的。

　　以上是数字与数码起卦的一些方法、原则及注意事项。

　　下面谈谈用文字起卦的问题。

第三节　用文字起卦

为什么要讲用文字起卦的方法呢？

这样做的目的，

一是，为了使你在只要熟习卦象内涵，对文字有时不太认识和了解的情况下，也能通过对卦象的分析，来了解其文字的含义。

二是，同时也能通过语言（文字是语言的基础）中的文字，来分析语言的真实内涵。

三是，因为中国的汉字是"象形"文字。它是先由卦象（场）的分类，再加上事物的具体或抽象形象而形成的。因此，将文字与卦象结合起来，是最容易反映事物的本质的。

这样做，有些完全靠训诂来查证的文字意义，又可以多出一种佐证手段。

有一年，在天津办"易经"研习班。班上遇到一个南开大学的研究生。他是专门研究中国古代史的研究生。跟着他的指导老师——一位教授（是咱们国家的一位著名的历史学家和古代哲学家）一起，通过训诂来考证"衤"字旁到底是什么意思。他们考证了两年多的时间。查遍了甲骨文、章、草、隶、钟鼎、楷书、行书等各种文字。几乎把所有与"衤"字旁有关的文字都研究过了。前后耗时两年余载。写了一篇有关"衤"字旁考证其意义的论文。这篇论文当时很受学术界的重视。论文水平也很高。其论文中介绍，训诂考证的结果认为"礻"字旁表示的就是古时祭祀时用的一根杆子（旗杆之类）。是与祭祀有关的一个字旁。

可是，我们用我的文字成卦原理，马上就能知道"礻"字旁一共是 5 画。"5"对应于"先天八卦"的巽（☴）卦。"巽为进退"、"巽为绳直"。将其意延伸后，这不正是一个细长的杆子状吗。判定的是多么简单明快。用易学的思想方法分析事物就更简单了。巽（☴）卦表示的是一种进退、升降、回旋余地大、有灵气等的事物与过程。一会儿杆子上吊上去一些东西，一会儿降下来，又拆下去这些东西。巽（☴）又为"僧尼之道"。指的是带有一些灵性的事物。祭祀的时候，不就是一种等待神灵下凡的一种活动吗。这些内容恐怕要比仅靠训诂所得到的结论要丰富的多。

学会运用易学的分析方法后，有时有些文字不认识时，可以通过易学中运用文字起卦的方法进行分析，基本就能了解其大概的意义了。

运用文字进行起卦的原因，还有一种原因就是人们在交流活动过程中，许多事情往往是需要通过文字来进行的。因此，在许多场合都需要通过文字起卦来进行分析，确定其真实内容。

下面分头论述用文字起卦的方法与原则。

1. 用一个字起卦

用文字起卦的方法中，首先应该了解的是用一个字怎么来起卦。

过去，有人和《梅花易数》一书中说：像"山"之类的，由于是固定不变的。所以，这类事物是不能做为起卦的参照物的。因为山总是固定不变的呆在那里。还有"石头"之类的也总是同样的呆在那儿或处于一种固定不变的状态。天天都看得见它们。"不动，不占"。它们又没动静，用它们起卦怎么能行。

我认为，也不见得就不能用它们起卦。看你是在什么环境条件下问什么事了。我在张家口市办班的时候，一位部队上的学员问我："张老师，你看我的孩子是个男孩，还是个女孩？"我说："你随便写个字吧。"他过去家传的就会一些易学的推断技术。他就故意的写了个"山"字。这种字无法按《梅花易术》的方法将其上下、左右分割开来起卦。包括学习班上的许多学员都认为这是无法用定卦的方法来判断的。我肯定地说："没关系。他的孩子是个小男孩！〔'山'为艮（☶）卦。艮为少男嘛〕"他兴奋的说："唉呀！张老师，你太神了！我就是个小男孩。这也能起卦？"我说："能！而且结论是你告诉我的。"

如果用静态的位置、状态不好起卦，我们还可以用它们的颜色、质地、形状、远近、大小、动静、与其他事物的相对位置、关系或位移等状态来起卦。

况且，咱们讲"法于阴阳，合于数术""在数难逃""极其数，遂定天下之象"。只要事物存有数的概念（事物最基本的就是数），什么事物我都可以把它变成数来进行分析解释。世间中没有不在数的任何事物。所以，不可能起不了卦。

比如：还是上面所说的那个"山"字。

其笔画数，一共是 4 画。

4 对应于"先天八卦"的震（☳）卦。

"震为长男"说明是第一个儿子。

另一种方法是：

由于"山"字共4画。

"4"为偶数。将其分为两等份。

即分为：

上面（前面）为2，

下面（后面）为2两部分。

上面（前面）的2，为定上卦的数。

下面（后面）的2，是定下卦的数。

因为2所对应的是"先天八卦"的兑（☱）卦。

因此，上下卦重叠，组成六个爻的兑为泽（䷹）卦。

再加上现在所对应的第5个时辰（上午8点多）数，确定变爻的位置。即（2+2+5）÷6，余3。

说明是三爻变。兑为泽（䷹）卦的三爻变。得泽天夬（䷪）卦。

其"夬"卦下卦乾（☰）卦为"体卦"。"乾为阳、为父、为男性"。故知是男孩。

大家看，是不是只要有数，就能解决起卦的问题。

通常到底用一个字怎么来起卦呢？

有两种情况：

一种是带偏旁的字。可以将其看做是分为左右两部分构成的字。

如："张"字。

其全部笔划数是16画。

16÷8=2。被整除。

故与8所对应的卦是同卦。

"8"对应于"先天八卦"的坤（☷）卦。

坤（☷）者众也、顺也、平也、伸也。

所以，"张"字有一种伸展、延伸之意。是一种伸展、伸张的意思。沿线、平面或立体方向四面伸展。"张"是华人及中国最多人数的姓氏之一。因为"坤者，众也。"自然人就多了。

如果是自己来判断一件事情。别人"报"了一个字（没有书写文字）。那么，我们只好用这个字的正楷仿宋繁体字的字型笔划数起卦。

假如，是对方自己写的一个"字"。是正楷仿宋繁体字或者是正楷简体字，都可以用做起卦判定的根据。

假若，是用其"名字"起卦，就最好不用简体字而使用正楷的仿宋繁体字了。否则，判断的往往就不够全面、不够准确了。

前面讲到简化汉字与繁体字的差异时就讲过，繁体字的"张"字是16画。而简体字的"张"字是12画。这比繁体"张"字丢掉了4画。那么在研究分析这个"张"字系统时，相当于就丢掉了三分之一的因素。因此，在判定结果时，由于有些因素没考虑到，所以，判定的准确性往往也会下降许多。因此，在起卦时，最好还是用仿宋体的繁体字为好。

因为易学的设卦原则之一：

上卦可以表示左边的事物或事物的左边。

下卦可以表示右边的事物或事物的右边。

用繁体字的"张"字起卦，应为：

左偏旁"弓"为7画。

"左"为上。定为上卦。

"7"对应于"先天八卦"的艮（☶）卦。

右偏旁"长"为9画。

"右"为下。定为下卦。

9÷8，余1。

"1"对应于"先天八卦"的乾（☰）卦。

上下卦重之，得六个爻的山天大畜（䷙）卦。

假如此人问的是家中有没有钱的问题。

产生的第一个概念是"太有钱了"。因为山天大畜（䷙）卦的意思是有大的积蓄、大的积聚、有大的储存等。说明家里存了不少的钱物。不是小储蓄，而是大的储蓄。

假如问："你看我知识面如何？"

此卦说明其知识面广博。"脑海"里存了不少的"货"——其接受和理解能力极强。

假如问："看我单位的人才情况如何？"

此卦说明，他们单位的人才既济。有大量的人才储备。但其能力还都没有发挥出来呢。单位还将大量的储备基金存入到银行里。这也说明单位的资金也积聚起来了。

假如：要判断他现在正处在一个什么状态情况下？

如果：问他现在调动工作的事能不能成功？

他写了个"张"字。应该怎么来判断其规律呢？

首先，得确定变爻的位置。

他所处的单位是相当不错的单位〔这是指的山天大畜（䷙）这个单位〕。这是从单位的整体来讲的。当然，每个人在单位之内，各有各的情况和状态。就看他个人怎么样了。

确定变爻的原则是：

（上卦数＋下卦数＋时辰数）÷6，余数定变爻的位置。

如果是现在这个时间进行判断。现在的时间是上午 8 点多，不到 9 点。按传统计时单位应是第 5 个时辰（"辰时"）。

（7+1+5）÷6。余 1。

山天大畜（☲）卦的一爻变。变成山风蛊（☶）卦。

一爻变在下卦。故

下卦巽（☴）卦为"体"卦。

上卦艮（☶）卦为"用"卦。

他的工作能不能调动成功呢？

看看"体用"之间的关系来确定。

下卦"体"卦巽（☴）卦"五行"属性，属"木"性。

上卦"用"卦艮（☶）卦"五行"属性，属"土"性。

二者为巽（☴）"木"克艮（☶）"土"。即"体克用"。

说明工作一定能调动成。而且主动性完全在自己一方。自己想动就动。想怎么动就怎么动。不想动，也可以不动。回旋余地很大［巽（☴）为进退、为伸缩］。单位最上面的领导［艮（☶）"土"］，被他［巽（☴）"木"］所制约着（即巽"木"克艮"土"）。另一个副头［三至五爻为震（☳）卦］，也与他相处的关系不错［震（☳）"木"与巽（☴）"木""体用比合"］。二人的意志总是不谋而和。所以说，这个调动工作的问题是很顺利的。虽然，他所处的具体单位内的有个副的负责人［二至四爻为兑（☱）金。兑为二、为副］反对它调动［兑（☱）"金"克巽（☴）"木"。"用克体"］。兑（☱）为口舌。巽（☴）又为进退、来回。二者"互"。说明本部门内，得来回扯一阵子皮。但其必定是基层领导，得服从上层领导的意志。所以说，从整个局面上来说，他还是走定了。

因为总体上是"体克用"。卦中同时也说明了他工作是怎么调动成功的；由哪儿往哪儿调动。

即他是由现在所处的西北［"本卦"下卦"体"为乾（☰）卦。乾为西北］偏点西［"本卦"二至四爻为兑（☱）卦。兑为西］的方向［乾（☰）兑（☱）二卦"互"夬（☱）卦。为西北偏西］，拐弯［乾（☰）为圆、为拐弯］的路口［兑（☱）为西、为口］的机关单位［乾（☰）为官、为政府机关］，调到现在这个单位的东南方［巽（☴）为东南］，靠近一个比较直的马路［巽（☴）为直］上的小路口［初至四爻"互"大过（☱）卦。其中，兑（☱）为口］，西边［兑（☱）为西］路南［巽（☴）为东南］的单位去。说明他调去的新单位是在交叉路口边上［初至四爻"互"大过（☱）卦。兑为口。巽为直路］的路南（兑为西，巽为东南。东南与西之间是南偏西南或西南偏南）。

不管怎么说，他这件调动工作的事是一定能办成的。至于为什么能办成？那就得按"连互"方法去分析卦中间的一些细节过程了。

实际在我们一般地判断过程中，就没有什么必要再问个为什么了。他问的不就是工作能不能调动成功吗。能成或不能成，不就完了。因此，在判断过程中，不成，就是不成。怎么调也是调不成的。还管它为什么调不成干嘛。就是知道了"为什么"，它还是调不成吗。费那心思干嘛！我们用易学判断的目的就是为了知道或抓住大方向。方向对了，就行了。

如果，要判断一个事物的结果，先分析大局（总体）的结果。大局（总体）上看，成。那就一定能成。大局（总体）上看，不成。那就一定不成。大局（总体）主要指的就是从"体用"之间"生克制化"的关系上进行分析判断的结果。

这是不是很好"玩"呀。写了个"张"字，工作就调动成功了。要是写个别的字，也许就调不成了。当然，当时如果写别的字，也有可能调动成功。但是，他此时写了个"张"字是必然的行为。他不可能同一时间内再写别的什么字了。这个时间条件下的这种空间结构中，此字的场与其调动事宜的那个场相应、共振。他不管有没有用脑子仔细的考虑过，他自主不自主地就得写这个"张"字。

比如：有人问："张老师，我这功夫练了这么多年，还没见多大成效。我到底能不能练成这个功夫呀？"我说："你就写个字吧。"他老兄写了这么一个字——"仙"字。说明他想得道成仙。

看看他到底能不能得道成仙呢？

按咱们的易学道理，将此"仙"字左右分成两个部分。

左边"亻"为2画。定为上卦。

右边"山"为4画。定为下卦。

"2"对应于"先天八卦"的兑（☱）卦。

"4"对应于"先天八卦"的震（☳）卦。

上下两卦重之，得六爻的泽雷随（䷐）卦。

"随"（䷐）卦之意是随其自然、自然发展、随意而安才行。说明想成"仙"就得顺其自然。"仙"是顺其自然才能成仙的。强求是不行的。这就是"仙"字的真实意义。这样做，马上就能明白了许多的修炼的真实道理。因为这些修炼的基础道理，都得符合易学思想的大道理的。道家修炼的"丹经之王"叫《周易参同契》。不懂得《周易》，怎么能够参悟得懂《周易参同契》呢。中国许多的传统与非传统地修炼，都离不开易学思想的指导。

看看他这个要成"仙"的人，现在是一种什么状态？

现在是第5个时辰。加进这个时间变量来确定"变爻"的位置。

（2+4+5）÷6。余5。第5爻变。

泽雷随（☱☳）卦的第5爻变。变成震为雷（☳☳）卦。

由于变爻5爻在上卦，所以，

上卦震（☳）卦为"体"卦。

下卦震（☳）卦为"用"卦。

因为"震为木"。故上下卦"木""木"相合。即"体用比合"。

他的功夫能不能练成呀？

能成。不但能成，还真有可能成"神仙"了。只不过现在正处于下面怎么练的选择阶段。选择的训练方法好，功夫就能练成。选择不好，会造成前功尽弃。震（☳）为雷、为动、为急速。说明他练的太粗糙、太性急了。不够细腻。只顾着追求动功（震为动、为雷）的功力大小了。

为什么？

因为"体"卦震（☳）卦在上卦。震卦在上卦为"飞"。说明"阳神"往高处飞去了［震（☳）为高、可以表示飞机］。上"天堂"了。这只能说明他能够有所造诣。能够修炼达到一定的境界。这也说明他正是出"阳神"（上爻阳爻变成了阴爻）的时候。"阳神之出也，主乎动""动则暂""神不守舍"说明他正在长期地［震（☳）为长、为动］练着不容易自我控制的"自发动功"。还说明他"静功"的基础差。"阳神之入也，主乎静。""静者长久。"

以上的例子说明，在什么时候，写什么字是很重要的。这都是与你所处的心理、生理、环境、条件、状态等相呼（对）应的。

今天这个时间所对应的空间关系很好。好像我的运气不错。大家的运气也都挺好。我随意写了这些字，可都是成功的趋向。反映的规律及其结果都是不错的。想调工作的能调成；想"成仙"的也差不多。因为我们掌握了"先天之道"。"人与仙佛同体。为什么不能超凡证验呢？曰：'不知先天之道也'。"咱们学到了"先天之道"。即按照"先天八卦"所反映的道理来修炼，就能成功。这是很自然的道理。因为我们的客观环境相当有利于我们的学习与修炼。而且震（☳）又为振动、为急速。说明这堂课给大家思想上、心理上，有所振动和激励。也说明掌握易学思想的过程或修炼成功，相对也会快一些。

当然，为了说明用"一个字起卦"的过程及规律，咱们这里是一种假设。因为现在没有任何一个人来问我成"仙"的事。应该是现在有的同学想问跟练气功有关的问题才是。

以上讲的是，以一个字分为左右两部分结构成卦的规律。

假若：一个字可以分成上下结构两部分，将如何来成卦呢？

比如：写了一个"贾"字。

问："我能不能成仙呢？"

一看到，说到"贾"字，有人就认为可能不太好办了。

按易学设卦规律之一，

上卦表示事物的上部或上部的事物。

下卦表示事物的下部或下部的事物。

"贾"字的上半部分"西"的笔划数为7画。定为上卦。

下半部分"贝"的笔划数为 9 画。定为下卦。

"7"对应于"先天八卦"的艮（☶）卦。

9÷8，余 1。

"1"对应于"先天八卦"的乾（☰）卦。

上下卦重叠，组成六个爻的山天大畜（䷙）卦。

你看看，用易学知识出的题多棒。如果运气好的话，随便出一个字，又是个 7、9 组成的山天大畜（䷙）卦。与"张"字所形成的卦一样。这说明，今天这堂课讲的这些内容，在你们大家的头脑中产生了很大的影响。你们头脑中，得到和储存了大量的有用的易学知识。

"贝"，乃贝壳之"贝"。所以"冂"字的下面有钩是很重要的。没有"钩"贝壳就很容易被撬开了。它也就不容易保持贝类们赖以生存相对安全的环境条件了。

比如我们说说其他一些字的定卦规律。有的说，你这个"李"字应该是 9 画，你这里怎么是 10 画呀？

我们前面已经讲过了。我们易学研究的是场效应。所以每一笔、每一划，不管其笔画长短大小，只要方向一变，就算是一划。这与通常一般的笔画算法是不一样的。说到这个"李"字。一般人认为其上面的这个"木"字是没有钩的。实际上，这只是为了写或印出来的字好看才这样写的罢了。你想想，树木底下没有根，不"钩"在地下，能立（生长）得住吗？当然是立不住的。它还要顶得住风雨交加的考验，没根怎么可能挺立的住呢。象形汉字应该处处符合大自然的规律性才对。不能随便就随自己的想象乱写。否则，它所表示的意义可能就不是原意了。

"西"有没有钩？应该是没有钩的。有钩就成了封闭式的事物了。方向的概念怎么能是封闭式的呢。它是开放型的。

写毛笔字或美术、艺术字时，有些笔划的变化，是为了写出来的字好看才那样写的。它并不是强调说明本文字的意义的。

"国"字的国，有没有钩？

城池是有大门的。门是可以开阖的。可是城墙是封闭的，围起来的。不能随便就能开阖的。城墙若想能严密的保护自己，是不能有间隙和空缺的。否则，就不严密、不安全了。因此，"国"字"囗"的右下边是一定要带"钩"的。以示严密和封闭。

字的笔画和写法，得根据字所反映事物的具体形象和意义来确定。

"口"字应该是有钩，露着牙齿，一张一合地。"口"字如果没有钩，就是震（☳）卦（因为是4画）。上下张着个大嘴。看到的是竖向上下的两排牙齿。如果"口"字有钩，则是5画。对应于巽（☴）卦。是横着看到的上嘴唇和上排牙齿。"巽下断"就没有下牙和下嘴唇的概念及形象了。而且口腔，要开阖灵活才行。封闭起来的口，怎么用。这都是由"象"得来的意思。分析文字时，也必须要符合卦象的要求。因此，在用字起卦时，大家必须尊重易"象"的内涵。

"贾"字现在所反映的情况，应是：

（上卦数＋下卦数＋时辰数）÷6，余数定变爻。

即总卦数再加现在的第5个时辰后，确定变爻所反映的情况。

（7+1+5）÷6，余1。初（一）爻变。

山天大畜（☶☰）卦初（一）爻变。变成山风蛊（☶☴）卦。

"蛊"是一种很毒的虫子。其耐受和适应性很强。其意也是，在一个器皿（盘子之类）里，放上最毒最毒的毒药。然后，再把各种虫子放进去。最后也只有"蛊"这种虫子还活着。其他的虫子都毒死了。说明此虫子的耐受与适应性极强。同时，也说明它本身的毒性也是够毒的。

所以说，出现这个"蛊"（䷑）卦时，对人来说，也说明，这个人的耐受和适应性是很强的。什么样艰苦的环境条件他（她）都能适应。这还说明，有点坐吃山空的意思。虫子［初至四爻"互"大过（䷛）卦。巽（☴）为虫。兑（☱）为洞］钻到里头［四至上爻为艮（☶）卦］去了。在等待现成的结果。

在《红楼梦》一书中，"贾"姓之人住在哪儿呢？

从过去的山天大畜（䷙）卦到现在的山风蛊（䷑）卦中可以看出：

由于变爻处在下卦中，所以，两卦中的

下卦乾（☰）和巽（☴）卦都是"体"卦。

上卦艮（☶）和艮（☶）卦都是"用"卦。

"贾"家原来应该是在山［艮（☶）为山］下面（下卦为下面），山边［巽（☴）为边］上。乾（☰）又为郊野、为西北方。在北京西北方的郊外，香［巽（☴）为臭香］山［艮（☶）为山］山脚下（下卦为"体"之位置）。这不正是写作《红楼梦》一书时所处的环境地点吗——发生在北京的西北上，郊外；颐和圆的后身；而且是山下边，靠路边的地方。

现在写作的老地址已毁［初至四爻"互"大过（䷛）卦。兑（☱）为毁损］。在北京老城区的西偏南［"互"大过（䷛）卦的兑（☱）为西。巽（☴）为东南］的河边北岸上［"互"大过（䷛）卦为"大坎"之象。坎为河、为北］建了个新的"大观园"。这连"红楼梦"中"贾"家变迁的事情也能反映在卦里面了。多少年前编写的事，也都没跑出易学的内涵规律。

这是一个字分上下两部分来起卦的方法。

2. 两个字的起卦

以两个字进行起卦的原则是：

1. 将前（左或上）一个字的总笔划数除以 8，余数定上卦。

将后（右或下）一个字的总笔划数除以 8，余数定下卦。

上下两卦重叠，组成六个爻的卦体。这就是事物状态的"本卦"。

2.（上卦数＋下卦数＋时辰数）÷6，余数定变爻位置。

将"本卦"应变的"变爻"改变性质（阳爻变成阴爻，阴爻变成阳爻），形成新的卦体——"变卦"。

3. 通过"变爻"的位置，确定"变卦"中的"体用"位置关系。

4. 由"变卦"的"对卦"找到事物的最终状态。

5. 再由"变卦"的"体用"关系，对应确定"本卦"及"对卦"的"体用"位置关系。

这样做完全过程后，就可知道事物"过去""现在"以及"将来"的发展全过程和每个发展阶段中的总体和内部状态及关系。

这就是"用两个字"起卦、分析卦的全部过程。

比如：用"飞天"二字。

"飞"字 13 画。

13÷8，余5。

"5"对应于"先天八卦"的巽（☴）卦。

巽（☴）定为上卦。

"天"字4画。

"4"对应于"先天八卦"的震（☳）卦。

震（☳）定为下卦。

上下两卦重之，得六个爻的风雷益（䷩）卦。

加上现在看到"飞天"二字的时间。确定"飞天"现在的状态。即

在风雷益（䷩）卦中，加入现在第6个时辰的时间变量来确定变爻的位置。以得到风雷益（䷩）卦的现在状态。

（5+4+6）÷6，余3。

风雷益（䷩）卦的3爻变。变成风火家人（䷤）卦。

因为三爻是变在下卦中，所以，

下卦离（☲）卦为"体"。

上卦巽（☴）卦为"用"。

从全卦现在的状态看是巽（☴）"木"生离（☲）"火"。即"用生体的自我泄气的状态"。

这个卦是个成功、顺利、吉利的好卦。

当然，这个好坏是相对来说的。没有决对的好坏。

比如：

对疾病或病毒、病菌好，对人就不好；

对疾病或病毒、病菌不利，对人来说就有利。

其他具体分析过程，大家自己试着分析分析。

现代易经讲课实录

3. 用三个字起卦

用三个字起卦的原则是：

1. 前（左或上）一个字的总笔画数，除以 8。余数定上卦。

后（右或下）两个字笔画数的总和除以 8，余数定下卦。

上下两卦重叠，组成六个爻的"本卦"（"原来"）状态。

2.（上卦数＋下卦数＋时辰数）÷6，余数定变爻位置。

3. 通过"变爻"来确定事物的"变卦"（"现在"）状态。

4. 由"变卦"推之，得到事物的"对卦"（"将来"及最终）状态。

5. 再由"变爻"在"变卦"中的位置，来确定"体用"位置关系。

6. 由"变卦"的"体用"位置关系，来对应确定"本卦"和"对卦"的"体用"位置关系。

这样与之对应事物的发展全过程及各个发展阶段的内部状态都能反映出来了。

比如："张延生"三个字。

"张"字 16 画。

16÷8，被整除。"被 8 整除"可以看做是余 8。

"8"对应于"先天八卦"的坤（☷）卦。

坤（☷）卦定为上卦。

"延"字 10 画，"生"字 5 画。

二字笔画数相加：

10＋5=15。

15÷8，余 7。

"7"对应于"先天八卦"的艮（☶）卦。

艮（☶）卦为下卦。

上下卦重之，得六个爻的地山谦（☷☶）卦。

"谦"（☷☶）卦之意有谦虚谨慎、"虚其体，实其腹"、"劳谦，君子有终"等意思。

因此，说明此人一辈子都得谦虚谨慎。只有处于老百姓〔坤（☷）者众也、民也〕之中才能有出息。没有什么官运（几乎全卦全是阴爻。阴爻为小民、百姓）；没有什么财运（卦中没有"金"和"火"）。有的就是些老百姓（阴爻）。三至五爻为"经卦"震（☳）卦。说明此人在20岁后到中年时期，稍有些名气。二至四爻为"经卦"坎（☵）卦。"坎为劳卦"。说明此人很劳苦、操心、非常辛苦——经常熬夜。坤（☷）"土"又克坎（☵）"水"。说明操心、劳苦还不落好。所以，这辈子他就更辛苦了。其名字的场对他本人的影响就是这样。没办法，就得认了。起什么样的名字，就得干符合名字的场态信息所要求的事。"同声相应，同气相求"才能共振，才能熟习、才能成功。因此，此人一辈子无论干什么或处于什么状态下，都得谦虚谨慎才行。"劳谦，君子有终。"说明，他再有功劳和苦劳，还必须谦虚谨慎才能有最终的好结果。

那么谦虚谨慎的最终结果是什么呢？

这就是"对卦"又叫"旁通卦"所反映的规律状态，就是谦虚谨慎的最终结果。

即地山谦（☷☶）卦的"对卦"是天泽履（☰☱）卦。

"履"（☰☱）卦其意思是掌握事物的规律。按照事物的本质规律办事。因为其有规律、轨道、沿着一定的路走、小心慎重、严格地等意思。

而"履"（☰）卦的"对卦"又是"谦"（☷）卦。

这意思就是说，如果始终都能谦虚谨慎的话，你就能掌握事物的规律性。掌握了事物的规律性，你又会发现自己的无知与无能。因此，你就更加谦虚谨慎。谦虚的结果使你又能进一步地掌握事物的更深刻的规律……二者互为"旁通"，互相互补，相辅相成，互相促进。

为什么我在"修恃"或者学易的过程中较容易获得成功呢？

从某种意义上说，我这个名字起得好。更重要的是我能按照"名字"的场态信息等的要求去做的结果。修恃需要"虚其体，实其腹。""谦"（☷）卦正是上下五个虚柔的阴爻（表示全身上下都是虚灵的）应九三爻（腹部"丹田"这个位置）这一个刚性坚实的阳爻。

"张"字有一种伸展、打开之意。

"延"字又是一种延伸、伸展、延展之意。

"生"字为从中产生或生出新的东西来。"生生之谓易"吗。因此，在学易、研易的过程中，易学的思想和规律不但能学习掌握的较好，而且发挥地也能够较全面一些。同时，还可以产生出自己的一些新的概念和方法。

这就是名字带来的好处。当然，同时也会带来了不利的因素。

所以说，名字很重要，但更重要的是如何做人、做学问——有个好名声。

4. 用四个字起卦

用四个字起卦的方法可以分为两种方法。

第一种方法：

1. 前（左或上）两个字的笔画数的总和，除以 8。余数定上卦。

后（右或下）两个字的笔画数的总和，除以 8。余数定下卦。

上下卦重叠，组成六个爻的事物的"本卦"。

2.（上卦数＋下卦数＋时辰数）÷6，余数定变爻。

3."本卦"中"变爻"变化之后形成的"变卦"，就是事物当前的状态与规律。

4. 从"变卦"再找出其事物的最终结果。即其"对卦"所反映的状态关系。

5. 由"变卦"中"变爻"的位置来对应确定其事物内部的"体用"主次关系。

6. 再由"变卦"的"体用"主次关系，对应找出"本卦"和"对卦"的"体用"对应状态与关系。

这样就能从"过去""现在"以及"将来"事物发展的全过程和每个局部发展阶段内部来分析事物的各种状态及规律了。

第二种方法：

如果文字笔画较多时，为了简便易用可以用文字发音的音调的状况进行对应起卦。即使用文字的"平""入""上""去"四声来确定卦。

具体做法是：

首先，先将文字的音调变成数。

再按一定的成卦规律将其数加起来。并进行推导变换来定卦。

不用再通过复杂的字型及笔划结构和象形来确定卦。

这样做，就为有区别的字，找到了一种既简单又统一的一种起卦的方法。

因为字的数目越多，在成卦的过程中，其笔划数相应的也越多。处理起这些数来定卦时，也就相应的复杂麻烦的多。用文字的声调来起卦时，不管原来文字的字型结构多么复杂，现在就变的非常简单了。简单地通过心理归纳一下，就成卦了。

在这里我们将声调与数的统一，做如下的规定：

"平"声，为1。

"上"声，为2。

"去"声，为3。

"入"声，为4。

这种定数顺序也与现今社会上通行的方法和顺序有些不太一样。

现在通行的顺序应该是：

"平"声，为1。

"上"声，为2。

"入"声，为3。

"去"声，为4。

"入"声与"去"声的排列顺序正好与我们的规定相反。

根据我们的规定，遇到每个字发音和音调不同时，发"平"声时，我们就将其作为"1"来看待；发"上"声时，就做为"2"来看待……依此类推。

假如：四个字中，

第一个字发"平"声。第二个字发"上"声。

我们就可以将此二声所对应的数加起来，除以 8，以其余数来定上卦。

即：1+2=3。

"3"对应于"先天八卦"的离（☲）卦。

后（右或下）两个字，一个发"入"声。另一个发"去"声。

将其二声所对应的数加起来，除以 8，以其余数来定下卦。

则"入"声为 4。"去"声为 3。

4+3=7。

"7"对应于"先天八卦"的艮（☶）卦。

上下两卦重叠，形成六个爻的事物"本卦"火山旅（䷷）卦。

其他步骤与前面用字起卦的方法一样。

这也是一种起卦的方法。这一般用在字相对比较多的时候（4 至 12、13、14 个字之间），起卦使用比较好。因为字一多，笔划数也多，分起来、加起来、除起来都很麻烦，很费时间，起卦时间相对也长（时空对应性关系容易对应不及时）。方法相对来说也复杂一些。那么，用这种简化的方法——用字的音调来起卦，可以收到事半功倍的效率。这也是"易简"思想的发挥。也是易学中抓事物共通性主要矛盾方法的延伸。

当然喽，你如果不愿意用此方法，用笔划数起卦、定卦也同样可以。

5. 用五个以上字起卦

用五个字起卦的原则方法基本是：

前（左或上）两个字的笔画数总和，除以 8，余数定上卦。

后（右或下）三个字的笔画数总和，除以 8，余数定下卦。

上下两卦重之，得六个爻的"本卦"。

其他步骤同前。

如果是用六个字起卦时，其原则是：

前（左或上）三个字的笔画数总和，除以 8，余数定上卦。

后（右或下）三个字的笔画数总和，除以 8，余数定下卦。

上下卦重叠，组成六个爻的"本卦"。

其余步骤同前。

……

由以上用"字"起卦的例子可以得出这样一个原则：

字的个数是单（奇）数个时。

定上卦的字的个数比定下卦的字的个数总是少一个字。

比如：现在是 11 个字。

将其前后分成 5 个字和 6 个字两部分。

前 5 个字的笔画数的总和除以 8，余数定上卦。

后 6 个字的笔画数的总和除以 8，余数定下卦。

我一般按易学"易简"的思想方法，不只是使用字的笔画数来起卦。

由于 11 个字的字数分成了前 5 个和后 6 个。

所以，我就直接用 5 和 6 来定卦。即

"5"对应于巽（☴）卦。

将巽（☴）卦定为上卦。

"6"对应于坎（☵）卦。

将坎（☵）卦定为下卦。

上下卦重之，组成"本卦"风水换（䷺）卦。

这样做就更简便。更符合易学抓主要矛盾的"易简"思想。

字的个数是双（偶）数个时。

定上卦的字的个数与定下卦的字的个数相同。

即将字的个数从中间对半分成前（左或上）后（右或下）两个对等部分。

比如：48个字。

先将48分成前后各24个字。

前（左或上）24个字定上卦。

后（右或下）24个字定下卦。

上下两卦组成六个爻的"本卦"。

其他步骤同前。

也可运用"易简"的思想，将24直接除以8，余数定卦。

即24÷8。正好整除。故应对应余8。

"8"对应于坤（☷）卦。

故上下卦重之，得"本卦"坤为地（䷁）卦。

这样起卦，方法同样是快速、简单、准确的。

要不然干脆就用48这个数起卦。

即用数字起卦法。

前面的4定为上卦——震（☳）卦。

后面的8定为下卦——坤（☷）卦。

上下两卦重叠，得"本卦"雷地豫（䷏）卦。

这不就更简单了！

现在是第 6 个时辰。

我们可以看看前面坤为地（☷☷）卦现在是什么状态？

（8+8+6）÷6，余 4。

坤为地（☷☷）卦的 4 爻变，变成雷地豫（☳☷）卦。

正好与其后所讲到的 48 直接得到的卦——雷地豫（☳☷）卦相同。这是不是很有意思。

这说明两种成卦的方法是有许多共性的内涵。只不过是时间变了，同一事物其所对应的空间以及空间结构变了而已。

4 与 8 成的卦的内涵就比 24 与 24 成卦的内涵意义更多些。因为一起卦，就是你所要变成的卦。再加上现在这第 6 个时辰因素，看看雷地豫（☳☷）卦现在是什么状态？

即（4+8+6）÷6，正好整除。正好整除之意就如同余 6。故 6 爻变。

雷地豫（☳☷）卦的上（六）爻变，变成火地晋（☲☷）卦。这又与前面四个字起卦得到的火山旅（☲☶）卦有关［"晋"（☲☷）卦的二至上爻"互"旅（☲☶）卦］。

这说明，从各个角度都可以来判断同一个事物。由于观察分析同一事物时，所站的立场与角度不同，虽然表面上看来有些差异。但是其本质上却是一样（与同一事物有关）的。人们在研究、观察、分析事物时，不可能将事物的方方面面同时都看或感觉得到。所以，在起卦或定卦时，就不能主观地来回分析后，再定卦。

想通过起一个卦来判断某事物，也就是说一会儿用这种起卦方法试一试；一会儿又用那种起卦法试一试——这么做行不行？

　　不行！因为这就不符合易学客观的"唯其时物""感而遂通"的原则了。时空的对应关系相互间也不对应了。只有第一次的感觉或"想"法，才是与原空间关系对应性最紧密和确切的。时间变了，对应的空间结构也随之变化了。那么，对应空间中的事物的规律，也可能就相应地发生了变化。这时所确定的事物规律，已不再完全对应刚才时空下的那个事物的规律了。所以，一定要注重起卦之前当时自己的第一感觉及反应。当时想用什么方法就用什么方法。千万不要犹豫！一犹豫，头脑中的主观意识就加进了客观的判断过程中去。往往就不符合客观场态信息的原本状态。这样做往往就会使主观干扰了对客观规律性准确地判断。

　　由以上例子可以看出，字数为偶（双）数个时，前后对半一分。如果不用其他的成卦法时（笔画、声调等），其所得到的"本卦"应该是上下卦都是同样的卦。

　　比如：10 个字。

　　将 10 分为对等的两部分。即前面一个 5 和后面一个 5。

　　"5"对应于巽（☴）卦。

　　前（上卦）后（下卦）重叠构成巽为风（䷸）卦。

　　"本卦"得出来之后，其他的步骤按上面的分析过程就可以了。

　　因此，字数不管多少，定卦的方法很多。我们这里有一个起卦、定卦的死格式没有？没有！按易学"唯变所适""唯其时物""与时偕行"的哲学思想，应该是根据当时的具体情况，在不脱离易学思想方法的基础上，当时想怎么用就怎么用。想怎么起卦，就怎么起卦。

　　《梅花易术》一书中，有个"西林寺碑"的例子。

说的是，有一天。邵子他到庙里去。看到一块石碑。碑上写着"西林寺碑"四个字。看到"西林"的"林"字中，"木"字的下面都没有带钩。前面的"西"字共7画。后面的"林"字是8画。前后"西林"二字得山地剥（▤）卦。大家都知道，庙里应该是"纯阳"的气场才对、才好。现在却只有一个阳爻在上面，其他都是阴爻。因此，阴气太重，就容易出现所谓"闹鬼""闹鬼魂""阴人闹宅子"之类的事情。环境很不安定。庙里竟这类不安定、无故生病等许多离谱的事发生可不行。

结果（7+8）÷6，余3。"剥"卦的3爻变。变成艮为山（▤）卦。还是以阴爻、阴气为主。因为艮（☶）为坟、为墓、为坐。"阴气"太大，"阳气"（活力）动能太少。"艮其背"。所以都是些事与愿为的事情发生。而且三爻是发展到下卦的最上面。这表示局部已发展到了穷途末路的状态。"剥"（▤）卦本身就有"剥者，烂也"之说。说明到处是腐烂、腐臭、腐败的气息在"串动"。也就是我们平时所说的"闹鬼魂""闹阴人"、无故生一些莫明其妙的病的原因。

因此，邵子得出结论说："你这个寺中，竟闹阴人。"（"阴人"即"鬼魂"、潮湿阴冷之气）

"对呀！"和尚回答说："这个寺庙自从立了这个碑以后，一直是这个样子。"

邵子说："我给你们改改运。你们寺中现在的这种情况，是因为这个'林'字没写好。我给你们改一下。"

于是邵子就在"林"字的两个"木"字的下面，都添上了个"钩"。一加上这两个"钩"之后，"林"字就成了10划了。再除8。余2。2对应于"先天八卦"的兑（☱）卦。不再是坤（☷）

卦了。这样兑"金"就泄着坤"土"之阴。而"西林"二字就成了山泽损（☶☱）卦。

这样再以 6 来除，确定变爻的位置。

（7+10）÷6，余 5。第 5 爻变。

山泽损（☶☱）卦的 5 爻变。变成风泽中孚（☴☱）卦。

"中孚"（☴☱）卦的上爻变。故上卦巽（☴）卦为"体"卦。

巽（☴）为僧尼之道、为阍寺、为灵气。

说明寺庙已经进入了应该如此的正常场位。正常的场（灵气）正位以后，其他邪气就邪不可干了。因此，寺庙中的环境状态（场）也就平静了许多。

"林"字带不带下面这两个小小的"钩"，就能形成这么大的场效应差异。虽然，可以说这是一个传说，但是从中我们由易学场效应的规律中，可以了解到任何事物的任何量的大小变化，都能给事物的（大局）整体规律起到一定的促进与改变作用。所以说，易学的场效应规律是很重要的。问题是一定要注重抓事物的主要矛盾。事物再小，只要处在主要矛盾或矛盾的主要方面，就能对全局起到决定性的作用。

山地剥（☶☷）卦以阴爻（阴气场）为主。风泽中孚（☴☱）卦外面（上下两头）是阳爻。表示阳刚之气场。中间四爻（二至五爻）"互"颐（☶☳）卦。其中，震（☳）为长男。艮（☶）为少男。说明阳刚之气充足。"同声相应，同气相求"，因此，就解决了寺庙中整体场的性质。这也要求这个寺庙里应该减少小女孩（包括小尼姑）的到来。小女孩来的太多了也不行。因为兑（☱）"金"为"用"。兑（☱）"金"之"用"又克巽（☴）"木"之"体"。"用克体"，私心杂念与"色欲"地干扰，就不利于"僧尼之道"身心平静地修炼了。兑（☱）为损毁。所以寺中还应加强修缮，防止"善男信女"们的随意破坏。

由此例可知，改不改名字？如何起一个名字？那怕是在名字的字里多写了一笔或者少写了一笔，对你个人的影响可能都是很大的。因为，从场性及其存在的角度来看，其内涵的意义也就不一样了。所以在使用中国的汉文字时，是很严格的。因为汉文字是世界上内涵最大、最丰富的一种文字。一个字，多一笔或少一笔，乃至同样结构的一个字，其读（念法）音不一样，或文字间标点的位置不同，其意思都可以大不一样。

中国的汉文字是由易象的分类，再加上事物的具体或抽象形象而创造的"象形"文字。而易学系统又是一个完整、全面的统一性系统。因此，在其指导下创立的文字系统，也是一个完整、全面的统一性系统。所以它也是一个非常严格的系统。对待它是来不得半点的疏忽大意的。更不用说，只靠主观臆想随意来对待它的存在与内涵思想了。

《奇门遁甲》是干什么用的？

古时候，主要是用来布阵和打仗时使用的一种场效应规律。给你布上一个"迷魂阵"，就像进入了一个迷宫似的。使你不知如何才能找到出路——目的是为了困死或消灭你。

比如：某些传记中穆桂英大破"天门阵"的故事所述，要破"天门阵"，就需要"降龙木"。实际上，这段故事的主要的目的是为了借"降龙木"说事，请穆桂英下山来助阵。因为穆桂英的"穆"姓场带个"禾"木。别人的场可能就破不了这个"天门阵"。为什么？因为"天门"为乾（☰）位。"乾为金"。而"禾"为坎（☵）水。而"穆"姓又是19画。为离（☲）"火"之姓。

这样，乾"金"在生坎"水"削弱自己的同时，又被"穆"姓之离"火"所克制。形势对穆桂英就特别有利了。因此就会有一种有利于穆桂英的场效应条件在"阵"里面。又由于道家讲求"纯阳"之寻求。所以布了个"阳阵"［乾（☰）为纯阳］。而穆桂英却是个女人［阴人。为坤（☷）卦］。这样二者遇到一起，可以达到阴阳中和之目的——削减对方的阵力。阵也就容易破了。这也是一种思想方法。也是一种对待处理事物的对应方法。

有些"看风水"的人讲："你们家发不了财，我给你想个办法吧。"一般来说，都是给你"变变场"。于是桌子怎么摆呀，房子怎么盖、怎么个布局法与装饰等等，给你忙活了一番。实际上，有时候这样做，并不能根本解决问题。

比如：你想盖一栋好"风水"的大楼。于是去找某位风水先生，让他给"破破"周围的不利因素。于是乎他给你提出了一个"破"掉了周围晦气的方案来建楼。可是，你的楼才盖起来半截，又有人在你的楼周围买了块地，也盖起楼来。据说也是找了这位某风水先生给"破破"你的楼盘风水后，才确定的建楼方案。过不久，你楼座的周围又起来了好几栋楼。这就使大家的环境场态都受到了干扰和破坏。那么，原先你所盖的那栋楼的所谓"好风水"环境，可能就早已不存在了。因此，有时候大家也别太迷信这些"风水"先生了。因为有的时候，你周围的环境条件太复杂、太紊乱，各种环境条件的允可范围是风水先生和你自己所无法控制和驾驭的。只能是顺其自然而已。

到底按"风水"的要求这样去做有没有作用呢？

场效应的作用，肯定是有的。调整均衡了，一定对身体、事业、人事等有所改善和提高。调整错了，也会对人的身体、事业、人事等起到负面的作用。反而不利。"环境生理""环境心理"学吗。但是按易学最根本的"一阴一阳之谓道"的思想,我认为一切事物都是相辅相成的两个方面组成。这方面占点便宜,那方面就得吃点亏。反正是你的欲望和愿望顾了这儿就顾不上那儿——世间没有只有好而没有坏的事物存在。不可能只有好,没有坏的运气。好与坏,都得有"运气"才能形成好或者坏的结果。没有"坏"运气你想坏也坏不了。不只是"好"运气才需要有"运气"。"坏"运气也需要有相应的"运气"才行。

大家也可能注意到,在开中药方子时,由于写字时的习惯或心情不一样。那些药味的名字的字,多写或少写了几笔,直接可以影响治疗的疗效。同样是《金匮》《伤寒》里的药方子,这个大夫开出来,病人吃了效果就挺好。另个大夫同样照抄下来,可能作用就差得多。为什么?我想一个是大夫用药治疗的水平有差异外,很重要的一个被忽略了的原因,就是每个人写字时的习惯及笔划顺序特点往往有很大的差异。这些字所形成的场往往也不一样。世间又没有任何一个孤立存在而不与其他事物相联系的事物存在。所以,对病人病场的作用也就不一样。有的大夫写字时,随心所欲,很是潦草。这从心理上就可知道他(她)没有什么责任感。这样形成的场作用到病人身上也是个杂乱无序的场。病人失衡的经络和气血,本来想通过吃药将其调整平衡。可是连药方都让人看不清楚(这方子形成的场,就是个紊乱的不平衡场),病人吃药时,也会受到这种紊乱场的干扰和影响,同样的治疗,效果就会降低。

中国的文化传统是非常严格一致的文化。

这些都是以字起卦的方法效果。当然,其中有些例子不一定在哪里都是存在的。只是为了说明用字起卦进行分析事物的方法而已。

下面讲讲其他的一些起卦方法。

第四节　近取诸身起卦法

1. 用身体部位起卦

"近取诸身"之意，就是用我们人身体上所显现的各种状态进行起卦。要想达到"近取诸身"的水平及要求，观察事物时就必须很仔细。不能放过任何细微的细节。这是易学"唯几、唯深、唯神"的"研几"思想的体现。

比如有人问："张老师，我调动工作能不能调动成功？"

问话时，他当时的姿势是右手撑在头部的右下颌处。

按易学原理：

右手为兑（☱）卦。其在头部的下部。即头［乾（☰）卦］在右手的上面。

这样根据"头在右手上面"这么一个事实，其上下组合成天泽履（䷉）卦。

天泽履（䷉）卦说明你这个调动的事宜，必须按正式的严格手续来办理才行。由于"履"（䷉）卦所反映的是严格而规矩的程式。是正当、正式的办事过程。

到底能不能调成？

就得加上现在的时间变量。

现在仍然还是"巳"时。即第 6 个时辰。

（1+2+6）÷6，余3。第3爻变。

天泽履（䷉）卦的第3爻变。变成乾为天（䷀）卦。

由于变爻在下卦。所以

下卦乾（☰）卦为"体"卦。

上卦乾（☰）卦为"用"卦。

二者"体用"都是"金""金""比合"。即"体用比合"。

所以说，调动一定能成功。而且上下级领导都很支持、都很默契。

比如他还是问："调动工作能不能成？"

问话时，当时看到他右手搭在左手上面。

右手为兑（☱）卦。在上面。

左手为震（☳）卦。在下面。

上下重叠而成泽雷随（䷐）卦。

或者只看到我的手背及一个手指头。

手指为艮（☶）卦。在手的前部。

手背为艮（☶）卦。在手指的后部。

二者前后组成艮为山（䷳）卦。

或者只看到"一个手指"。

"1"为乾（☰）卦。

手指为艮（☶）卦。

二者组成天山遁（䷠）卦。

如果是只看到"手指一个"。

手指为艮（☶）卦。在先。

"1"个为乾（☰）卦。在后。

二者先后组成山天大畜（䷙）卦。

如果他刚问完话，看见他一笑。

笑为离（☲）卦。

当时看到他的眼睛眯了一下；

或者看到他的嘴角一动。

笑说明是有动向［震（☳）卦］。

可得火雷噬嗑（䷔）卦。

不管他眼动、嘴动、鼻子动，反正他脸上的表情变了——肌肉动了。这样震（☳）卦不就都出来了吗。

眼睛眯了一下。

眼目为离（☲）卦。

眯了一下为震（☳）卦。

得火雷噬嗑（䷔）卦。

嘴角动了一下。

嘴为口、为兑（☱）卦。

动为震（☳）卦。

得泽雷随（䷐）卦。

……

所以说，他的一举一动，都告诉你他的工作能不能调动成功。

然后，你再加上当时的时辰数，确定变爻。

现在依然是第 6 个时辰。

即（3+4+6）÷6，余 1。初（一）爻变。

火雷噬嗑（䷔）卦的 1 爻变。变成火地晋（䷢）卦。

变爻在下卦。所以

下卦坤（☷）卦为"体"卦。

上卦离（☲）卦为"用"卦。

此卦为"用（火）生体（土）"。

坤（☷）得众也、顺也。

按理应断其工作能顺利调动成功。可是由于"体"卦坤（☷）卦为静、为无动向。说明问话者本身就没打算调动。只是想了想［离（☲）为想］而已。并没有真打算调动［坤（☷）主静］。

进一步分析"本卦"。说明他原来曾经想动过［下卦震（☳）为"体"、为动］。由于是"体［震（☳）'木'］生用［离（☲）'火'］"。泻着自己的运气（场能），没能调成。

可现在他挺顺的——干不干活，什么也少不了自己的［"晋"（䷢）卦之意］。所以现在也就不想动了。为什么？因为今年他有理所当然地晋级、晋升、涨工资、定职称的机会。一调动，机会就白白的丢掉了。所以他决定不放弃这个有益的机会。

以后（如果问者没有提出具体时间来，一般指一年之内）动不动呀？

火地晋（䷢）卦的"对卦"水天需（䷄）卦就是将来的趋势。

"需者，待也。""需"（䷄）卦说明的就是等待的意思。他调不调动，还需要等一等、看一看再说——不用着急着动。从"需"（䷄）卦中"体用"关系来看。下卦乾（☰）卦为"体"。上卦坎（☵）卦为"用"。为乾（☰）"金"生坎（☵）"水"。是"体生用"。环境与条件正处于很不利的时期，肯定他是不会动的。

判断方法就这么简单。

整个结论是：因为他有涨工资、晋升和评职称的机会，他就暂时不想调动了。想等着晋升完了之后，看看情况再决定动还是不动。

这是讲的用身体的各个不同的部位（肢体、器官等）及状态、特点等都能起卦。

2. 用服装颜色起卦

前面讲"八卦之象"时讲过，不同的颜色对应于不同的卦。只用服装的颜色，而不用服装的造型起卦，其主要是因为颜色容易辨别。服装的造型如果没有完整的服装设计、造型等知识，是难以确定造型与卦之间的对应关系的。

按我在长期大量实践中总结的结果，我的"八卦"与颜色的对应关系如下：

乾（☰）为大赤（桔红、朱砂）色、为桔黄、为金色。

兑（☱）为白色、银色、银白色。

离（☲）为红色、花色、艳色。

震（☳）为绿色、青色。

巽（☴）为蓝色、碧色。

坎（☵）为黑色、紫色。

艮（☶）为棕色、棕黄色、咖啡色、褐色。

坤（☷）为黄色。

假如看到对方，上身穿蓝色［巽（☴）为蓝色］衣服，下身穿绿色［震（☳）为绿色］的裤子（或裙子）。

则据易卦"上下"关系得：风雷益（䷩）卦。

如果对方穿的外衣是黑色［坎（☵）为黑色］的，里面穿的是天蓝色［巽（☴）为蓝色］的内衣。

据易卦"内外"关系得：水风井（䷯）卦。

加上现在看见时的时间巳时（第6个时辰），确定变爻。

因为坎（☵）对应"先天八卦"的6数，巽（☴）对应"先天八卦"的5数。

则（6+5+6）÷6，余5。第5爻变。

水风井（䷯）卦的5爻变。变成地风升（䷭）卦。

由于变爻在上卦中，所以上卦坤（☷）卦为"体"卦。

下卦巽（☴）卦为"用"卦。

此卦整体为"用"［巽（☴）"木"］克"体"［坤（☷）"土"］。

这说明，此时若问什么事情的话，可能就都不顺了。但是你如果说说他（她）的身体的话，一般往往都不会错。单位情况也好；人事关系也好；家庭状况也好，往往也都可以判断的差不多。与他（她）有关的各个方面的事情或情况都能够谈。

"井"（䷯）卦之意，说明大家都上他这儿来喝水来啦。都上他这儿借光占便宜来了。也说明他是找出路——借光求援来了。

到底能不能求助成功？

一看"变卦"地风升（䷭）卦。

说明想求助还不是那么容易就求的成的事情。因为"升"（䷭）卦为"升不来也"之意。说明他所盼望的事情是不能达到目的的。再加"之卦"中又是巽（☴）"木"克坤（☷）"土"。二者为"用克体"。看到没有，此人都忙着在那儿写了［初至五爻"五"恒（䷟）卦］，没动什么脑筋［上卦坤（☷）主静］。全在手上来回写［初至五爻"互"恒（䷟）卦。兑（☱）为右手。震（☳）为动。巽（☴）为笔、为来回进退］。听课应以听为主。

别只忙着在本上记录些什么。课堂上穿这身衣服的同学，恐怕下课回去以后，还得好好回忆回忆、好好想一想。因为在课堂上光顾了记录，没能好好的动脑子想一想，收获可能不会太大的。

再看其"旁通卦"是天雷无妄（☳）卦。

"无妄"（☳）卦说明，只要他没有狂妄且不符合自己力所能及的想法，他就会有所收获。虽然，他给自己定的目标很低——只要能对付过去就行。这也同时说明，他只要动［震（☳）为动］脑筋［乾（☰）为头脑］去想之后，一定能有收获。这也正是下课以后，他所应该做的事情。可别认为只要学习一下，就能学到很多的内容。达到吸收很多内容的状态，他还得有个慢慢学习、吸收、消化、掌握的过程。

这是根据衣服的颜色起卦法。

实际不只是以衣服的颜色，以衣物（手拿、脚穿、头戴、肩背、腋夹等物）的颜色照样可以起卦。

3. 以用品、用具、物品起卦

我们还可以根据你所使用的用品、用具、物品等起卦。这就要求大家对"八卦之象"的具体意义掌握得特别熟悉才行。

你手上拿着什么东西；背着什么东西；蹬着什么东西；嘴上含着什么……都可以起卦。

一看，张老师手上拿了个黑板擦。当然喽，通过使用它的动作；或是在其结构前面的那块黑绒垫及其颜色等起卦；还是通过板擦的质地、结构、造型、色彩起卦；或者是用它的木性特性起卦等等都可以。但是只有依照当时你的第一感觉，看到什么情况，就依什么为根据起卦才更为准确。

一看，一个圆形［乾（☰）为圆］的东西，左手［震（☳）为左手］拿着。

得天雷无妄（䷘）卦。

一看，一个长方形［坤（☷）为方］的东西，左手［震（☳）为左手］拿着。

得地雷复（䷗）卦。

这个黑板擦从质地上讲是柔软的［坤（☷）为柔、为软］；

要是从其木性［震（☳）为木］结构上讲，其形状又是长的、高的［震（☳）为高］。

因此，得到震为雷（䷲）卦。

看到没有。前面这 3 个卦的组成与构成，是不一样的。加上时辰后，确定变爻。变爻也都变在不同的位置上。这些结果不是说明易卦这种成卦的判定方法不准确，而是说明问事的人，他内心是有多个事情要（问）办的。只是每件事情的前因后果及其规律是不一样的而已。

因此，首先得根据他问话当时的情况，确定一个与其事相对应的一个卦，然后去进行分析。否则的话，这些卦所反映的情况全都列出来后，才能去研究、分析他的身体状况什么的。这样综合着分析，当然也可以。但是你必须要记清楚，哪一卦所对应的是哪件事情和哪种状态。因为每个卦还都有自己的"变卦"之类的对应状态——它也是个复杂的系统。

有的是右手拿着一支笔，或者是在嘴上叼着一支笔。

右手和嘴都是兑（☱）卦。

笔是巽（☴）卦［巽（☴）为细长、来回］。

这样你就得到个泽风大过（☱☴）卦。

他如果口中是叼了个带环的钥匙链。

口对应的是兑（☱）卦。

带环（圆形）的钥匙链对应于乾（☰）卦。

于是得到个泽天夬（☱☰）卦。

那么，这时所反映的规律就与前面所得到的卦的规律就不一样了。因此，得把各种事物所对应的卦象内涵具体的意义记得非常熟悉才行。

还可以根据本人年龄段的大小来起卦。这里所说的年龄不是指35、87、12等具体岁数。而是指表面泛泛地看属于多大岁数的年龄段（类型）。比如：是中年、老年，还是年轻的、幼小的等等。

我们确定的范围是：

乾（☰）卦与坤（☷）卦，对应于老年段。其中，

乾（☰）卦一般对应于男子的老年段。

坤（☷）卦一般对应于女子的老年段。

震（☳）卦与巽（☴）卦，对应于壮年段。其中，

震（☳）卦一般对应于男子的壮年段。

巽（☴）卦一般对应于女子的壮年段。

坎（☵）卦与离（☲）卦，对应于中年段。其中，

坎（☵）卦一般对应于男子的中年段。

离（☲）卦一般对应于女子的中年段。

艮（☶）卦与兑（☱）卦，对应于青少年或幼年段。其中，

艮（☶）卦一般对应于男子的青少年或幼年段。

兑（☱）卦一般对应于女子的青少年或幼年段。

比如：

一看，一个男的老年人，坐在你的左前方。

这是人物与方向之间的起卦方法。

"人物"是个老年男子。即对应于乾（☰）卦。为上卦。

"方向"是左前方。左前方对应于"后天八卦方位"的巽（☴）卦。为下卦。

因此，二者重之，得天风姤（䷫）卦。

如果不用"方向"，用这个老年男子的状态起卦也行。

老先生他坐在那个地方（也不管他具体坐在哪儿、怎么个坐法；不用管他坐在什么方位。指的就是其动作状态）。

老先生为乾（☰）卦。为上卦。

坐在那儿的"坐"对应于艮（☶）卦。为下卦。

故得天山遁（䷠）卦。

加上看见的时间确定变爻。然后，再进行"体用"、卦、爻之间的分析，得出结论。

所以说，起卦的方法是很多很多的。没有什么固定格式——"唯变所适""一阴一阳之谓道"。任何相辅相成的两个事物之间，都可以用来起卦。起卦不受状态、类型、范畴、范围、角度、方位、层次、距离、空间现象、大小异同、环境条件等等的概念限制，事物无论是什么状态和概念，互相之间都可以对应存在。故而都可以用来起卦。

用姓名起卦的方法，同前面我们讲过的"用文字起卦"的方法是一样的。

现代易经讲课实录

第五节　远取诸物起卦法

"远取诸物"起卦的时候，有个特别要注意的特点。那就是，一个事物，你只能当时起卦时使用一次。不要在同一时间内，反复地使用同一个事物且用同一种方法来起卦。

比如：不管谁来问事，你都固定的使用那根电线杆子起卦。那根电线杆子不会你到哪儿它就跟着你到哪儿。你的起卦方法总是不变，不管谁什么时间来，总是用那根电线杆子起卦。那只有第一个来找你的人，你相对判断的是准确的。其余的人往往就可能不准了。

《易》"蒙"卦曰："蒙亨。匪我求童蒙，童蒙求我。初筮告，再三渎，渎者不告。利贞。"

因为易学推导原则是"不动不占"嘛。必须有时空动向。抓住事物的动向，才能与事物的规律相对应。没有动向的事物尽量少用它来起卦。偶尔用一用是可以的。但是，也要符合"感而遂通"的易学"谐振"原则。因为当时头脑中忽然闪现的一个灵感或概念，才是与事物规律的时空状态最相近且相对应的状态。千万别总是用那么一种死的成卦格式和方法来起卦。易学讲："变则通，通则久。"

易学注重讲"研几"。通过事物微小、细微的变化动向，来判断事物的发展变化和趋势。因此，必须有动向才好起卦。因为动向是事物发展变化的前"兆"———一般所说的"外应"。动向有大有小。不一定非得用大动向的事物起卦。有很小的一点动向就可以说明问题了。再大的事物动向都是由小动向发展来的。动向再大也要向自己的相反方面发展。动向发展地越大，越说明此事物在走向消亡。研究它也就越没有什么意义。

所以说，用"远取诸物"法起卦时，主要是用有动向的事物取卦。没有动向的事物尽量少用其取卦。

1. 静物起卦

所谓的"静物"是指树、木、山、石、建筑物、桥梁、铁路等之类——基本不改变自己的位置和状态的事物。也就是说，是指那些相对静止的事物。也包括像电线之类的事物。虽然，刮风时它会有振动，但相对电线杆和地面的位置来说，基本可以看做是相对不动的。

比如有人问："张老师，你看我调动工作的事能不能成呀？"

你一抬眼，看见一个白色〔兑（☱）卦为白〕的建筑物。定其"白"色〔兑（☱）卦〕为上卦。

是什么样子、什么结构状态呢？

是方形〔坤（☷）卦为方〕的建筑物。将其"方形"〔坤（☷）卦〕定为下卦。

这样就得出来个泽地萃（䷬）卦。

说明该单位是个吸引人才及人才济济的单位。

加上现在看见这个白色建筑物的时间，确定变爻。

现在仍然是第6个时辰。

（2+8+6）÷6，余4。第四爻变。

泽地萃（☷）卦第 4 爻变。变成水地比（☵）卦。

由于变爻在上卦。

上卦坎（☵）卦就为"体"卦。

下卦坤（☷）卦就为"用"卦。

下卦坤（☷）"土"克上卦坎（☵）"水"。

即"用克体"。

表面上看，水地比（☵）卦是个（工作能调动成功的）高兴的卦。实际内里是说明现在工作还是调动不成的。坤（☷）为众、为民。坎（☵）为险。说明下面广大职工（老百姓）不同意该人调动工作。

比如还是问调动工作的事。

对方刚问完。一下发现一棵植物放在木制桌面上。

"植物"为震（☳）卦。为上卦。

"木制桌面"也为震（☳）卦。为下卦。

二者形成震为雷（☳）卦。

加上现在第 6 个时辰变量。

得（4+4+6）÷6，余 2。第 2 爻变。

震为雷（☳）卦的 2 爻变。变成雷泽归妹（☳）卦。

其中，变爻在下卦中。所以下卦兑（☱）卦为"体"卦。

上卦震（☳）卦为"用"卦。

二者为兑（☱）"金"克震（☳）"木"。

即"体克用"。

说明其工作调动一定能调动成。主动性全在自己这方面。想走就能走。说不走，也可以不走。说明其主要目的是想找新的出路。在这儿再工作下去，人事关系已经很紧张了［"本卦"震为雷（☳）卦中，震（☳）为雷、为肝、为冲动、为怒］。自己的知识与业务基础有些缺乏［"变卦""归妹"（☳）卦中，下卦兑（☱）为缺少］。初至四爻"互"睽（☲）卦。说明说的、想的都是两码事。口才说的好［离（☲）者丽也］。但没有实干精神。需要抽时间再学习充实自己。

假如当时第一反映是"植物在方桌面上"。

由于"植物"为震（☳）卦。且又在上。所以定为上卦。

"桌面"为（长）方形。故为坤（☷）卦。由于在植物的下面，故为下卦。

上下两卦重叠，得六个爻的雷地豫（☳）卦。

下面再根据一般判断程序去分析判断即可。

同样的事物关系，由于当时客观事物给予你的印象不同，所起出来对应事物的卦形及状态有可能是不一样的。对于不同的人在观察这同一事物时所产生的差异，是非常正常的。由于不同的人在观察同一事物时的位置、角度等的不一样，他（她）所感觉到的形象及概念（卦的构成）与你所感觉到的形象及概念可能是不一样的。可是，对于同一个人来说，在特定瞬间所感觉到的同一个事物的形象和状态（卦的构成），只能是唯一的。因为观察者本人的眼睛和大脑，不可能在同一特定瞬间，看到或产生很多的想法和概念。只能是产生某一种想法或概念。

因此，在起卦过程中，人的第一感觉和概念，是时空对应性最密切且适当的状态。

2. 动物起卦

"动物起卦"中所指的动物，不只是指的一般动物园里或自然界中的"动物"。而是指有运动趋势和状态的一切事物。说明该事物与周围的事物之间有位置和位移的相对变化。

比如有人问："我工作能否变动？"

一抬眼，看见一个年青小伙子在跑（也不管他怎么跑，往哪个方向，往哪儿跑等）。

青年小伙子为艮（☶）卦。为上卦。

"跑"为震（☳）卦。为下卦。

二者上下合为山雷颐（䷚）卦。

加时间确定变爻。

然后，确定"体用"及"体用"关系。

最后，判定"调动"结果。

又比如同样是问："工作是否能调动？"

此时正遇刮风。风将尘土吹起来。

即第一概念是"风把土吹起来了"。

"风"为巽（☴）卦。定为上卦。

"尘土"为坤（☷）卦。为下卦。

二者上下重之，得风地观（䷓）卦。

巽（☴）为5。

坤（☷）为8。

现在是第6个时辰。

得（5+8+6）÷6，余1。第1（初）爻变。

风地观（䷓）卦1爻变。变成风雷益（䷩）卦。

变爻在下卦中。所以

下卦震（☳）卦为"体"卦。

上卦巽（☴）卦为"用"卦。

二者均为"木"性。为"体用比合"。

所以，工作一定能调动成功。

如果你的第一个概念是"土被风吹起来"。

则又会得到地风升（䷭）卦。

若第一概念是"土在动"。

"土"为坤（☷）卦。定为上卦。

"动"为震（☳）卦。定为下卦。

上下两卦重之，得地雷复（䷗）卦。

若：第一概念是"动的是土"。

又会得到雷地豫（䷏）卦。

假如第一概念是"风在吹动"。

"风"为巽（☴）卦。定为上卦。

"吹动"为震（☳）卦。定为下卦。

二者相重，得风雷益（䷩）卦。

假若第一概念是"动的是风"。

则得到的是雷风恒（䷟）卦。

……

看到没有，同是一件事物，由于你当时受时空关系影响会对它所产生不同的概念，在判断上你相应的也会得到不同的结论与判断结果。但是，由于每个个人当时只能有一种概念（感觉）在脑海中产生，因此，这第一概念（感觉）才是与事物所在空间规律相对应的最适宜（准确）的状态（场、卦、数、象、信息等统一体）。

从以上的例子中，我们可以看到，起卦的方法是非常灵活的。没有什么固定的起卦模式。我们举这些例子，也只是为了给大家提供一些起卦的思路而已。并不是说，就得如此这样地去起卦判断事物的规律才对。"一阴一阳之谓道。"任何时空条件下的任何相辅相成的事物之间，都可以用来起卦或判断。按易学"知变""应变""适变""通变"的原则，必须具体问题、具体分析、具体起卦、"唯变所适"地具体判断才是最适宜的"通变"方法。